高等职业教育"十三五"规划教材

物流仓储作业管理

主　编　郑久昌
副主编　高秀春　杜琳琳

中国轻工业出版社

图书在版编目（CIP）数据

物流仓储作业管理/郑久昌主编．—北京：中国轻工业出版社，2017.5

高等职业教育"十三五"规划教材

ISBN 978-7-5184-1345-4

Ⅰ.①物… Ⅱ.①郑… Ⅲ.①物流管理—仓库管理—高等职业教育—教材 Ⅳ.①F253

中国版本图书馆CIP数据核字（2017）第064738号

责任编辑：张文佳　张潇杰

策划编辑：张文佳　　　责任终审：滕炎福　　封面设计：锋尚设计
版式设计：王超男　　　责任校对：吴大鹏　　责任监印：张　可

出版发行：中国轻工业出版社（北京东长安街6号，邮编：100740）

印　　刷：三河市万龙印装有限公司

经　　销：各地新华书店

版　　次：2017年5月第1版第1次印刷

开　　本：787×1092　1/16　印张：16

字　　数：360千字

书　　号：ISBN 978-7-5184-1345-4　　定价：36.00元

邮购电话：010-65241695　传真：65128352

发行电话：010-85119835　85119793　传真：85113293

网　　址：http://www.chlip.com.cn

Email：club@chlip.com.cn

如发现图书残缺请直接与我社邮购联系调换

160588J2X101ZBW

前言
PREFACE

物流业已经成为21世纪我国经济发展的重要产业。仓储在物流系统中起着举足轻重的作用，现代仓储业的健康快速发展，对于优化物流与供应链管理系统、提高国民经济的运行质量有重大的意义。随着物流的迅速发展和社会需求的变化，我国仓储业务量不断增大，货物吞吐量、平均库存量、货物周转次数等指标都有明显的提高。储运业务收入的增长速度很快，仓储保管收入、运输配送收入、流通加工收入等的年增幅基本都达到了10%。自改革开放以来，国外先进的仓储技术传入我国，使我国仓储业发生了显著的变化，特别是自动化仓储技术传入我国以后，我国的仓储技术有了很大的提高。仓储业呈现了良好的发展势头，我国也加大了对仓储业固定资产的投资力度。随着我国参与国际经济一体化进程的加快，国民经济快速发展，推动了社会物流需求的高速增长。现代仓储和物流作为一个对国民经济相关产业发展联动性极强的产业，它不仅成为各产业部门中经济增长方式转变的主要手段和途径，而且已成为物流实践活动中新的经济增长点。

仓储业既是传统的物流业的主体，同时也是现代物流业的一个重要组成环节。在整个物资流动过程中，储存成本占整个产品流通成本的很大比重，提高物流管理水平的最终目的是为了节约产品的流通成本，因此提高仓储行业管理水平，规范仓储行业市场显得十分必要。充分利用已有的仓储资源的仓储社会化，提高仓储效率和仓储业分工发展的专业化功能，加速满足社会生产发展和促进物流效率提高的仓储标准化，提高仓储自身效率，实现仓储管理的现代化。

本书最大特点是以学生为主体，以就业为导向，以服务为宗旨，以能力为本位，以技能为核心，以任务为引领，以创新为动力，校企合作，吸收国内外先进的成功经验，进行"项目化"的课程改革，建立以职业活动为主线，以培养职业能力为本位，教、学、做一体化，促进学生多样化发展的课程体系。

全书围绕八个学习项目，按照仓储作业工作任务，依据仓储作业流程、操作方法和技术，进行仓储作业项目的咨询、决策、计划、实施、检查、评价，指导学生进行仓储作业的实际操作。力求反映高等职业教育的客观规律，提高学生的职业能力和操作技能，培养高素质物流管理人才。

本书的具体编写分工如下：项目一由郑久昌编写整理；项目二由高秀春编写；项目三、项目四由王文永编写；项目五由王晓秒编写；项目六由郑久昌编写；项目七由高艳玲编写；项目八由杜琳琳编写。全书由郑久昌负责总体策划、结构设计，由杜琳琳、高秀春最后统编。

本书承蒙北方物流有限公司总经理张晓东先生认真审阅并给予各方面鼎力支持。

由于时间仓促、水平所限，书中难免有不妥之处，敬请读者批评指正。

编者

2016 年 8 月

目录 CONTENTS

走进仓储 ………………………………………………………………… 1
  一、仓储行业知识链接 …………………………………………… 2
  二、仓储服务知识链接 …………………………………………… 11
  三、相关项目链接 ………………………………………………… 17

项目一 仓库选址规划 …………………………………………… 20
  一、任务描述 ……………………………………………………… 20
  二、任务分析 ……………………………………………………… 20
  三、相关知识链接 ………………………………………………… 22
  四、任务实施 ……………………………………………………… 25

项目二 仓库布局规划 …………………………………………… 26
  一、任务描述 ……………………………………………………… 26
  二、任务分析 ……………………………………………………… 27
  三、相关知识链接 ………………………………………………… 29
  四、任务实施 ……………………………………………………… 39
  五、相关项目链接 ………………………………………………… 41

项目三 仓库储位规划 …………………………………………… 44
  一、任务描述 ……………………………………………………… 44
  二、任务分析 ……………………………………………………… 45
  三、相关知识链接 ………………………………………………… 47
  四、任务实施 ……………………………………………………… 54
  五、相关项目链接 ………………………………………………… 56

项目四 仓储设备选用 …………………………………………… 63
  一、任务描述 ……………………………………………………… 63
  二、任务分析 ……………………………………………………… 64

三、相关知识链接 ········· 66
　　四、任务实施 ············· 82
　　五、相关项目链接 ········· 83

项目五　入库作业组织 ········· 103
　　一、任务描述 ············· 104
　　二、任务分析 ············· 104
　　三、相关知识链接 ········· 111
　　四、任务实施 ············· 118
　　五、相关项目链接 ········· 122

项目六　货物在库保管 ········· 141
　　一、任务描述 ············· 141
　　二、任务分析 ············· 142
　　三、相关知识链接 ········· 144
　　四、任务实施 ············· 178
　　五、相关项目链接 ········· 178

项目七　出库作业组织 ········· 202
　　一、任务描述 ············· 202
　　二、任务分析 ············· 203
　　三、相关知识链接 ········· 207
　　四、任务实施 ············· 210
　　五、相关项目链接 ········· 213

项目八　货物盘点作业 ········· 226
　　一、任务描述 ············· 226
　　二、任务分析 ············· 227
　　三、相关知识链接 ········· 231
　　四、任务实施 ············· 233
　　五、相关项目链接 ········· 235

参考文献 ··················· 248

走进仓储

物流未动，仓储先行。随着我国生产力水平的提高，以整合交通运输、仓储配送等环节而成一体，实现企业与社会成本最低、效益最大的物流业与互联网经济一起被人们当成"新经济"的重要内容，被广泛地称作"第三利润源泉"，而"第三利润源泉"的源头就是仓储。

教学目标

【知识目标】

①明确掌握仓储的概念和种类。
②充分理解仓储活动的基本功能和增值功能。
③明确仓储管理的主要内容和基本原则。
④掌握仓储业务及基本流程。
⑤理解仓储人员应具备的基本素质。

【技能目标】

①仓储企业的岗位和要求调查分析。
②仓储资料的查阅和分析。
③构建知识体系。

教学要点

1. 仓储的概念、功能和类型
2. 仓储业及其发展
3. 仓储管理的概念和模式
4. 仓储管理人员的素质和要求

教学内容

现代物流将物流从供应商开始到最终客户整个流通阶段所发生的商品运动作为一个整体来看待,因此对管理活动本身提出了相当高的要求。具体来说,伴随着商品实体的运动,必然会出现"场所移动"和"时间推移"这两种物理现象,其中"时间推移"在当今产销紧密联系、流通整体化、网络化的过程中,已成为一种重要的经营资源。仓储在"时间推移"过程中的作用不可或缺,现代仓储管理活动决定着物流时间效率化的水准。在世界经济飞速发展的今天,被称之为"第三利润源泉"。

而在整个物流成本中,仓储和运输又占有相当的比重。从美国和加拿大等公司的物流成本构成情况看(见表1-1),在整个物流成本的构成中,仓储、运输、库存搬运占有80%以上的成本,为此做好仓储配送及运输管理,降低这几部分成本,也就意味着整个物流成本的下降,经济效益的增加。我国目前的经济规模是每年1万亿美元,降低1%的成本相当于增加100亿美元的经济效益。如果我国的物流成本占GDP水平由20%降到发达国家平均水平的10%,那就意味着增加1000亿美元的经济效益。

表1-1　　　　　　　　　美国和加拿大公司的物流成本构成　　　　　　　　单位:%

成本内容	美国公司	加拿大公司
客户服务/订单清关	8	8
仓储	25	25
运输	37	36
管理	9	8
库存搬运	21	23

一、仓储行业知识链接

仓储企业平均规模偏小。所有物流主体企业中,平均每个法人单位拥有105人,仓储企业每单位有40人,仅高于装卸搬运企业的33人。所有物流主体企业中,每单位占有资产4915.7万元,仓储企业每单位平均占有资产为2533万元。

仓储企业经济效益偏低。所有物流主体企业中,平均业务收入利润率为8.77%,仓储企业为2.6%,远低于道路运输企业的12.54%、水运企业的8.17%、管道运输企业的15.6%,甚至低于装卸搬运企业和其他运输企业的8%。从资产利润率看,物流主体企业平均为2.86%,仓储企业仅为0.92%,低于道路运输企业的3.37%、水运企业的7.86%、装卸搬运企业及其他运输企业的6.4%。

仓储企业资产负债率最高。物流主体企业平均资产负债率为47.7%,而仓储企业高达69.5%,高于道路运输企业(56.5%)13个百分点,高于水运企业(51.8%)17.7个百分点。

思考题:根据上面这段公告,请回答仓储及仓储管理在现代物流系统中的意义,如何改善我国仓储业的现状?

（一）仓储

1. 仓储的概念与性质

在物流系统中，仓储是一个不可或缺的构成要素。仓储业是随着物资储备的产生和发展而产生并逐渐发展起来的。仓储是商品流通的重要环节之一，也是物流活动的重要支柱。在社会分工和专业化生产的条件下，为保持社会再生产过程的顺利进行，必须储存一定量的物资以满足一定时期内社会生产和消费的需要。

所谓仓储是指通过仓库对暂时不用的物品进行储存和保管等活动，即在特定的场所储存物品的行为。"仓"即仓库，是保管、储存物品的建筑物和场地的总称，是进行仓储活动的主体设施，具有存放和保护物品的功能，可以是房屋建筑、洞穴、大型容器或特定的场地等。"储"即储存、储备，表示收存以备使用，具有收存、保管、交付使用的意思。因此仓储是包含库存和储备在内的一种经济现象。

库存：在仓库中处于暂时停滞状态的物资。

储存：一种能动的储存形式。

狭义的仓储是指当产品不能被及时消费，需要通过仓库等专门的场所存放，实现对在库物品的储存和保管，喻之为"蓄水池"，即静态仓储。

广义的仓储是指除了对物品的储存和保管外，还包括物品在库期间的装卸搬运、分拣、包装刷唛、流通加工等各项增值服务功能，喻之为"河流"，即动态管理。现代仓储管理主要研究动态仓储的一系列管理活动，从而达到加速仓储业现代化进程的目的。

在物流系统中，仓储和运输被视为两大支柱的原因：运输承担了改变"物"的空间状态的重任，而仓储则承担了改变"物"的时间状态的重任。仓储是以改变"物"的时间状态为目的的活动，通过仓库或特定的场所对物品进行保管、控制等，从克服产需之间的时间差中获得更好的效用。

2. 仓储的类型

仓储的类型不同，其管理要求也不同。了解仓储类型与管理要求，使仓储管理更具有针对性，提高仓储管理效率。现代仓储的主要类型如下。

（1）按仓储经营主体分类

①企业自营仓储。企业自营仓储主要包括生产企业的仓储和流通企业的仓储。生产企业为保障原材料供应、半成品及成品的保管需要而进行仓储保管，其储存的对象较为单一，以满足生产为原则。流通企业自营仓储则为流通企业所经营的商品进行仓储保管，其目的是支持销售。

自营仓储不具有经营独立性，仅仅是为企业的产品生产或商品经营活动服务。相对来说规模小、数量众多、专业性强、仓储专业化程度低、设施简单。

②营业仓储。营业仓储是仓储经营人以其拥有的仓储设施向社会提供仓储服务。仓储经营人与存货人通过订立仓储合同的方式建立仓储关系，并且依据合同约定提供仓储服务并收取仓储费。

营业仓储面向社会，以经营为手段，实现经营利润最大化。与自用仓库相比，营业仓储的使用效率较高。如：中储公司（中国物资储运公司）占地1300万 m^2，货场450万 m^2，库场200万 m^2，仓储面积居全国同类企业之首。

③公共仓储。公共仓储是公用事业的配套服务设施，为车站、码头提供仓储配套服务，其运作的主要目的是为了保证车站、码头的货物作业和运输，具有内部服务的性质，处于从属地位。但对于存货人而言，公共仓储也适用营业仓储的关系，只是不独立订立仓储合同，而是将仓储关系列在作业合同、运输合同之中。

④战略储备仓储。战略储备仓储是国家根据国防安全、社会稳定的需要，对战略物资进行储备。战略储备仓储特别重视储备品的安全性，且储备时间较长。所储备的物资主要有粮食、油料、有色金属等。

（2）按照仓储功能分类

①生产仓储。生产仓储为生产领域服务，主要是用来保管生产企业生产加工的原材料、燃料、在制品和待销售的产成品，包括原材料仓储、在制品仓储和成品仓储。

②流通仓储。流通仓储为流通领域服务，专门储存和保管流通企业待销售的商品，包括批发仓库、零售仓库。

③中转仓储。中转仓储是衔接不同运输方式的仓储，主要设置在生产地和消费地之间的交通枢纽地，如港口、车站等。中转仓储具有货物"大进大出"的特性，储存期限短，注重货物的周转效率。

④物流中心仓储。物流中心仓储是以物流管理为目的的仓储活动，物流中心是从事物流活动的场所和组织。其功能主要面向社会服务；物流功能健全；完善的信息网络；辐射范围大；少品种，大批量；吞吐能力强；物流业务统一经营管理。

例如，北方集散地：天津新港；华东：上海；华南：广州、深圳；西南：成都；国际物流中心：香港、新加坡等。

⑤配送中心仓储。配送中心仓储是商品在配送交付消费者之前所进行的短期仓储，一般在商品的消费经济区间内进行。配送中心是从事配送活动的场所和组织。其功能主要面向特定用户服务；配送功能健全；信息网络完善；辐射范围小；品种多批量小；配送为主、存储为辅。例如，家乐配送中心、沃尔玛配送中心等。

⑥保税仓储。保税仓储是使用海关核准的保税仓库存放保税货物的仓储行为。保税仓库（Boned Warehouse）是指经海关批准，在海关监管下，专供存放未办理关税手续而入境或过境货物的场所。港口仓储中有一项重要内容就是保税仓库。在国际贸易中，如果进口商品时要征收关税，则在商品复出口时需再申请退税，手续过于烦琐，而且大大增加了出口货物的成本，不利于发展对外贸易。建立保税仓库可大大降低国际贸易的风险，鼓励外国企业在中国投资。

保税仓储所储存的对象是暂时进境并还需要复运出境的货物，或者是海关批准暂缓纳税的进口货物。保税期一般最长为两年。保税仓储直接受海关的监控，所储存的货物由存货人委托保管，保管人要对海关负责，入库或出库单据均需要由海关签署。

（3）按照仓储的保管条件分类

①普通物品仓储。普通物品仓储是指不需要特殊条件的物品仓储。其设备和库房建造都比较简单，使用范围较广。这类仓储是一般性的保管场所和设施，常温保管，自然通风，无特殊功能。

②专用仓储。专用仓储是专门用来储存某一类（种）的物品仓储。一般由于物品本

身的特殊性质，如对温湿度的特殊要求，或易于对与之共同储存的物品产生不良影响，因此，要专库储存。例如，机电产品、食糖、烟草仓库等。

③特殊物品仓储。特殊物品仓储是在保管中有特殊要求和需要满足特殊条件的物品仓储，如危险品、石油、冷藏物品等。这类仓储必须配备有防火、防爆、防虫等专门设备，其建筑构造、安全设施都与一般仓库不同。例如，冷冻仓库、石油库、化学危险品仓库等。

（4）按照仓储物的处理方式分类

①保管式仓储。保管式仓储也称之为纯仓储，是以保管物原样保持不变的方式所进行的仓储。存货人将特定的物品交由保管人进行保管，到期保管人原物交还存货人。保管物除了所发生的自然损耗和自然减量外，数量、质量、件数不发生变化。保管式仓储又分为货物独立保管仓储和将同类货物混合在一起的混藏式仓储。

②消费式仓储。保管人在接受保管物时，同时接受保管物的所有权，保管人在仓储期间有权对仓储物行使所有权。在仓储期满，保管人将相同种类、品种和数量的替代物交还给委托人所进行的仓储，即替代物返还所有权转移。消费式仓储特别适合于保管期较短的如农产品、市场价格变化较大的商品的长期存放。

③加工式仓储。加工式仓储是保管人在仓储期间根据存货人的要求对保管物进行一定的加工的仓储方式。例：木材的加工仓储，针对造纸厂需要将树木磨成木屑；针对家具厂需要将原木加工成板材或剪切成不同形状的材料；针对木板厂需要将树枝、树杈、碎木屑、参入其他材料制成复合木板。

3. 仓储的作用

在物流系统中，运输和仓储被称为两大支柱。运输承担着改变货物空间状态的重任，仓储则承担着改变货物时间状态的重任，仓储作为货物在生产过程中各间隔时间内的物流停滞，是保证生产正常进行的必要条件，是保持货物原有使用价值和物资使用合理化的重要手段。

（1）仓储是保证社会生产顺利进行的必要条件

现代社会生产的专业化和规模化，使劳动生产率得到极大的提高，大多数产品都不能被即时消费，需要进行储存。储存一方面能避免生产过程被堵塞，保证生产过程能够继续进行；同时，生产所使用的原料、材料等需要有合理的储备，保证及时供应，实现连续生产。

①消除生产和消费的时间差。产品的社会生产节奏和社会消费节奏不可能完全一致，有些产品是均衡生产、间隔消费，如电风扇、空调等季节性消费的产品；有些产品是间隔生产、连续消费，如粮食。就会产生工序的不平衡，需要仓储调节生产和消费的平衡。同时，集中生产的大量产品如果即时推向市场销售，必然造成市场短时期内产销不平衡，造成产品价格大幅波动，只有将产品储存起来，均衡地向市场供给，才能稳定市场，持续生产。

②消除生产和消费方式上的差别。社会生产和消费之间不但存在时间上的差异，还存在品种和数量上的差别。生产的专业化程度越高，越易于形成规模化生产，产品品种单一化。而消费者的需求越来越个性化，要求多品种、少批量生产。仓储活动这个复杂的组织过程，在品种和数量上不断进行调整，把生产的专业化和消费的个性化有机结合起来。

③衔接流通过程，平衡运输过程。产品从生产地到消费地需要进行运输，要使各种

运输工具互相衔接和满载运输，需要仓储进行调节。

（2）仓储具有产品价值保值作用

产品从生产过程到消费过程，保证产品不变质、不受损、不短缺和有效地使用价值是非常重要的，因此需要在仓储过程中对产品进行保护、养护、管理，甚至处理、加工，适应运输的需要和消费的偏好。

（3）仓储具有反馈市场信息的作用

仓储产品的变化是了解市场需求极为重要的途径。一般而言，库存量减少、周转量加大，表明需求旺盛；反之则为需求不足。仓储环节所获得的市场信息虽然比销售环节信息落后，但更为准确和集中，且信息成本较低。

（4）仓库是进行商品交易和逆向物流的重要场所

商品交易完成了商品所有权的转移，实物验收和交割可以在仓库完成。商品批发交易市场就是既有存储功能又有商品交易功能的交易场所。

现代物流向着可持续发展方向发展，商品的包装物及其使用后的回收以及售后商品的返回和返修越来越引起人们的注意，商品流通对逆向物流提出了新的要求，仓库是逆向物流必不可少的通道和场所。

（5）仓储可以提供信用保证

在大批量实物交易中，买方可以到仓库查验货物，由仓储方出具的仓单是实物交易中卖方所有权的凭证，可以作为对买方提供的保证。仓单可以作为融资工具进行质押贷款。

（二）仓储业

1. 目前仓储业存在的问题

仓储业是指从事仓储活动的经营企业的总称。目前我国仓储业存在下述问题。

（1）条块分割，具有明显部门仓储业特征

计划经济下，资源按部门分配。各部门、各地方出于对所分配资源的占有、利益与方便，各自建立自己的仓库，形成了以部门管理为主的管理特征。如工业仓库、农业仓库、铁路仓库、交通仓库、商业仓库、物资仓库、外贸仓库、军工仓库等。长期以来形成了部门分割、地区分割、各自为政的管理体制，有的部门仓库闲置而不外租；有的部门仓库不够，出资建设，造成资金占用，重复建设严重。

（2）仓库众多，但是布局不合理

各部门仓库多集中在交通中心附近，造成仓储能力过剩，市场竞争过度，仓储价格过低、无序，扰乱市场价格；而仓库缺少的地区，仓储能力不足，造成货物无地存储，无法保管、造成浪费，制约当地的经济发展。

（3）存量巨大，但管理水平较低

①仓储能力过剩：仓库利用率低，全国仓库面积利用率平均不到40%；价格无序，管理服务低，周转率低，物资损害变质，失窃严重。

②仓储管理人员的专业知识和素质不高。

（4）仓库、设备简陋，技术差别极大

①仓库设备陈旧落后。不少仍处在以人工作业为主的原始状态，人抬肩扛，工作效率低下，不少仓库处于货物进不来出不去的状态，缺乏应有的机械和设备。机械化程度

严重不足，造成货物损害严重，加大了物流成本。

②现有的仓库功能单一。不能适应市场经济的发展要求，现有仓库大都是平房仓库，有相当一部分是20世纪50年代所建，其功能就是单纯的贮存。由于现在仓储市场不规范，绝大多数国有仓库经济效益不好，不少长期亏损，不仅缺乏发展后劲，甚至连生存都成问题，要拓展功能，具有流通加工、运输等功能。

(5) 仓储管理法规不够健全

无完整的仓储法，且法律保护意识、依法管理水平较低。

2. 仓储业发展的方向

现代仓储业划分为仓储地产与仓储服务两个基本业态。仓储地产商专门从事仓库的建设与物业管理；仓储服务商租用仓库为社会提供仓储服务。拥有先进管理理念的物流企业，开始注重对整体供应链进行管理，积极发展与客户的长期合作关系，通过提供各种增值服务来参与客户的供应链管理，降低客户的成本，从而也提高自身的竞争力。仓储业将会随着物流行业的整体发展而进一步提升。

(1) 仓储作业自动化

①仓储集装化。建立储存和装卸设备的标准化体系，加强集装箱、托盘、集装袋等在仓储中的推广应用。通过商品集装化，提高仓储质量和效率，降低物流成本。

②仓库自动化。目前，人工智能技术的发展正推动自动化库房向智能自动化方向发展。射频数据通信、条形码技术、扫描技术和数据采集技术将更多地应用于仓库堆垛机、自动导引车和传送带等设备上，仓储中的物流必须伴随着并行的信息流。仓储商品的控制和管理实时、协调和一体化，信息技术成为仓储自动化技术的核心。自动化库房建设更加注重实用性和安全性，在满足仓储要求的条件下，将更多要求规模小、反应速度快、用途广的自动化库房。

③仓储装卸搬运机械高效化。通过引入计算机、自动控制技术和人工智能等高新技术对仓储机械的技术改造，仓储机械的技术性能将较大提高。载重量大、机动性强、操作方便、可维修性好的叉车、无人叉车、牵引车、托盘搬运车、码垛机、管道输送机、带状输送机、自动拣选机等先进的装卸搬运机械设备将广泛应用于仓储系统。随着时间的推移，智能化仓储设备将更多、更加趋于完善，仓储机械更安全、更可靠。

④条形码技术的推广使用。条形码技术作为一种成熟的信息处理技术，由于具有信息采集速度快、信息量大、可靠性高等优点，已广泛应用于自动控制、质量跟踪、交通运输、图书文献等领域。

(2) 仓储信息化、信息网络化

随着计算机技术和通信技术的发展以及全球信息网络的建立，仓储的信息化趋势也将得到进一步发展，信息技术将用于处理仓储具体业务。

一方面，建立仓储信息网络、对商品统一编码，通过电子数据交换（EDI）、电子订货系统（EOS）、电子经费传送（EFT）等形式实现无纸化作业，降低了仓储作业费用，提高了作业效率。

另一方面，仓储信息网络是一个利用现代信息技术、数学和管理科学方法对仓储信息进行收集、加工、存储、分析和交换的人机综合系统。仓储是物流的一个重要环节，为了更好地掌握商品的储存情况，必须取得及时、准确的仓储信息。仓储信息处理系统可以通过网络对仓储商品的动态进行实时跟踪调查，使得仓储更加透明，并可根据所需商品的种类、数量等情况，适当调整仓储物资储备，确定最佳决策。

(3) 仓储标准化

标准化是对产品、工作、工程和服务等活动制定统一的标准并贯彻和实施标准的整个过程。

为了使物流系统内部各环节有机地联系起来并协调地运作，必须保证物流系统的统一性和一致性，实现物流的标准化。仓储标准化是物流标准化的重要组成部分。仓储标准化不仅是为了实现仓储环节与其他环节的密切配合，同时也是仓储内部提高作业效率、充分利用仓储设施和设备的有效手段，是开展机械化、自动化、信息化仓储的前提条件。

(三) 仓储管理

1. 仓储管理的概念

所谓仓储管理是对仓库及仓库内的物资所进行的管理，是仓储机构为了充分利用所拥有的仓储资源，提供高效的仓储服务所进行的计划、组织、指挥、控制和协调过程，包括仓储资源的获得、经营决策、商务管理、作业管理、仓储保管、安全管理、人事劳动管理、经济管理。

仓储管理的目标是实现仓储的合理化。仓储合理化是指用最经济的办法实现储存的功能。储存的功能是对需要的满足，实现被储存物的"时间价值"，这就必须有一定的储量。这是合理化的前提和本质，如果不能保证储存功能的实现，其他问题就无从谈起。但是，储存的不合理又往往表现在对储存功能的过分强调，因而导致过分投入储存力量和其他储存劳动造成的。

仓储管理的对象是仓库及仓库物资。

①仓库的选址与布点，包括仓库的选址应遵循的原则、仓库选址时应考虑的基本因素以及仓库选址的基本方法，多点布置时还要考虑仓储网络中仓库的数量和规模的大小、相对位置和服务的客户等问题。

②仓库规模的确定和内部合理布局，包括仓库库区面积和仓库建筑面积的确定，库内运输道路与作业区域的布置，库房内部个作业区域的划分和作业通道布置的方式等。

③仓库设施和设备的选择与配置，包括如何根据仓库作业的特点和所储存的物资的种类以及其理化特性选择机械设备及应配备的数量，如何对这些机械进行合理使用与管理等。

④仓储资源的获得，包括企业通过什么方式获得仓储资源。

⑤仓储作业活动管理，包括组织物资入库，如何对在库物资进行储存、保管与养护。

⑥仓库的库存控制管理，如库存管理的方法。

⑦人力资源的管理，如仓储人员的招聘与培训，建立各种岗位责任制，各岗位人员的配置与优化，人机系统的高效组合等。

2. 仓储管理的任务

①利用市场经济手段获得最大的仓储资源的配置，包括进行仓储建设、仓储地址选择、确定仓储功能、进行仓储布局及设备配置。

②以高效率为原则组织管理机构。

管理层次是指组织内纵向管理系统所划分的等级数。管理层次越多，企业的各项政策，指令传达的时间越长，失真的可能性越大，最理想的状态是消除管理层次，实现信息纵向"短路"。因此，提倡尽可能地减少管理层次，现代化的企业组织更倾向于管理幅度宽，少层次，即扁平化管理。

管理幅度是指一个管理人员直接管理的下属有多少，也就是他直接控制的幅度。太大，无暇顾及，太小可能没有完全发挥作用。以6~12人最为适宜。原则：管理幅度，因事设岗，责任对等原则。

③以不断满足社会需要为原则开展商务活动。所谓商务活动是指对外的经济联系，包括市场定位（调查、分析）、市场营销（与消费者、媒体、政府）、交易合同关系（与消费者、存货人）、客户服务（与存货人，如信息反馈与提供查询）、争议处理等。满足社会需要包括权宜上满足和质量上满足两个方面，不断开展创新，提供适合经济发展的仓储产品。

④以高效率、低成本为原则组织仓储生产。仓储生产包括货物入仓、堆存、保管、出仓的作业。实现仓储快进快出，提高仓储利用率，降低成本，减少风险，保持连续、稳定的生产。

⑤以优质服务、诚信建立企业形象。企业形象是指企业展现在社会公众面前的各种印象和总体评价的整合，包括企业及产品的知名度、社会的认可程度、美誉度、对企业的忠诚度等方面。如：企业理念、环境形象、产品形象、服务形象、职工形象、领导形象等。

⑥通过制度化、科学化的先进手段不断提高管理水平。根据企业的经营目标、社会需求的变化实现管理的动态化和管理变革。仓储管理应从简单到复杂、从直观到系统，不断补充、修正、完善、提高。

⑦从技术到精神领域提高员工素质。技术方面：系统地培训、考核职工的管理技术和理论知识。精神方面：树立良好的精神风貌，最大限度地激发起职工的积极性和创造性。

企业和谐氛围，有效激励，以及针对性精神文明教育，信赖中约束，激励中规范，使员工感受到人尽其才，劳有所得，人格被尊重，形成热爱企业，自觉奉献，积极向上的精神面貌。

3. 仓储管理的基本原则

①效率原则：指在一定劳动要素投入量时的产品产出量。体现在仓储管理上要快进、快出、多存储、保管好。

②效益原则：经济效益即利润最大化和社会效益。

③服务原则：仓储活动本身就是向社会提供服务产品。围绕服务定位，如提供服务、改善服务、提高服务质量，要在经营成本和服务水平间寻找平衡。

不能因一味降低经营成本，而降低服务水平。如运输：一路揽货提高效率，但造成运货时间耽误；也不能不计成本，一味追求服务水平，无原则的服务标准（一味吸引客户），那么缺乏经济效益。围绕服务定位、服务水平与成本之间存在着"效益背反"现象。

4. 仓储企业的部门规划和岗位设置

营业部：业务推广和客户管理。

业务部：业务咨询、接洽和业务办理。

财务部：会计核算，财务分析，为管理者决策提供财务信息。

仓管部：存储物品的接收、验收、入库、分拣、储存、保管和养护、出库等。

搬运部：货物的移动搬运。

机务部：各种设施、设备的管理和维修。

运输部：仓储货物的接运和发送。

流通加工部：流通加工业务。

信息中心：根据客户的订单信息进行汇总，通过信息处理系统生成各种作业指令。如拣选单，出库单，送货单。

安全部：仓库的防火、防盗、防汛，安全教育与培训。

5. 不同行业对仓储管理的要求

（1）物流企业对仓储管理的要求

随着经济的不断发展，客户对物流服务的需求正迅速增加，而且客户的个性化需求也越来越高。为了满足客户的需求，物流仓库应配备全自动立体仓库、自动分拣系统、条形码及智能化仓储管理信息系统等。与此同时，对仓储管理人员的业务能力也提出了更高的要求。物流企业对仓储管理的要求主要体现在以下方面。

①合理调度仓储运作，对客户需求能做出快速的动态反应。

②仓库配备先进的物流软件和硬件设施，包括立体货架、自动分拣系统、条形码管理系统、流通加工设备等。

③仓储管理方式应能够满足不同客户需要。

④在搞好仓储基本业务管理的基础上，还要进行分拣、配货、包装等，为客户提供个性化服务。

⑤为客户提供增值服务，包括搞好库存控制和提高流通加工能力等。

（2）流通企业对仓储管理的要求

仓储作为商品营销的保障，为企业销售提供物流服务。

①搞好物品的接运；

②搞好物品数量和外观质量验收；

③分区分类和专仓专储；

④进行储存期标识和质量维护；

⑤高效的包装加工作业；

⑥准确发货和及时发运。

（3）生产企业对仓储管理的要求

生产企业的核心竞争力体现在产品的开发、生产和制造上，仓储作为企业生产和营销的保障，主要体现在对物料、备品备件和成品的仓储管理。物料是指企业生产所需的原材料、零部件、在制品等。生产企业对物料仓储管理的要求主要体现在以下方面。

①对供货商的供货严格把关；

②物品储存标识符合批次管理和可追溯性要求；
③建立库位编码系统，实现物品储存可视化；
④合理储存保管，符合先进先出的要求；
⑤限额供料和配送到现场。

此外，对工具、备品备件仓库，要求能够根据需求规律，搞好库存管理，建立安全库存和控制库存量。

二、仓储服务知识链接

月山啤酒集团的仓储管理

月山啤酒集团在几年前就借鉴国内外物流公司的先进经验，结合自身的优势，制定了自己的仓储物流改革方案。首先，成立了仓储调度中心，对全国市场区域的仓储活动进行重新规划，对产品的仓储、转库实行统一管理和控制。由提供单一的仓储服务，到对产成品的市场区域分布、流通时间等全面的调整、平衡和控制，仓储调度成为销售过程中降低成本、增加效益的重要一环。其次，以原运输公司为基础，月山啤酒集团注册成立具有独立法人资格的物流有限公司，引进现代物流理念和技术，并完全按照市场机制运作。作为提供运输服务的"卖方"，物流公司能够确保按规定要求，以最短的时间、最少的投入和最经济的运送方式，将产品送至目的地。第三，筹建了月山啤酒集团技术中心。月山啤酒集团应用ERP系统筹建了月山啤酒集团技术中心，将物流、信息流、资金流全面统一在计算机网络的智能化管理之下，建立起各分公司与总公司之间的快速信息通道，及时掌握各地最新的市场库存、货物和资金流动情况，为制定市场策略提供准确的依据，并且简化了业务运行程序，提高了销售系统工作效率，增强了企业的应变能力。

通过这一系列的改革，月山啤酒集团获得了很好的直接和间接经济效益。首先是集团的仓库面积由7万多平方米下降到不足3万平方米，产成品平均库存量由12000t降到6000t。其次，产品物流体实现了环环相扣，销售部门根据各地销售网络的要货计划和市场预测制定销售计划；仓储部门根据销售计划和库存及时向生产企业传递要货信息；生产厂有针对性地组织生产；物流公司则及时地调度运力，确保交货质量和交货期。第三，销售代理商在有了稳定的货源供应后，可以从人、财、物等方面进一步降低销售成本，增加效益。经过一年多的运转，月山啤酒物流网取得了阶段性成果。实践证明，现代物流管理体系的建立，使月山集团的整体营销水平和市场竞争能力大大提高。

（一）仓储的功能与服务

1. 经济功能与服务

（1）储存保管功能（基本功能）

储存保管功能是仓储最传统、最基本的功能。在商品从生产过程进入到消费过程之间，都存在一定的时间间隔。在这段时间间隔内，形成了商品的暂时停滞。商品在流通领域中暂时的停滞过程，形成了商品储存。同时，商品储存又是商品流通的必要条件。

（2）拼装功能（常用功能）

基于运输的费用率有随着运量的增大而减少的规模经济现象，因此尽可能大批量的运输是节省运费的有效手段。将连续不断产出的产品集中成大批量提交运输，或者将众多供应商所提供的产品整合成一票运输等运输整合需要通过仓储来进行。

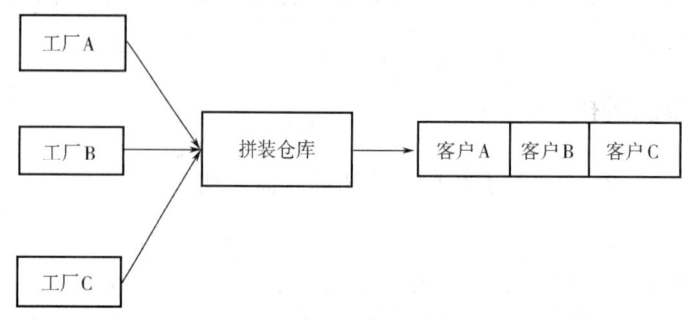

图1-1　仓储过程中的拼装流程

（3）分类和交叉功能

仓储可以用来配合组织生产，进行产品整合。企业可以根据客户要求，在仓库中根据商品流向、时间的不同进行分拣、配套、组合、打包，分别配载到不同的运输工具，然后运往各地客户。

分类仓库的作业与拼装仓库的作业相反。分类作业将接收来自制造商的客户组合订货，并把它们分类或分割成个别的订货，装运到个别的客户处去。图1-2说明了这种分类流程。

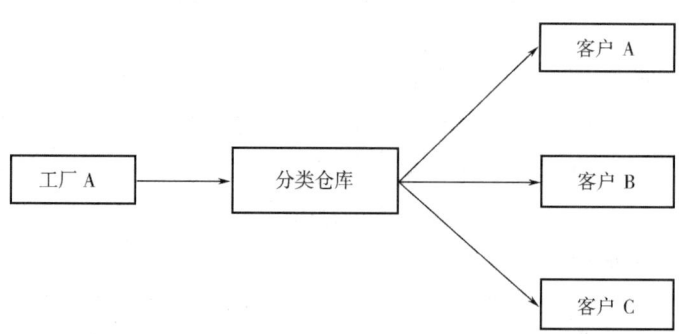

图1-2　仓储过程中的分类流程

仓库运用转运组合点（如交叉站台设施）实施分类和交叉功能。它与分类作业功能类似，但它接收多个制造商的订货。零售连锁店广泛地采用交叉站台作业来补充快速流转的商店存货。其应用流程为：交叉站台接收多个制造商处运来的整车货物；收到货物后，对有标签的货物，就按客户进行分类，对没有标签的货物，则按地点进行分类；然后，在交叉站台上完成发往不同客户的装车作业。由于省去了储存环节，降低了交叉站台及仓库的搬运、装卸成本，使仓储企业和供应商从分类和交叉功能中都得到了各自的经济利益。图1-3说明了分类和交叉功能的应用。

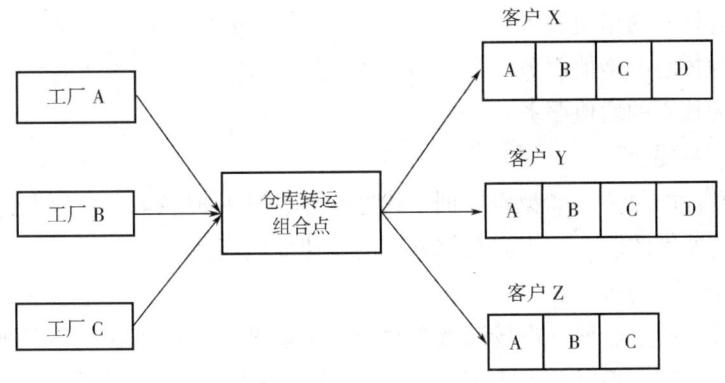

图1-3 仓储过程中的分类和交叉流程

(4) 加工/延期功能

仓储企业可以通过承担少量的生产加工和制造活动来延期或延迟生产。具有包装能力或简单加工能力的仓库可以把产品生产的最后一道工序一直推迟到直到该产品的需求时为止。例如，罐头生产厂可以将罐头生产的最后一道工序——贴标签延迟或推迟到产品在仓库出库之前进行。仓库中没有贴标签的罐头是没被订货的货物，一旦接到客户订货，仓库就给产品加上标签，完成最后一道工序的生产，表明该批货物已经被订货；然后根据订货特性确定包装形式和送货。这种加工/延期功能使仓储企业和制造商都得到利益。一方面，制造商可以为特定的客户提供定制化的产品，适应了特定客户的需求，降低了盲目生产带来的风险；另一方面，仓储企业通过增加加工业务扩大了收益，并通过识别产品最后一道工序是否完成来检查库存货物的库存水平，达到控制库存、降低库存成本的目的。

2. 增值服务功能与服务

仓储增值功能是指仓储过程中针对特定客户或特定的仓储活动，在仓储基本活动的基础上提供的定制化的服务活动，如：分拣、加工、包装、组合、配送等。

增值服务是在基本服务（如货运组织调度、配送中心管理、仓储运输管理、配送中心设计、信息流管理以及物流系统规划设计等）的基础上，增加的便利性服务或支持性服务。大多的物流增值服务是在仓储这一环节中进行的。流通加工业务是通过进行商品的个性化服务，更好地满足用户的要求。仓储中最普通的增值服务往往与包装作业有关。在通常情况下，产品往往是以散装形式或无标签的形式运送到仓库的，这种库存的个体之间基本上没什么区别。但一旦收到客户的订单，就要按客户要求对产品进行定制和发送。例如，制造商把未做标志的电池发送到仓库中，向仓库的作业人员提供了销售所需带有的商标牌号的包装材料。接到订货，仓库作业人员按要求将标志图案贴到电池上，然后用定制的盒子将其包装。这样，制造商就可以降低库存，提高效益。同时，仓库还可以通过优化包装、改变包装特点来实现增值服务。有时，还可以在仓库里完成一些生产活动，如将汽车引擎运送到仓库里去，如果汽化器发生了问题，即可在仓库更换，无须将每一个引擎产品都退回厂家。

增值服务的几种类型：

①以客户为核心的增值服务。

②以促销为核心的增值服务。
③以制造为核心的增值服务。
④以时间为核心的增值服务。

增值服务的主要途径：

①增加便利性的服务。如免费培训、代办业务、24小时营业、全程跟踪等。

②加快反应速度的服务。提高仓储系统的快速反应能力。

③降低仓储成本的服务。

④延伸服务。向上延伸到市场调查与预测，采购及订单处理；向下延伸到仓储咨询，仓储系统设计，仓储方案的规划与选择，库存控制与决策建议，货款回收与结算，教育与培训等。

仓储过程中常见的增值服务：

第一、配送服务。配送是指在经济合理区域范围内，根据客户要求，对物品进行拣选、加工、包装、分割、组配等作业，并按时送达指定地点的物流活动。配送服务是集装卸、包装、保管、运输于一身的送货。

①配送是一种固定形态，有确定组织、确定渠道，确定体制的高水平送货形式。

②配送是一种"中转"形式，是从物流节点到客户的特殊送货形式。

③配送利用有效的分拣、配货等理货工作，取得规模优势。

④配送是从客户的利益出发。

⑤配送是以"最合理的方式"送货。

第二、流通加工服务。流通加工是指物品从生产地到消费地过程中，根据需要实施分割、分拣、组装、包装、标识等改变其外形或组合状态的简单作业，是为了提高物流的速度和物品的利用率，按客户的要求进行的加工活动。如：混凝土搅拌加工，钢板剪板及下料加工，木材成型加工，"集中套裁，开片供应"平板玻璃的加工，生鲜食品的分装、冷冻加工。

流通加工把现代生产的"少品种、大批量、专业化"的规模经营与生产和消费之间的"时间差"及消费的个性化有机地结合起来。

其优点：弥补了生产加工的不足；方便了客户，满足了客户的不同需求；为仓储企业增加了收益。

流通加工的形式：

①以保存产品为主要目的的流通加工，如水产品的冷冻，食品保鲜加工。

②为适应多样化需要的流通加工，如钢板剪切加工。

③为方便省力的流通加工，如木料型材加工。

④为提高产品利用率的流通加工，如原料的搭配套裁，减少边角余料的加工。

⑤为提高物流效率，降低物流损失的流通加工，如商品在消费地组装。

⑥为便于衔接不同的运输方式，使物流更加合理的流通加工，如散装水泥在中转地进行袋装。

⑦为实现配送的流通加工，如拆整化零，定量备货，定时供应。

3. 信息传递功能与服务

信息是进行物流调度指挥的手段。只有有效地运用信息，才能使物流活动顺利进行。企业管理者力图控制仓储活动，通常需要及时准确的信息，如在安排商品储存时，必须掌握进仓商品的数量、品种及商品的重量、体积等信息，同时还要了解各仓间的空余仓位情况，只有这样才能充分发挥仓库的使用效能。因此，运用电子数据交换 EDI 等计算机化的信息传递、互联网以及条形码来提高信息传递的速度和准确性，对于仓储运营至关重要。

（二）仓储管理模式

仓储管理模式是货物保管方法和措施的总和。选择适当的仓储管理模式，既可以保证企业的资源供应，又可以有效地控制仓储成本。

1. 自营仓库仓储

自营仓库仓储是指企业自己修建仓库进行仓储，并进行仓储管理活动。这种模式下，由于企业对仓库拥有所有权，可以按照企业自身的要求和产品特点对仓库进行设计和布局，有助于与其他系统的协调。但是，这种模式使得仓库固定的容量和成本长期占用企业的资金，投资较大，成本较高。

2. 租赁仓库仓储

租赁仓库仓储是指委托营业性仓储进行仓储管理。这种模式下，不需要企业对仓储设备和设施进行任何投资，只需支付租金就可以得到仓储服务。满足企业在库存高峰时大量额外的库存需求，没有仓库容量的限制。仓储的持有成本将直接随着储存货物数量的变动而变动，便于管理者掌握。但是这种仓储模式，增加了企业的包装成本，增加了企业控制库存的难度和风险。

3. 第三方仓储

第三方仓储是指企业将仓储等物流活动转包给外部公司，由外部公司为企业提供综合物流服务。第三方仓储与生产企业之间是一种合作伙伴关系，他能为生产企业提供特殊要求的空间、人力、设备和一体化的服务。因此，第三方仓储有利于企业有效利用资源，扩大企业市场，降低运输成本，进行新市场的测试。

（三）仓储服务活动的基本要求

1. 物流企业对仓储服务的要求

随着经济的不断发展，客户对物流仓储服务的需求正迅速增加，而且客户个性化需求越来越高。

①合理调度仓储运作，对客户需求能做出快速的动态反应。

②仓储配备先进的物流软件和硬件设施。

③仓储管理方式应能够满足不同客户需求。

④在搞好仓储基本业务管理的基础上，还要进行分拣、配货、包装等，为客户提供个性化服务。

⑤为客户提供增值服务，包括搞好库存控制和提高流通加工能力等。

2. 流通企业对仓储服务的要求

仓储作为商品营销的保障，为企业销售提供物流服务。

①搞好物品的接运。
②搞好物品数量和外观质量的验收。
③分区分类和专仓专储。
④进行储存期标志和质量维护。
⑤高效的包装加工作业。
⑥准确发货和及时发运。

3. 生产企业对仓储服务的要求

生产企业的核心竞争力体现在产品的开发、生产和制造上，仓储作为企业生产和经营的保障，主要体现在对物料、备品备件和成品的仓促管理。

①对供应商的供货严格把关。
②物品储存标志符合批次管理和追索性要求。
③建立库位编码系统，实现物品储存可视化。
④合理储存保管，符合先进先出的要求。
⑤限额供应和配送到现场。

（四）仓储管理人员的基本要求

1. 仓储经营管理人员的基本素质要求

①具有丰富的商品知识。对于所经营的商品要充分熟悉，掌握其理论性质和保管要求，有针对性地采取管理措施。
②掌握现代仓储管理技术。对仓储管理技术充分掌握并熟练运用，特别是现代信息技术的应用。
③熟悉仓储设备。能合理和高效地安排使用仓储设备。
④办事能力强。能分清轻重缓急、有条理地处理事务。
⑤具有一定的财务管理能力。能查阅财务报表，进行经济核算、成本分析，正确掌握仓储经济信息，进行成本管理，进行价格管理和决策。
⑥具有一般的管理素质，包括组织协调能力、评估能力、策划能力、控制能力。
⑦具有现代物流管理的知识和较强的物流运作管理能力。

2. 仓库保管员的职责

①认真贯彻仓库管理的方针、政策、法律法规和制度，具有高度的责任感，忠于职守，廉洁奉公，热爱仓储工作，具有敬业精神；树立为客户服务、为生产服务的观点，具有合作精神；树立讲效率、讲效益的思想，关心企业的经营。
②严格遵守仓库管理的规章制度，严格履行岗位职责，及时做好货物的入库验收、保管保养和出库发运工作；严格执行各项手续制度，做到"收有据、发有凭"，及时准确地登记销账，手续完备，账物相符，把好"收、管、发"三关。
③熟悉仓库的结构、布局、技术定额，熟悉仓库规划；熟悉堆码、苫垫技术，掌握堆垛要求；在库容使用上做到妥善地安排货位，合理高效地利用仓容，堆垛整齐、稳固、间距合理，方便作业、清数、保管、检查、收发。
④熟悉仓储物质的特性、保管要求，有针对性地进行保管，防止货物损坏，提高仓储质量；熟练地填写表账、制作单证；妥善处理风雨雪、酷暑与严寒等自然灾害对仓储

物质的影响，防止和减少损失。

⑤重视仓储成本管理，不断降低仓储成本。妥善保管好剩料、废旧包装，收集和处理好下脚料，做好回收工作。用具、苫垫、货板等要妥善保管、细心使用，延长其使用寿命。重视研究物资仓储技术，提高仓储利用率，降低仓储物资消耗，提高仓储的经济效益。

⑥加强业务学习和训练，做到业务熟练。掌握计量、衡量、测试用具和仪器的使用，掌握所分管物资的理化特性、质量标准、保管知识、作业要求和工艺流程。及时掌握仓储管理的新技术、新工艺，适应仓储自动化、现代化、信息化的发展，不断提高仓储的管理水平；了解仓储设备的性能和管理要求，督促设备维护和维修。

⑦严格执行仓库安全管理的规章制度，时刻保持警惕，做好防火、防盗、防破坏、防虫鼠害，防止各种灾害和人身伤亡事故，确保人身、物资、设备的安全。

三、相关项目链接

技能训练 仓储中心认知

任务引入

某仓储中心专门从事货品保管与保养，并为客户提供一体化服务的物流公司。其先进的仓储设施能为客户提供优质、高效的物流服务，且该仓储中心与厂商、批发商、零售商、分销集成商、贸易代理商等共同追求综合成本效益、实现物流一体化管理、创造物流附加值、实现全过程的流通管理，追求双赢依存、共同发展。

李瑞作为新入职的仓库理货员，首先由仓库主管从仓储中心各岗位划分及职能、仓储设施设备配置等方面开始进行初步的综合介绍和认知。

任务实施

（一）仓储中心岗位设置认知

首先，仓库主管对李瑞进行仓储中心的岗位设置及职能讲解。

该仓储中心的岗位设置如下：

岗位	岗位职责	主要工作内容	汇报对象
仓储经理	负责新仓库的选址及仓库货物的布局设计； 负责所属库区的全面管理工作； 负责仓储管理方案的优化和监督执行； 负责库区仓库所属人员、装备的管理； 负责仓库管理绩效考核	项目投标及仓库管理方案的设计； 仓储工作计划的制订和预算编制； 仓储管理制度的制定、修订； 仓库作业异常事件的处理； 仓库日常作业的巡视和指导	分公司经理

续表

岗位	岗位职责	主要工作内容	汇报对象
仓库管理员	负责货物进出仓库管理与协调； 负责货物的作业品质管理； 负责货物库存的准确性； 负责货物库存实物信息台账； 负责库房及货物的安全性； 负责库房装备的使用维护； 负责所属库房的环境卫生	货物日常进出仓库计划的安排； 货物出、入库及库存台账的制作； 货物定期盘库的组织实施； 定期与信息员核对账实信息及装卸工的作业管理； 库房日常作业成本的填报、统计和控制； 库房每日安全隐患检查	仓储经理 客户经理
仓库理货员	服从仓库管理员的工作安排； 负责库房日常出入库作业操作； 负责当班出入库记录信息的填报； 负责当班出入库货物品质的把控； 负责当班出入库数量的核对	货物日常入库的接收、码放和出库的备货； 货物出入库的清点和单据办理； 货物出入库垛卡信息的填写； 库房定期的货物盘库清点、登记； 库房卫生的清扫整理	仓库管理员
单证信息员	服从仓储经理的工作安排； 负责货物出入库电子信息的录入和统计； 负责库存电子信息的准确性； 负责信息报送的准确性和及时性	接收客户货物出入计划审核； 货物出入库单证的打印； 货物出入库及库存信息报表的制作和准确性检查； 定期与仓库管理员核对账实； 每日库存报表的上报	仓储经理
叉车驾驶员	负责叉车作业的操作； 负责叉车作业的安全控制； 负责出入库数量的核查	货物出入库的日常叉车作业； 货物出入库托盘上货物数量的复核； 叉车的日常维护和检修	仓库管理员

（二）仓储中心设施设备认知

仓库主管又对李瑞进行仓储设施设备的配置讲解。

在物流领域里，仓储的基本活动包括储存、保养、维护和管理。而仓储活动离不开仓储设施设备的支持，仓储工作中所使用的设施设备按其用途和特征分成装卸搬运设备、保管设备、计量设备、养护检验设备、通风照明设备、消防安全设备、劳动防护设备以及其他用途设备和工具等。该仓储中心设施设备的分类如下表所示。

功能要求	设备类型
存货取货	货架、叉车、堆垛机械、起重运输机械等
分拣配货	分拣机、托盘、搬运车、传输机械等
验货养护	检验仪器、养护设施等
防火防盗	温度监视器、防火报警器、监视器、防盗报警设施等

续表

功能要求	设备类型
流通加工	所需的作业机械、工具等
控制管理	计算机及辅助设备等
配套设施	站台、轨道、道路、场地等

任务评价

姓名			学号		小组		
任务名称			仓储中心认知				
考核内容		考核标准	参考分值（100）	学生自评	小组互评	教师评价	考核得分
职业素养	1	形成效率优先的工作精神	10				
	2	具有学生互相协作的团队意识	10				
	3	具有吃苦耐劳精神、节约意识和环保意识	10				
理论知识掌握情况	4	掌握仓储中心人员岗位设置	10				
	5	掌握仓储中心设施设备的配置	10				
	6	熟悉仓储中心的主要工作职能	10				
	7	熟悉仓储中心的主要管理模式	10				
操作技能情况	8	能够熟知各岗位人员的职责和工作内容	10				
	9	能够熟知各设施设备的功能要求	10				
	10	对仓储中心有综合性的认知	10				
		总得分	100				

项目一　仓库选址规划

　　仓库选址是在一个具有若干供应点及若干需求点的经济区域内，选一个地址建立仓库的规划过程。合理的选址方案应该使商品通过仓库的汇集、中转、分发，达到需求点的全过程效益最好。

教学目标

【知识目标】

①了解影响仓库选址规划的因素。
②明确仓库选址规划的主要内容和基本原则。
③掌握仓库选址规划的基本流程。
④掌握仓库选址规划的方法。

【技能目标】

①能根据仓库选址的原则，为不同类型的仓库选址提供合理化建议。
②能进行仓库选址的可行性分析。
③能进行仓库选址资料收集与规划需求分析。

一、任务描述

　　某物流公司拟建一个10万吨货物流量的仓储配送中心，把京津冀地区的仓储和配送业务加以发展。形成在全国的运输、配送网络。那么这个仓储配送中心应选在什么位置？

二、任务分析

（一）仓库选址规划的要求

　　①库址选择要求根据客户条件、自然条件、运输条件、用地条件和国家的法律法规合理选择物流企业仓库的位置。既要考虑土地费用，又要考虑将来的运输费用。

②严格按工作流程，用科学的方法进行库址的选择。

③严格按程序进行可行性分析。

④仓库的选址要符合环保的要求。维护生态环境，促进城乡一体化发展。

（二）仓库选址规划的分析

1. 区域选择分析

盲目地进行仓储的选址与规划就会造成巨大的浪费。要在整体设计的观念上，事先对全部程序周详地、有系统地分析，再定出一个明晰的架构，以便于仓储配送系统的建立。仓储配送中心选址的核心问题是仓库的在市场区域的布局与规模的把握。

①从自然环境分析。唐山气候温和，属暖温带半湿润季风型大陆性气候，四季分明，年平均气温11.3℃，无霜期180天以上，年平均降雨量620~750mm。近六十年来没有发生过洪水。唐山南部属于平原地区，地形坡度在1%~4%以内，不会增加基建投资。适宜建设仓储配送中心。

②从经济环境分析。唐山在京津冀的中心，唐山本身又是钢铁、建材、化工、陶瓷等产业规模非常大的地区。特别是曹妃甸的建设，使唐山形成了大钢铁、大化工、大物流等产业集群。对于仓储配送需求广阔。

③从基础设施分析。唐山交通便利，唐山距天津新港、秦皇岛港非常近。而且唐山本身有京唐港，又建设了北方第一大港——曹妃甸港。唐山周围有两条高速公路（津唐高速，京沈高速）。唐山铁路运输也非常发达。因此唐山道路畅通、通信发达，水、电、气、热供应能力大。

④调查预测仓库储存的商品数量和商品储存的时间，以便确定仓储配送中心的规模。合理确定规模有很大的经济意义：设计的仓储大于实际需要，将降低仓储设施设备的利用率；反之，对于仓储的规模估计不足，仓储的建设就会小于实际进出货物需求，会严重影响商品的储存和仓储各项技术作业的正常进行。

2. 位置选择分析

①在市中心建立仓储配送中心交通方便，能吸引物流人才，运输成本较低，基础设施完备。但是地价较高，建筑成本较大。

②在丰南区建立仓储配送中心。地价较低，建筑成本较低，但是，交通运输费用较高，不利于吸引人才。

③在曹妃甸建立仓储配送中心。海洋运输非常有利，如果仓储货物采用船运方式，地理位置非常好。而且，随着曹妃甸的开发，形成的物流仓储和运输的规模会非常大，有利于人才的招聘。

综上所述，在什么地方建仓储配送中心，要看企业的目标和发展方向，如果是利用港口资源，采用船运方式运送货物，在曹妃甸建仓储配送中心最为有利；如果是采用公路或铁路，在市中心或丰南区建仓储配送中心比较合适。如果考虑建设成本最低，在丰南区建仓储配送中心比较好。这只是定性分析，在具体的方案论证中，还要做出定量的技术和经济的可行性分析。

三、相关知识链接

（一）仓库选址的原理

仓库选址包括两个层次的问题：一是选位，二是定址。

仓库选址对商品流转速度和流通费用产生直接的影响，并关系到企业对顾客的服务水平和服务质量，最终影响企业的销售量和利润。一旦选择不当，将给企业带来很多不良后果，而且难以改变。因此，在进行仓储系统选址时，必须充分考虑到多方面因素的影响，慎重决策。

仓库选址与该仓库所属企业的类型有很大的关系。附属于工业企业的仓储选址追求成本最小化；附属于物流企业的仓储选址追求收益最大化或服务水平的最优化。

归纳：只有顾客密集分布、交通与装运条件方便、地价低廉等主要条件得到满足的地方，才是合适的仓库选址。

（二）仓库选址的原则

仓库设施一旦建成就无法改变，因此，仓库在选址时不能有一丝一毫的随意性，应遵循以下原则。

1. 适应性原则

首先，仓库选址要结合区域经济的产业导向、产业发展战略，既要考虑仓储经营运作上的可行性，又要与区域物流系统规划相适应。其次，仓库选址要与企业的需求相适应。新建仓储系统是企业出于完善自己的物流系统，协调服务与成本的关系的目的而进行的，必须要满足物流企业的需要。

2. 协调性原则

仓库选址要与区域物流网络体系相协调，否则会造成资源的浪费和设施的重复建设。另外，仓储的设施设备与区域的物流需求水平、经济发展水平、生产力发展水平以及技术发展水平相协调。同时在仓库的规模、设施与设备的选择、生产作业能力、主要作业对象的特征等方面要保持协调一致。

3. 经济性原则

仓库选址规划要充分考虑经济因素的影响，保证建造成本和使用成本最优。仓库选址中的有关费用主要包括建设费用和经营费用两大部分，前者涉及面广，一次性投入大，如规划费用、设计费用、使用费用、基本建设材料费用、人工费用、设施和设备的选择与安装费用等。后者主要是仓库建成后，开展仓储经营活动所需的费用，如储存保管成本、设施和设备使用成本和维护成本等。仓库选址要以总成本最低为衡量标准，既要考虑土地购置费用，又要考虑将来的运输成本。

4. 前瞻性原则

仓库设施建设是一项长期投资，仓库选址要有全局观念和长远考虑，要有一定的前瞻性，既要符合目前需要，又要考虑日后发展的空间。

5. 可持续发展原则

环境保护是社会发展的趋势，在仓库选址时充分考虑环境保护的需要，维护生态环境，为企业发展预留足够的拓展空间。

(三) 仓库选址要考虑的因素

1. 自然环境因素

①气候因素。仓库选址要考虑当地的自然气候环境条件。例如，当地的年降雨量、空气温湿度、盐分、风力、无霜期长短、冻土厚度等。

②地质条件。根据仓库对地基的技术要求，选择地质坚实平坦、干燥的地点。特别是多层仓库与高架仓库，不适宜建在地下有流沙层、松土层等不良地质条件的环境地点。

③水文条件。仓库在沿江河地区选址时，要调查和掌握有关的水文资料，特别是汛期洪水最高水位情况，防止洪水侵害。同时，还要考虑地下水位的情况，水位过高的地方不宜作为仓库选址的区域。

2. 经济环境因素

①政策环境。仓库选址要充分考虑当地政府的政策、法规等因素，尽量选择有优惠政策、扶持措施的地区，有助于缩短成本回收期，提高效益，规避风险。

②商品特性。仓库选址要考虑经营的商品种类，不同类型商品仓库应分布在不同区域，如生产型仓库应与原料分布、产品结构、产业结构、工业布局紧密结合。

③货物流量的大小。仓库是物流网络的站点，物流效益与物流规模有很大关系。如果没有足够的货物流量，仓库的规模效益就不能发挥。因此仓库选址要选择在货物流量较大的区域。

④物流费用。仓库一般应设在接近物流服务需求的地方，是运输距离最优化，尽量减少运输环节。例如，设置在大型工业区、商业区周边，以缩短运输距离，降低运输成本，并获得较好的服务水平。

⑤服务水平。物流服务水平是影响物流产业效益的重要因素之一。在选址时，要考虑到货物是否能及时送达，满足客户的送货需要，获得必要的服务满意度。为了提高企业对客户的反应速度，能更好地服务客户，许多企业都将仓库建立在服务区域的附近。

⑥劳动力成本。适当的劳动力是手工密集型、资本密集型和技术密集型仓库都不可或缺的。而不同地域的劳动力成本一般都存在着差异，这会直接影响企业未来的运营成本。

⑦建筑成本和土地成本。不同选址方案对建筑的要求、土地的征用各不相同，从而会导致仓库建设成本不同。因此，在仓库选址过程中，在考虑了运营成本的前提下，应尽量选择开发成本低的地

3. 基础设施状况

①交通条件。仓库必须设置在交通便利的区域，靠近交通枢纽，如公路主干道、港口、车站、铁路编组站和机场等，便于各种运输方式的衔接。对于大型仓库还可以考虑铺设铁路专用线，建设专用码头、专用机场等。

②公共设施情况。要求城市道路畅通，通信发达，有充足的水、电、气、热的供应能力，有污水和垃圾处理能力。

4. 其他因素

其他因素包括国土资源利用（如国土资源规划和土地价格）和环境保护要求等方面

的强制性限制。

(四) 仓库选址的程序

1. 确定仓库选址目标

仓库选址首先要明确目标,在一个新地点设置一个新设施要符合企业发展目标和生产运作战略,能为企业带来效益。只有在此前提下,才能进行选址工作。目标一旦明确,就应该确定相应的负责人或工作团队,并开始进行工作。

2. 收集选址所需要的各种信息

收集有关数据,分析各种影响因素。收集的信息数据包括多个方面,如政府的有关规定,地区规划信息,工商管理部门的有关规定,土地、电力、水资源等有关情况以及与企业经营相关的该地区物料资源、劳动力资源、交通运输条件等信息。

3. 初步确定可供选择的方案

对各种因素进行主次排列,权衡取舍,将目标相对集中,拟定出初步的备选方案。备选方案根据问题的难易程度可选择三到五个。

4. 进行方案的可行性分析

方案的可行性分析,就是判断被选方案技术上是否先进,经济上是否合理,生产上看其是否适用。所采用的分析方法应把定量分析和定性分析相结合。例如运输成本、建筑成本、劳动力成本、水资源成本等因素,可进行定量分析,运用现金流量方法,通过计算机计算比较。而对于生活环境、当地的文化氛围、扩展余地等则需要性定性分析。

①物流量的需求分析。根据某一区域经济发展战略目标、产业结构规划和产业布局,经济的发展水平、物流规模大小,对顾客及潜在顾客的分布以及供应商的分布情况进行分析。例如,生产企业到仓库的货物运输量、仓库向有货物需求的客户配送的货物数量、仓库预计的最大容量;运输路线的最大业务量等。

②综合费用分析。包括生产企业与仓库之间的运输费、交通枢纽与仓库之间的运输费、仓库与顾客之间的运送费以及设施和土地有关的费用及人工费等。运输费随着距离的变化而变动,而设施费、土地费是固定的,人工费是根据业务量的大小确定的。以上费用必须综合考虑,进行成本分析。

③约束条件分析。要对仓库选址地理位置是否合适,是否在交通枢纽上,是否靠近铁路货运站、港口、公路主干道,道路是否畅通,是否符合城市或地区的规划;是否符合国家或区域政府的产业布局,是否有法律制度约束以及地价高低等情况进行分析。

通过以上分析,根据分析结果在本区域内初选几个仓库地址,然后在几个地址中进行评价,从而确定一个可行的地址。

5. 方案的选优

在对每一个备选方案都进行详细分析之后,经过方案的分析比较,在多种被选方案中选择一个目前条件下最优的方案。

6. 写出选址报告,提交高层管理者批准

①选址概述。扼要叙述选址的依据(需求分析)、原则,制定几个方案,选出一个最优方案。

②选址要求及主要指标。说明仓储作业的特点,完成仓储作业应满足的要求,列出

主要指标，如库区占地面积、库区内各种建筑物的总面积、仓库需用人工总数、年仓储量和费用总量（包括拆迁费用）等。

③仓库位置说明及平面图。说明库区具体方位、外部环境，并划出区域位置图。

④地质、水文、气象等情况，交通及通信条件。

⑤政府对物流产业的扶持力度。

四、任务实施

将学生分为若干组，各组选出一个负责人，组内分工合作完成任务。详细任务和操作步骤如下。

作业进度 \ 角色操作	小组任务	操作指导
实地调查仓库选址的各种影响因素	搜集唐山市经济发展战略规划，收集唐山产业结构、产业政策、经济发展和物流量情况	搜集唐山市十三五发展规划，搜集唐山市钢铁、煤炭、水泥年产量，京唐港和曹妃甸港口中各货物的吞吐量。小组成员分工协作完成
	搜集唐山市各种货物公路、铁路、海洋运输的运费率	互联网百度查询
	搜集曹妃甸、唐山市市内和市郊的地价，建筑费用	互联网或政府年度公告查询
分析资料，初步确定仓库选址的方案	分别进行曹妃甸、市郊和市内的可行性分析方案的编写	从物流仓储市场前景分析、物流技术的先进性和投资效益三个方面进行可行性分析
综合评价，选择仓库选址的最适宜方案	进行成本、效益和服务的综合评价，在三个方案中选优	从物流量的需求分析，综合费用的分析，和约束条件的分析进行比较
撰写报告	撰写综合调研报告	选址概述，选址要求及主要指标，仓库位置说明及平面图，地质、水文、气象等情况，交通及通信条件，政府对物流产业的扶持力度

项目二　仓库布局规划

仓库布局规划是在城市规划许可的用地范围内，将仓库的建筑物、通道等各种设施进行合理布局，使库内运输路线短，货物出入方便，最大限度地创造一个安全、经济、合理的仓储作业环境，充分发挥仓库的各项功能。

教学目标

【知识目标】

① 了解仓库的分类，能根据货物的流通情况，选择与之相适应的库房。
② 了解库区的结构和布局，掌握仓库的区域功能。
③ 掌握仓库布局规划的基本流程。
④ 掌握仓库布局规划的原则和方法。

【技能目标】

① 能根据仓库布局的原则，为不同类型的仓库布局提供合理化建议。
② 能根据仓库和堆场的功能和结构进行仓库布局规划。
③ 通过实地调查仓库的基本情况，能绘制仓库平面布置图。
④ 通过调研分析，能判断仓库布局的合理性，提出修改方案。

一、任务描述

北方物流有限公司是一个第三方物流企业，在重工业港口城市市郊靠近205国道买了600亩（1亩＝666.6m²）地拟建一个物流中心，该物流中心以仓储业务为核心，并提供船运代理、货运代理、运输、配送等，可满足全天候24小时物流服务的需求。北方物流有限公司的主要业务是为海尔家电进行仓储和配送，满足海尔家电在京津唐地区经营的需要；为经销商储存成品钢材，为海洋集装箱运输进行船运代理，为本市的各大超市卖场进行商品的仓储和配送。

根据仓库布局规划的原则和方法，通过实地调查同种类型的物流中心，制定北方物流公司物流中心的仓库布局规划方案，画出仓库平面布局图。

二、任务分析

（一）仓库布局规划的要求

①仓库总体布置要求根据货物仓储量、平均库存量、仓库吞吐量、货物品种数等合理进行物流企业仓库的总体布置。

②严格按工作流程、科学的方法进行仓库总体布置。

③严格按程序进行仓库总体布置方案的可行性分析。

④仓库的布局要有利于货物的储存保管。出入库实现一次性作业，装卸次数最少，搬运距离最短。

⑤仓库的布局要符合环保的要求。

⑥仓库的布局要符合防火的要求。

（二）物流中心布局规划的分析

物流中心主要区域布局及其主要功能如下所述。

1. 仓库储存配送区域

主要功能：储存和配送家电产品、储存和配送超市卖场的袋装食品类、瓶装饮料类、日化产品类、桶装食用油类等货物。

2. 集装箱堆场区域

主要功能：存放集装箱。集装箱货物拆装箱、车辆集装箱装卸。

3. 杂货堆场区域

主要功能：存放经销商成品钢材。

4. 物流中心整体消防、安全要求

经政府消防部门验收合格自动喷水灭火系统；库区与办公场所固定地点放置灭火设备；整个物流仓库为禁烟区域；整个库区报警系统与当地警署实现联网；库区及关键走道配置电视监视系统；各区域布局标识清晰明确，人行通道及紧急通道均配置备用照明系统；入库作业区域、集装箱作业平台、堆垛叉车设置明确提示禁止无关人员通行；确定库区内作业车辆的行走路线；办公和服务区域与库区及通道分离。

5. 物流中心外围布局

仓库在整体上车辆与人行通道分离，车辆通行道均为单向双通道；卸货与收货搬运通道分离；集装箱拆装箱区域与送货提货区域分离，外围管理由专业物业管理公司负责。

（三）物流中心布局规划的流程分析

1. 仓库总平面布置的准备工作

仓库总平面布置的合理与否很大程度上取决于有关资料的齐备、准确及可靠程度。总平面布置是一个反复试验的过程，即布置、修改、再布置、再修改，反复多次，直到得到最满意的布置方案为止。在布置时一般借助于一些辅助工具，如作业流程图、仓库平面图、样板图等，在纸面上加以设计。所以在总平面布置前还需要准备好必要的辅助工具。

2. 找出和布置关键性作业位置

在仓库总平面布置中，铁路专用线的位置往往受外部条件的限制，而且在很大程度上决定着仓库总平面布置的走向，所以应首先确定专用线的位置。库房、货场的位置可根据上述要求依次确定。

总平面布置所依据的主要资料有储存物的品种、规格、数量，建设地区的铁路和公路分布情况，地形条件，水、电供应条件，当地气象资料，采取的装卸搬运手段，消防及安全要求协作条件等。

3. 对工作面积进行布置

根据建设地点的现有地形，对库房、货场、主要通道、装卸场地以及辅助车间、办公室、生活福利设施的相应位置及占用面积进行初步设计。

4. 设计次要通道

次要通道与主要通道相交并形成一个完整的运输网，通道的设置与宽度应视物资运输的需要和安全要求而定。

5. 单体设计

根据储存物资的保管要求、仓库业务、作业流程和仓库性质，并结合当地气象及环境条件，具体确定库房的建筑类型和方位，以及库房内设备的类型和位置。

6. 辅助装置的设置

对排水系统、消防系统和水、电供应线路及辅助设施等进行设计。至此，仓库总平面布置工作初步完成。最后还应对照总平面布置的要求进行检查，并到建设现场核实布置情况。

（四）物流中心布局任务实施中可能出现的问题及解决的对策流程分析

1. 仓库总体布置工作任务实施过程中可能出现的问题

①如果是多层仓库怎样进行仓库的平面布置？

②仓库的装卸平台怎样设计？

③仓库的铁路专用线怎样设计？

④仓库的汽车线怎样设计？

2. 解决的对策

（1）多层仓库进行仓库的平面布置

①多层仓库最大占地面积、防火隔间面积、层数，根据储存物品类别和建筑耐火等级遵照现行建筑设计防火规范来确定。

②一座多层库房占地面积小于300m^2时，可设计一个疏散楼梯；面积小于100m^2的防火隔间，可设置一个门。

③多层仓库存放物品时遵守上轻下重的物品放置原则；周转快的物品分布在底层。

④当设地下室时，地下室净空高度不宜小于2.2m。

⑤楼板载荷控制在2000kg/m^2左右为宜。

（2）仓库装卸平台设计的注意事项

仓库的装卸平台设计主要考虑保安的需要、交通控制、作业安全、工人工作环境、现有空间大小及气候情况。

高度设计。装卸平台的高度与使用装卸平台的货车相匹配，尽量使装卸平台与货车车厢地板之间高度差缩至最小。通常货车所需平台高度在120～140cm。如表3-1和表

3-2所示。

表3-1　　　　　　　　　各种货车对应得装卸平台高度参考值

货车类型	货柜车	平拖车	四轮货车	冷藏车	平板车
平台高度/cm	135	120	110	130	130

表3-2　　　　　　　　　　　仓库站台主要参数

项目	汽车站台	铁路站台
一般站台宽度/cm	200~250	350
小型叉车作业站台宽度/cm	340~400	≥400
站台高度/cm	高于地面90~120	高于轨顶110
站台上雨棚高度/cm	高于地面450	高于轨顶500
站台边距铁路中心/cm	—	175
站台端头斜坡道坡度/cm	≤10	≤10

（3）仓库的铁路专用线设计

铁路专用线适于铁路网相接的提供仓库使用的线路。货物的出入量30万吨以上的大型集散型仓库，一般依靠铁路专用线将仓库与外界沟通，煤炭、水泥、油类、金属材料配送型仓库或配送中心依靠专用线解决大量进出货的问题。铁路专用线要设在仓库的站台边，仓库的出入口要与货车车皮的大门相对应。

（4）仓库的汽车线设计

汽车线是和公路干线相接的汽车线路，可以深入到仓库内部甚至库房中。一般进出货量不太大的仓库往往靠汽车线与外界相连。有的大型成品库，在汽车大型化的前提下，很多不设铁路线，尤其在大城市内的仓库，主要依靠公路线与外界相连。

三、相关知识链接

当大多数仓库开始考虑环境管理标准ISO14000的认证工作时，LEGO（乐高）公司的配送中心就已经开始奏响环境的乐章了。LEGO的仓库占地22500m^2，建于2000年，坐落于美国康涅狄格州的恩菲尔德镇，它为LEGO提供了环境与设施相融合的机会。

LEGO正在制定配送中心的噪音控制计划，他们与哈佛大学声音工程系的学生一起研究，测量配送中心的噪音水平，并且设计一个减少的方案。该配送中心通过改变搬运的速度，并在搬运现场周围设置隔离物，最终使噪音降低了6~7Db。噪音水平的降低足以使LEGO员工不再采用保护耳朵的设置。

LEGO的仓库会使用生产大量的瓦楞纸板，员工将这些纸板和其他制品一起再生产利用，通过在地板内修建排水管道，设分离器和抽水泵来防止排泄物溢出而污染环境，并且控制蓄水池中的污水以适当速度流出。通过种种环保的做法，使得LEGO的仓库成为"绿色"仓库。

仓库的总体布置是根据现代仓库总体设计的要求，科学地解决生产和生活两大区域的布局问题，如生产作业区、办公区、生活区等，在规定的范围内进行统筹规划、合理安排，最大限度地提高仓库的储存和作业能力，并降低各项费用。

仓库的总体布局是在一选定的范围内，对仓库主要建筑物（库房、料棚、装卸站台等）、料场、附属建筑物、铁路专用线和库区道路等进行全面合理布置。

（一）仓库及其功能

1. 仓库的概念

仓库是保管、存储物品的建筑物和场所的总称。仓库的概念可以理解为是用来存放货物包括商品、生产资料、工具和其他财产，以及对其数量和价值进行保管的场所或建筑物等设施，还包括用于防止减少或损伤货物而进行作业的土地或水面。从社会经济活动看，无论生产领域，还是流通领域都离不开仓库。

仓储是指通过仓库对物资进行储存和保管。一般来说，它指的是从接受储存物资开始，经过储存保管作业，直至把物品完好地发放出去的全部活动过程，其中包括存货管理和各项作业活动。

仓储的各项活动大致可以分为两大类：一类是基本生产活动；另一类是辅助生产活动。基本生产活动是指劳动者直接作用于储存物品的活动，诸如搬运、验收、保养、分拣等；辅助生产活动是指为保证基本生产活动正常进行所需的各项活动，诸如保管设施、工具维修、储存设施的维护、物品维护所用技术的研究等。

2. 仓库的功能

仓库作为物流服务的据点，在物流作业中发挥着重要的作用。它不仅具有储存、保管等传统功能，而且还具有拣选、配货、检验、分类、信息传递等功能并具有多品种小批量、多批次小批量等配送功能以及附加标签、重新包装等流通加工功能。一般来讲，仓库具有以下功能。

（1）储存和保管的功能

这是仓库最基本的传统功能，仓库具有一定的空间，用于储存物品，并根据物品的特性，仓库内还配有相应的设备，以保持储存物品的完好性，如储存精密仪器的仓库需要防潮、防尘、恒温等，应设置空调、恒温等控制设备。

（2）配送和加工的功能

现代仓库的功能已由保管型向流通型转变，即仓库由原来的储存、保管货物的中心向流通、销售的中心转变。仓库不仅具有仓储、保管货物的设备，而且还增加分袋、配套、捆装、流通加工、移动等设施。这样，既扩大了仓库的经营范围，提高了物资的综合利用率，又方便了消费者，提高了服务质量。

（3）调节货物运输能力的功能

各种运输工具的运输能力差别较大，船舶的运输能力很大，航运船舶一般都在万吨以上，火车的运输能力较小，每节车厢能装 10~60 吨，一列火车的运量多达几千吨。汽车的运输能力相对较小，一般在 10 吨以下，它们之间运输能力的差异，也是通过仓库调节和衔接的。

（4）信息传递的功能

信息传递功能总是伴随着以上三个功能而发生的。在处理有关仓库管理的各项事务时，需要及时而准确的仓库信息，如仓库利用水平、进出货频率、仓库的地理位置、仓库的运输情况、顾客需求状况，以及仓库人员的配置等，这对一个仓库管理能否取得成功至关重要。

3. 自动化立体仓库

所谓自动化立体仓库就是采用高层货架存放货物，以巷道堆垛起重机为主，结合入库出库周边设备来进行作业的一种仓库。它把计算机与信息管理和设备控制集成起来，按照控制指令自动完成货物的存取作业，并对库存货物进行管理。显而易见它是物流系统的核心之一，并在自动化生产系统中占据了非常重要的地位。

20世纪60年代中期，日本开始兴建立体仓库，并且发展速度越来越快，从1965年到1977年短短的12年间，日本建立了18833座自动化立体仓库，存货总数达到262万托盘，目前是世界上拥有自动化立体仓库最多的国家之一。我国自动化立体仓库的起步比较晚，1974年郑州纺织机械厂建成了国内第一个自动化立体仓库。20世纪80年代到90年代，自动化立体仓库产品的设计与制造有了很大的发展，全国有几十家科研单位和生产单位在进行自动化立体仓库的开发、设计、制造。近年来，仓储物流行业的学术组织定期在国内交流学术经验，针对目前我国自动化立体仓库的设计制造水平，参照国外标准制定了一系列行业标准、规范，使立体仓库的设计制造进入了规范化发展阶段。

自动化立体仓库的优越性是多方面的，主要表现在以下几个方面。

（1）提高空间利用率

早期立体仓库构想的基本出发点是提高空间利用率，充分节约有限且昂贵的场地，在西方有些发达国家提高空间利用率的观点已有更广泛、深刻的含义，节约土地已与节约能源、保护环境等更多方面联系起来。有些甚至把空间利用率作为考核仓库系统合理性和先进性的重要指标。仓库空间利用率与其规划紧密相连，一般来说，立体仓库的空间利用率为普通仓库的2~5倍。

（2）先进的物流系统提高企业生产管理水平

传统的仓库只是货物的储存场所，保存货物是其唯一的功能，属于静态储存。立体仓库采用先进的自动化物料搬运设备，不仅能使货物在仓库内按需要自动存取，而且还可以与仓库以外的生产环节进行有机的连接，并通过计算机管理系统和自动化物料搬运设备使仓库成为企业物流中的重要环节。企业外购件和自制件进入立体仓库短时储存是整个生产的一个环节，是为了在指定的时间自动输出到下一道工序进行生产，从而形成自动化的物流系统环节，属于动态储存，是当今立体仓库发展技术的明显趋势。以上所述的物流系统又是整个企业生产管理系统（从订货、设计和规划、计划编制和生产安排、制造、装配、试验以及发运等）的一个子系统，建立物流系统与企业生产管理系统间的实时连接是目前自动化立体仓库发展技术的另一个明显趋势。

（3）加快货物存取，减轻劳动强度，提高生产效率

建立以立体仓库为中心的物流系统，其优越性还表现在立体仓库具有快速的出入库能力，妥善地将货物存入立体仓库，及时自动地将生产所需零部件和原材料送达生产线。同时，立体仓库系统减轻了工人的劳动强度。

（4）减少库存资金积压

通过对一些大型企业的调查，我们了解到，由于历史原因造成管理手段落后，物资管理零散，使生产管理和生产环节的紧密联系难以到位。为了达到预期的生产能力和满足生产要求，就必须准备充足的原材料和零部件，这样，库存积压就成为较大的问题。如何降低库存资金积压和满足生产需要，已经成为大型企业面对的大问题。立体仓库系统是解决这一问题的最有效手段之一。

（5）现代化企业的标志

现代化企业采用的是集约化大规模生产模式，这就要求生产过程中各环节紧密相连，成为一个有机整体，要求生产管理科学实用，做到决策科学化。建立立体仓库系统是其有力的措施之一。由于采用计算机管理和网络技术使企业领导宏观快速地掌握各种物资信息，且使工程技术人员、生产管理人员和生产技术人员及时了解库存信息，以便合理安排生产工艺，提高生产效率。国际互联网和企业内部网络更为企业取得与外界在线连接，突破信息瓶颈，开阔视野及外引内联提供了广阔的空间和坚实强大的技术支持。

（二）仓库的结构设计

1. 仓库的结构设计应考虑的因素

仓库的结构是对实现仓库的功能起着很重要的作用。因此，仓库的结构设计应考虑以下几个方面。

（1）平房建筑和多层建筑。仓库的结构，从出入库作业的合理化方面考虑，尽可能采用平房建筑，这样储存产品就不必上下移动，因为利用电梯将需储存的产品从一个楼层搬运到另一个楼层费时费力，而且电梯往往也是产品流转中的一个瓶颈，因为有许多材料搬运机通常都会竞相利用数量有限的电梯，从而影响库存作业效率。但是在城市内，尤其是在商业中心地区，那里的土地有限或者昂贵，为了充分利用土地，采用多层建筑成为最佳的选择。在采用多层仓库时，要特别重视对上下楼的通道设计。

（2）仓库出入口和通道。仓库出入口的位置和数量是由"建筑的开建长度、进深长度""库内货物堆码形式""建筑物主体结构""出入库次数""出入库作业流程"以及"仓库职能"等因素所决定的。出入库口尺寸的大小是由卡车是否出入库内，所用叉车的种类、尺寸、台数、出入库次数，保管货物尺寸大小所决定的。库内的通道是保证库内作业的畅顺的基本条件，通道应延伸至每一个货位，使每一个货位都可以直接进行作业，通道需要路面平整和平直，减少转弯和交叉。

①载货汽车的出入口：宽度和高度的最低限度必须达到4m；

②铲车的出入口：2.5~3.5m；

③大型卡车：大于3m，叉车作业通道应达到2m。

（3）立柱间隔。库房内的立柱是出入库作业的障碍，会导致保管效率低下，因而立柱应尽可能减小。但当平房仓库梁的长度超过25m时，建立无柱仓库有困难，则可设中间的梁间柱，使仓库成为有柱结构。不过在开间方向上的壁柱，可以每隔5~10m设一根，由于这个距离仅和门的宽度有关，库内又不显露出柱子，因此和梁间柱相比，在设柱方面比较简单。但是在开间方向上的柱间距必须和隔墙、防火墙的位置、天花板的宽度或是库内开间的方向上设置的卡车停车站台长度等相匹配。

（4）天花板的高度。由于要实现仓库的机械化、自动化，因此现在对仓库天花板的高度也提出了很高的要求。即使用叉车的时候，标准提升高度是3m；而使用多端式高门架的时候要达到6m。另外，从托盘装载货物的高度看，包括托盘的厚度在内，密度大且不稳定的货物，通常以1.2m为标准；密度小而稳定的货物，通常以1.6m为标准。以其倍数（层数）来看，1.2m/层×4层=4.8m，1.6m/层×3层=4.8m，因此，仓库的天花板高度最低应该是5~6m。

（5）地面。地面的构造主要是指地面的耐压强度，地面的承载力必须根据承载货物的种类或堆码高度具体研究。通常，一般平房普通仓库1m²地面承载力为2500~3000kg，其次是3000~3500kg；多层仓库层数加高，地面曾受负荷能力减少，一层是2500~3000kg，二层是2000~2500kg，三层是2000~2500kg，四层是1500~2000kg，五层是1000~1500kg甚至更小。地面的负荷能力是由保管货物的重量、所使用的装卸机械的总重量、楼板骨架的跨度等所决定的。流通仓库的地面承载力，则必须还要保证重型叉车作业的足够受力。

地面高度：比基础地面高出30~40cm，且有一定的坡度。其中：大型货车（5T以上）为1.2~1.3m，小型货车（3.5T以下）为0.7~1.0m，铁路站台为1.6m。

2. 货场结构

（1）集装箱货场

集装箱又称货柜、货箱，具有一定强度和刚度，专门供周转使用并便于机械操作和运输的大型货物容器。

按用途可分为：①杂货集装箱（通用集装箱）：适用于存放各种干杂货，包括日用百货、食品、机械、仪器、医药以及各种贵重物品等，为最常利用的标准集装箱。②冷藏集装箱：附有冷冻机，用以装载冷冻货物或冷藏货物。其温度可在-30~-20℃之间调节，在整个存放货物过程中，启动冷冻机可以保持指定的温度。③散货集装箱：可以用于存放大豆、大米、麦芽、面粉、饲料以及水泥、化学制品等散装的粉粒状货物。可以节约包装费用，提高装卸效率。④开顶集装箱：适用于装载玻璃板，钢制品、机械等重货，可以使用起重机从顶部装卸。⑤框架集装箱：用以装载不适于装在干货集装箱或开顶集装箱的长大件、超重件、轻泡货、重型机械、钢管、裸装机床和设备的集装箱。⑥罐状集装箱：适用于酒类、油类、化学品等液体货物，并为装载这类货物而具有特殊结构和设备的集装箱。

集装箱等集装设施的出现给储存带来了新观念，集装箱本身便是一栋仓库，不需要再有传统意义的库房。在仓储过程中，以集装箱存放货物，形成集装箱货场，可以直接以集装箱作为媒介，使用机械装卸、搬运，可以从一种运输工具直接方便地换装到另一种运输工具，或从发货方的仓库经由海陆空等不同运输方式，无需开箱检验，也无需接触和移动箱内货物，直接运到收货人的仓库，省去了入库、验收、清点、堆垛、保管、出库等一系列储存作业。这样不仅装卸快、效率高，而且，在某种程度上还可以减少包装费用。因而，对改变传统储存作业有很重要的意义，是储运合理化的一种有效方式。

集装箱化的优点：

①促使装卸合理化。它与单个货品的逐一装卸处理比较，其优点主要表现在：第一，

缩短装卸时间,这是由于多次装卸转为一次装卸而带来的效果;第二,使装卸作业劳动强度降低。采用集装箱后不但减轻了装卸劳动强度,而且增加了集装箱货物的保护作用,可以更有效地防止装卸时的碰撞损坏及散失、丢失。

②使包装合理化。采用集装后,物品的单件包装及小包装要求可降低,甚至可以去掉小包装,从而节约包装材料。

③由于集装的大型化和防护能力有所增强,包装强度也大大提高,有利于保护货物。集装整体进行运输和保管,方便了运输及保管作业,便于管理,有效地利用了运输工具和保管场地的空间,改善环境。

④集装的最大效果还是以其为核心所形成的集装系统,将原来分离的物流各环节有效地联合为一个整体,使整个物流系统实现合理化。物流的现代化进展是离不开集装的,可以说集装是物流现代化的重要标志。

⑤用集装箱分别堆存,避免箱子的随意摆放,而且减少倒箱。

集装箱货场布局结构设计:集装箱货场是堆存和保管集装箱的场所。根据集装箱堆存量的大小,货场可分为混合型和专用型两种。专用型货场根据集装箱货运站的生产工艺分别设置重箱货场、空箱货场、维修与修竣箱货场。设置货场时应满足发送箱、到达箱、中转箱、周转箱和维修箱等的生产工艺操作和不同的功能要求,并尽可能缩短运送距离,避免交叉作业,便于准确、便捷地取放所需集装箱,利于管理。

在设计集装箱货场时,在考虑上述三要素的同时,还应该尽量达到下面三项目标。

①服务的精确性。由于集装箱存放货物无须拆箱,所以,箱内货物的质量和数量完全靠货物证件以及其他相关单据,同时在分类堆存时也完全以证件及其单据进行分类,所以应在集装箱货场的存放和管理过程中尽量做到认真细致。

②单位堆放和流转速度。操作要求尽可能快,与堆存区要求的服务水平相适应。为了尽量减少堆场的占地面积,在设计集装箱堆场的过程中,在选取存放堆垛方式过程中,应尽量增大单位堆存,同时尽量缩短保管时间,加快集装箱的流转速度,尽可能充分发挥集装箱的优越性。集装箱货场的存放和管理过程中尽量做到认真细致,力求达到服务的精确性。

③旺季储存能力。这与前面的因素有关,系统设计的储运能力应该满足一定时期内95%的库存需求。这时期可以是一个月、一年,依服务类型确定。最后的5%通常要花费巨大的代价才能满足。在集装箱码头中,泊位利用率是服务的一个重要因素。所以,及时抓住储运旺季,充分发挥集装箱货场的优势,最大限度地达到集装箱货场的优势,最大限度地达到集装箱货场的储存能力是非常重要的。

(2) 杂货货场

杂货是指直接以货物包装形式进行流通的货物。货物的包装有袋装、箱装、桶装、篓装、捆装、裸装等,也包括采用成组方式流通的货物。杂货中的相当一部分可以直接在货场露天存放,如钢材、油桶、日用陶器、瓷器等。杂货在货场存放要考虑是否需要盖、垫垛,以便排水除湿。杂货的装卸、堆垛作业效率极低,而且需要较大的作业空间,同时杂货容易混淆,需要严格的区分。

杂货货场的货位布置形式:大多数杂货的货位布置形式均采用分区、分类布置,即对存储货物在"三个一致"（性能一致、养护措施一致、消防方法一致）的前提下，把货场划分为若干保管区域；根据货物大类和性能等划分为若干类别，以便分类集中堆放。

杂货货场货区布置：根据货物不同的性质，对各种堆存的货物进行合理的分类之后即可按照货场的货区进行分类堆放。即对储存货物在"三个一致"（性能一致、养护措施一致、消防方法一致）的前提下，对堆场划分为若干保管区域；根据货物大类和性能等划分为若干类别，以便分类集中管理。货场的货区布置主要有三种：横列式、纵列式和混合式。

①横列式。横列式布置是指货位的长度方向互相垂直。这种布置方式的主要优点是：主要通道长且宽，副通道短，有利于货物的存取、检查；通风和采光条件好；有利于机械化作业。其主要缺点：主通道占用面积多，货场面积的利用率会受到影响。

②纵列式。纵列式布置形式是指货位的长度与货场的长度方向相同。这种布置方式的优点主要是：仓库平面利用率较高。其缺点是：存取货物不方便，对于通风采光不利。

③混合式。混合式布置形式是指货场横列式和纵列式布置兼而有之，是两种方式的结合，兼有上述两种方式的特点。

（3）散货货场

散货是指无包装、无标志的小颗粒直接以散装方式进行运输、装卸、仓储、保管和使用。在仓储中不受风雨影响的散货一般直接堆放在散货货场上，如沙、石、矿等。

散货货场根据所堆放货物的种类不同，地面的结构也不完全相同，可以是沙土地面、混凝土地面等。由于存量巨大，要求地面有较高的强度。由于散货都具有大批量的特性，散货货场往往面积较大。为了便于疏通，采取明沟的方式排水，并且通过明沟划分较大的面积货位。散装货场都采用铲车或者输送带进行作业，所堆的垛形较为巨大。

（三）仓库功能设计

①仓库位置应便于货物的入库、装卸和提取，库内区域划分明确、布局合理。

②集装箱货物仓库和零担仓库尽可能分开设置，库内货物应按发送、中转、到达货物分区存放，并分线设置货位，以防事故的发生；要尽量减少货物在仓库的搬运距离，避免任何迂回运输，并要最大程度地利用空间。

③有利于提高装卸机械的装卸效率，满足装卸工艺和设备的作业要求。

④仓库应配置必要的安全、消防设施，以保证安全生产。

⑤仓库货门的设置，既要考虑集装箱和货车集中到达时的同时装卸作业要求，又要考虑由于增设货门而造成堆存面积的损失。

（四）仓库总体布置的方法

仓库布局是指在一定区域或库区内，对仓库的数量、规模、地理位置和仓库设施、道路等各要素进行科学规划和总体设计。即对库房、货棚、货场、辅助建筑物、铁路专用线、库内道路、附属固定设备的平面和立体的全面合理的安排，即仓库总平面图（如图3-1所示）。

1. 仓库总平面布置的要求

（1）有利于仓储企业生产正常进行

①单一的物流方向。仓库内商品的卸车、验收、存放地点之间的安排，必须适应仓

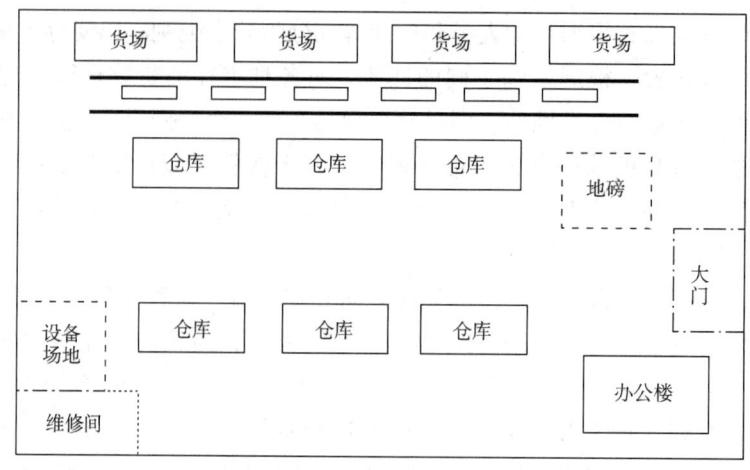

图 3-1 仓库总体布局示意图

储生产流程，按一个方向流动。

②最短的运距。应尽量减少迂回运输，专用线的布置应在库区中部，并根据作业方式、仓储商品品种、地理条件等，合理安排库房、专用线与主干道的相对应。

③最少的装卸环节。减少在库商品的装卸搬运次数和环节，商品的卸车、验收、堆码作业最好一次完成。

④最大的利用空间。仓库总平面布置是立体设计，应有利于商品的合理存储和充分利用库容。

（2）有利于提高仓储经济效益

①要因地制宜，充分考虑地形、地质条件，满足商品运输和存放上的要求，并能保证仓库充分利用。

②布置应与竖向布置相适应。所谓竖向布置，是指建立场地平面布局中每个因素，如库房、货场、转运线、道路、排水、供电、站台等，在地面标高线上的相互位置。

③总平面布置应能充分、合理地使用机械化设备。我国目前普遍使用的门式、桥式起重机一类固定设备，合理配置这类设备的数量和位置，并注意与其他设备的配套，便于开展机械化作业。

（3）有利于安全生产和文明生产

①库内各区域间、各建筑间应根据"建筑设计防火规范"的有关规定、留有一定的防火间距，并安有防火、防盗等安全设施。

②总平面布置应符合卫生和环境要求，既满足库房的通风、日照等，又要考虑环境绿化、文明生产，有利于职工身体健康。

2. 仓库的总体构成

一个仓库通常由生产作业区、辅助生产区和行政生活区三大部分组成。

①生产作业区。它是仓库的主体部分，是商品储运活动的场所，是产品接收，产品储存，按订单分拣和产品发运的场所，主要包括库房、货场、货棚、站台、磅房、检验

室以及铁路、公路、装卸台等。

储货区是储存保管的场所，具体分为库房、货棚、货场。库房用来存放需要隔热保温、保养条件要求较高的物资，如机电产品、化工材料等。货场用来存放大型或不需要在库房内存放的物资，如生铁、木料等。货场不仅可存放商品，同时还起着货位的周转和调剂作业作用。货棚用来存放不适合露天存放又不需要在库房内存放或保管条件要求不太高的物资。铁路专用线和库区道路是货物的运输通道，因铁路专用线具有运输能力、安全快速等特点，所以有条件的企业应尽量铺设，同时应考虑铺设地点，以便物资装卸和集散，有利于库内短距离搬运，并尽可能缩短库内搬运距离。库区道路要通畅、简捷，要有足够的宽度。商品的进出库，库内商品的搬运，都是通过这些运输线路。专用线应与库内道路相通，保证畅通。装卸站台是火车或汽车装卸货物用的建筑平台，在港口使用码头。站台高度与铁路货车车厢底面或汽车车厢底面高度相等，以便叉车作业，站台的宽度和长度要根据作业方式和作业量大小而定。装卸站台是供货车或汽车装卸商品的平台，又分单独站台和库边站台两种，其高度和宽度应根据运输工具和作业方式而定。

②辅助生产区。辅助生产区是为了商品储运保管工作服务的辅助车间或服务站，包括车库、变电室、油库、维修车间等。虽然不直接参与仓储作业，但是完成仓储作业所必需的，所以辅助生产区的布置应尽量减少占地面积，保证仓库安全。

③行政生活区。行政生活区是仓库行政管理机构和生活区域。一般设在仓库入库口附近，便于业务接洽和管理，行政生活区与生产作业区应分开，并保持一定距离，以保证仓库的安全及行政办公和居民生活的安静。

④其他布置。建筑物间距在符合防火规定的基础上，力求紧凑合理。库区要设置消防水管、排水系统，在多雨和沿江沿海地区，要有防汛防涝设施。办公生活区及建筑物间要有绿化带。围墙的高度要满足防盗要求，同时应设实体围墙。

3. 仓库使用规划

（1）仓库使用规划的意义

为了有效利用仓库的存货能力和提高周转货物的速度，使仓库作业有条不紊地进行，必须对仓库进行合理规划，进行分区分类、专业化分工、储存和作业划分，提高仓库的效率和能力，促进仓库效率的提高。

仓库使用规划就是为了方便作业、提高库场利用率和作业效率、提高货物保管质量，依据专业化、规范化、效率化的原则对仓库的使用进行分工和分区，而确定的货位安排、作业路线布局、合理地使用仓库，可以促使效率提高。

仓库使用规划体现了实际的仓库设施特征和储存产品运动。在规划过程中考虑两个因素，即设施、储藏利用空间以及作业流程。

（2）仓库使用规划的原则

①仓库专业化。分工和专业化是现代社会化大生产的标志。分工和专业化促进了生产力的发展，提高了社会劳动生产率，为社会创造了巨大的财富。仓库生产作业的分工和专业化是必不可少的，仓库管理同样需要分工和专业化。

分工和专业化的意义在于：可以促进有针对性的设施、场地建设，为实现机械化、自动化创造条件，大大提高作业效率和改善作业条件；促使管理和作业人员熟练地掌握专业和特定的技术和知识、特性，提高效率和工作质量；有利于建立准确的额定指标管理体系，便于考察、评判优劣，鼓励先进鞭策落后，便于明确责任；有利于降低仓库成本，减少损耗，提高企业竞争力。

②效率化。除了通过专业化的分工提高仓库管理的质量外，仓库规划的主要目的是实现高效率的仓库管理和使仓库作业能高效率地进行。实现货物周转速度的提高，减少压舱压库的现象，特别是中转型仓库，高效率的周转是仓库的生命。对任何仓库来说，快捷的货物进出、方便的作业、高效率的作业速度都得到送货人、提货人的欢迎。稳定的仓库规划，使仓位的使用固定化，方便员工熟悉和实现快捷的货物查询。

③充分利用仓库。仓库使用规划是在现有仓库的基础上进行的规划，根据现有仓库的场地特性、设备条件，针对仓库的货物种类，合理地进行规划，使仓库的每一个空间都可以得到充分利用。作业便捷的货位用于周转量大的货物仓储，而不便操作的货位用于保管长期存储的物资。作业路线合理规划，不仅要实现作业的快捷，还要使作业线路最少地占用仓库面积，提高利用空间。分散或者集中作业都能满足仓储作业的需要，但不同的仓储物、不同的作业方式，对空间使用会有极大的差别，应根据仓储作业的需要规划作业区。向高处发展是提高仓库使用空间的有效手段。

④从企业管理的原则进行规划。企业在生产单位和机构设定上要遵循以任务为目标、专业分工、管理幅度和管理层次的原则。对不同的生产过程进行作业分工和业务分类，由不同的生产单位承担是库场规划的一种重要方法。

通过合适的管理幅度的划分，使得人员管理到位、责任明确，员工激励和监督能有效进行，保证仓库管理有条不紊，员工的劳动业绩得以准确反应，便于考核，避免作业较差、管理重叠或出现真空地带。随着信息技术的广泛使用，管理信息和管理手段的改进，会使管理幅度增大，管理趋于集中。

（3）仓库使用规划过程中应考虑的因素
①仓库的现状和未来的发展。
②仓库的经营方式和仓储对象。
③仓库的机械化程度和未来的发展。
④仓库的管理方法和能力、员工的素质。
⑤仓库所面临的外部物流条件。
⑥安全仓储和消防管理的需要。

（4）仓库使用规划的内容
①仓库的总体合理布局。根据仓库生产和管理的需要，对整个仓库所有设施进行用途规划，确定生产、辅助生产、行政等场所，仓库、作业、道路、门卫等分布和确定，如确定各物流活动所需的作业场所面积（依据储存量、存储物品的类型、可用空间和仓库周边设施、装卸搬运机械类型、出入库频率确定各作业场所面积）；确定各作业场所的相对位置（用相关性分析即对仓库内部各区域间的物流量进行分析，用物流相关表来表示各功能区域之间的物流关系强弱，确定各区域的物流相关程度。相关程度高的区域在布置时应尽量紧邻或接近，如出货区与称重区。相关程度低的区域则不宜接近，如库存

区与司机休息室）。并对各类设施和建筑进行区别，如仓库货场编号、道路命名、行政办公区识别等。通过总体规划形成仓库的总体布置图。

②仓库的专业化分工。对所有的用途和功能已具专业规划的原则进行用途确定，一般按照仓储物种进行分类分区，对于专业化的仓库可以按照不同的作业方式进行划分。通过专业分区使得仓库形成如食品区、日用品区、机电区、物资区或者保管区、验货区、包装区等分区。

③仓库员工的分工和管理范围。按照仓库员工的管理幅度需要确定班、组管理范围，确定仓库工作岗位和岗位职责。

④仓库货位的安排和用途，作业道路和仓库的作业路程。为了实现安全保管和快捷作业，将仓库、货场划分为一定的货位，并对货位进行编号。确定仓库、货场内的作业通道，保证每一个货位都能与通道相通，并制定每一仓库和货场作业流程的进出口和运送方向。

⑤仓库的未来发展，包括仓库的发展战略和规模（仓库的扩建、改造、仓库吞吐、存储能力的增长等）以及仓库机械化发展水平和技术改造方向，如仓库的机械化、自动化水平等。

⑥仓库的主要经济指标，如仓库的主要设施利用率、劳动生产率、仓库吞吐存储能力、物资周转率、储存能力利用率、储运质量指标等。

因此，仓库规划是仓库合理布局和正确选择库址的基础上对库区的总体设计。仓库建设规模以及仓库储存保管水平的确定，使仓库形成相对稳定的布局和管理系统。

四、任务实施

北方物流公司物流中心的仓库布置规划任务的实施分为两个阶段进行。第一阶段，联系参观与北方物流公司物流中心相似的企业，通过实地调查仓库的基本情况，绘制仓库平面布局图，判断布局的合理性，提出修改方案并撰写综合调研报告。第二阶段，参照调查结果进行北方物流公司物流中心的仓库布置方案的制定，并画出仓库总平面布局图。

将学生分为若干组，各组选出一个负责人，组内分工合作完成任务。详细任务和操作步骤如下。

作业进度 \ 角色操作	小组任务	操作指导
实地调查某仓库布局	观察仓库整体布局	仓库布局是一定区域或库区内，对仓库的数量、规模、地理位置和仓库设施等进行科学规划和整体设计，一个仓库通常由库房、货场、主要通道、装卸场地以及辅助车间、办公室、生活福利设施等组成
画出该仓库平面布局图	画出该仓库布局俯视图	要区分仓库的不同区域及各自的功能、方位、大小。重点区分各种设施的数量比例

续表

作业进度	小组任务	操作指导
了解各区域的作用，观察布局，计算容量、利用率	在调研报告中详细叙述仓库各区域的作用，估计各存储区的货位容量，估计各作业区的场地容量，观察其利用率	仓库一般分为生产作业区、辅助生产区、行政生活区，其中生产作业区主要分为存储区、收货区、发货区、拣货区等，要详细写出各区的作用和现存货物类型。货架区的容量即货位数，堆垛区和收发货区的容量以可以或可同时操作货物数量表示，利用率以百分比表示
	收集各类存储区货物的历史出入库数据，计算平均库存量和所需货位容量，对比现状判断个区大小划分是否合理	汇总某类货物一年（或一个月，视周转而定）总入库量，除以该类货物的年周转次数，则得到年平均库存量，据此判断该类货物所需货位数。如该类货物应放置堆垛区，则可推算所需堆垛区面积大小。用此方法计算出各存储区所需面积后对比现状，判断大小划分是否合理
	观察各类存储区货物出入库路线和频率，判断各区位置布局是否合理	一般而言，若某存储区货物入库频率高而出库频率低，则应规划在离库门较近的区域。总体原则是尽量减少货物出入库时的搬运距离
	观察安全措施是否完备	安全问题主要包括防火和劳动安全，是否有消防通道、灭火器材，安全规定等
评价该仓库的布局是否合理，并提出修改方案	综合评价该仓库的整体布局，包括空间利用率、区域位置。提出修改方案	仓库布局主要依据的原则包括： 1. 减少装卸搬运次数，缩短搬运距离； 2. 符合安全要求； 3. 尽量节省投资，使用平面库房； 4. 尽量减少通道所占用的空间； 5. 尽量利用仓库的高度和货位空间。 对仓库整体布局的修改需谨慎。在提出修改方案的过程中，要充分考虑仓库的种类、储存的货物、货物的周转状况、未来的发展目标等因素
撰写调查报告	撰写综合调研报告	要求包括下列部分：调研企业简介，调研目标和内容，仓库布局现状分析及修改方案
制定北方物流公司物流中心的仓库布置方案	提出仓库布局规划方案	包括规划目标和内容，仓库布局分析，画出仓库平面布局图

五、相关项目链接

技能训练　仓库的布局设计

任务引入

李瑞作为新入职的仓库理货员,由仓库主管对其从仓储中心各岗位划分及职能、仓储设施设备使用、仓库功能、仓库分类及仓库选择等方面进行了综合培训后,其个人又对仓储中心作业区域的布局、仓储各区域的功能及相关影响布局的因素等方面进行整体认知。

任务实施

(一) 仓储中心布局认知

首先,仓库主管对李瑞进行仓储中心的整体布局讲解。

库内布局,要求在一定区域内,对仓库的数量、规模、地理位置和仓库设施设备等各要素进行科学规划和整体设计。仓储中心内部布局如图3-2所示。

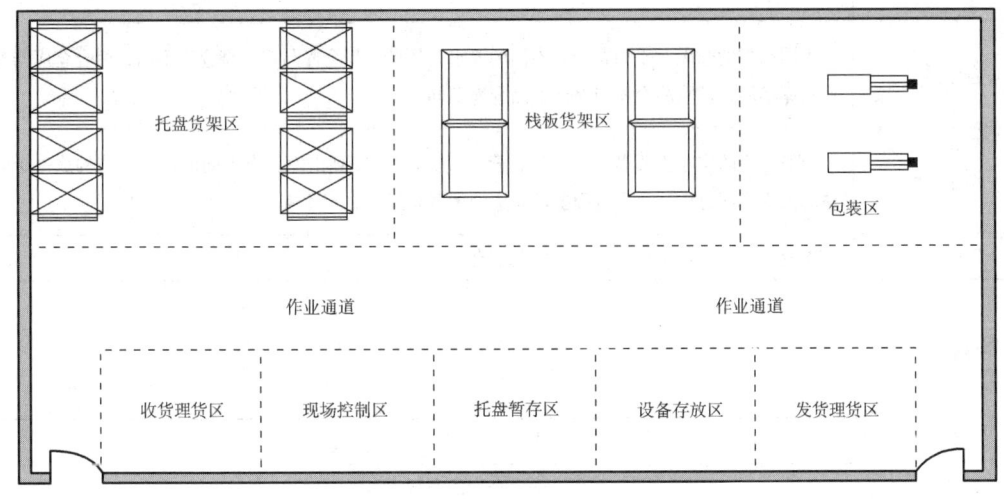

图3-2　仓储中心内部布局

(二) 主要功能区域认知

仓储中心内部主要有收货理货区、现场控制区、托盘暂存区、设备存放区、托盘货架区、栈板货架区、包装区、发货理货区等区域,各区域主要作业如下。

区域名称	主要功能
收货理货区	用于入库货品的暂存及交接、码盘、验收等作业
现场控制区	用于办公控制（要求有电脑、打印机、条码打印机），包括订单处理及货品条码打印等工作
托盘暂存区	用于空托盘的放置与保管
设备存放区	用于存放搬运车、堆高车、手推车、周转箱等设备
托盘货架区	用于对货品进行仓储
栈板货架区	用于货品补货及分拣作业
包装区	用于拣选完货品的打包工作及流通加工作业
发货理货区	用于出库货品的暂存、复核及发货交接

（三）仓库布局的影响因素

仓库总平面布局会受到周围环境、物品构成、仓库类型、技术作业流程、仓库作业方式等主要因素的影响，具体情况如下表所示。

影响因素	说明
周围环境	包括四周及附近产生有害气体、固体微粒、火星、震动等情况，交通运输条件，协作单位的分布等
物品构成	指仓库建成后储存物品的类别及品种，各种物品的物理化学性质及数量，各类物品所要求的保管条件
仓库类型	不同类型的仓库对平面布局有不同的要求，如储备型仓库与流转型仓库不同，综合仓库与专业仓库不同，危险品仓库与普通物品仓库不同
作业流程	一般仓库的作业主要是"收、发、管"，从货物入库到出库，由不同的作业环节构成一个完整的技术作业过程。这个过程要求相应的库区布局与之相适应
作业手段	作业手段是指人工作业、机械作业还有自动化作业等

任务评价

姓名		学号		小组		
任务名称		仓库的布局设计				
考核内容		考核标准	参考分值（100）	学生自评	小组互评	教师评价	考核得分
职业素养	1	形成效率优先的工作精神	10				
	2	具有学生互相协作的团队意识	10				
	3	具有吃苦耐劳精神、节约意识和环保意识	10				

续表

考核内容		考核标准	参考分值（100）	学生自评	小组互评	教师评价	考核得分
理论知识掌握情况	4	掌握仓库的基本组成区域	10				
	5	掌握仓库各组成区域的功能	10				
	6	了解仓库布局的影响因素	10				
	7	能够独立完成仓库的布局设计	10				
操作技能情况	8	能够画出简易的仓库布局图	10				
	9	能够合理安排仓库中各区域的分布	10				
	10	能够根据实际情况设计仓库的布局	10				
		总得分	100				

项目三　仓库储位规划

储位规划是"将货品合理纳入仓库设施，以实现物料搬运最优化和提高空间利用率的目标"。例如，将高周转率的货品分配在靠近收货区的货位，可以提高入库存放的速度。但是，入库存放只是一次性作业，如果操作者需要对该货品进行多次补货或拣货，那么，把该货品分配在靠近发货月台或拣货区的货位，则更加有利。货品货位的规划与调整是保持物流始终处于理想运行状态的有效手段。

教学目标

【知识目标】

①了解仓库储位规划流程、规划的主要内容。
②了解影响仓库储位规划的因素。
③熟悉仓库储位规划策略及出位的编号。
④掌握仓库储位规划的基本流程。
⑤掌握仓库储位规划的原则和方法。

【技能目标】

①能根据仓库储位规划的原则和策略，为不同类型的仓库储位规划提供合理化建议。
②能根据仓库的性质进行仓库储位的规划。
③根据货号快速准确找到商品。
④通过调研分析，能判断仓库储位的合理性，提出修改方案。

一、任务描述

某机械有限公司是一家外商投资的中小型企业，主要供应商和客户均在国外。该厂采用订单驱动的生产模式，产品品种多、批量小，所需的原材料品质要求高、种类繁杂，对仓库的利用程度高，仓库的日吞吐量也较大，因此，该厂选择在距车间较近的地方建造了自营仓库，仓库采用拣选获取和储存获取混合使用的方式。

公司仓库有三层。一、二层分别储存主料、辅料；三层主要用于储存成品，按照各个车间来划分储存区域。

一层用于存放主料。考虑到主料质量重，搬运设备为平衡重式叉车。一层通道3～4m，货区布置采用的是垂直式，主通道长且宽，副通道短，便于存取查检，且有利于通风和采光。

二层仓库存放辅料，部分零散的物料使用货架存放。大部分物料直接存放于木质托盘上，托盘的尺寸没用采用统一标准。托盘上的物料采用重叠堆码方式，其高度在工人所及的能力范围内。物料搬运借助手动托盘搬运车完成，操作灵活方便，适用于短距离水平搬运。通道比一层仓库窄，主通道大约2m。

公司采用存储区与拣选区混合使用的布局方法，给仓管员及该厂的生产带来了诸多问题和不便。首先，该厂在确定所需要的仓库空间类型的时候，对于本厂整体工作流程的需要并未充分考虑。该厂仓库的库存物料始终处于不断变化之中，由于物料消耗速度不同，导致置于托盘物料高度参差不齐，很多物料的堆垛高度不足1m，严重地浪费了存储空间；其次，仓管员还是停留在已找到物料为目标的阶段，未关注合理设计行走时间、行走路线及提高工作效率等问题。

二、任务分析

（一）仓库储位规划的要求

①仓储货位规划要求根据货物的特点选择货位，会对货位进行编码。
②严格按仓储作业流程实行分区、分类和定位保管，充分利用仓容。
③按科学的方法进行货位编号。
④仓储货位规划要符合环保的要求。
⑤仓储货位规划要符合防火的要求。
⑥仓储货位规划要符合5S管理的要求。

（二）任务分析

中小制造企业常常选择自营仓库而不是第三方仓储，是由于中小制造企业的仓库使用频率高，将仓库设置在厂房附近，便于原材料使用和成品进库。合理布置仓库，一方面可以提高仓库平面和空间利用率；另一方面可以提高物料的保管质量，方便进出库作业。自营仓库有利于企业在库存货物的成本和仓储空间二者之间寻找最优平衡，从而降低物料的仓储成本。然而，我国大部分中小制造企业自营仓库的布局设计存在着诸多问题，比如仓库布局不合理，仓库空间利用率低，仓管员的素质不高等。

目前大多数中小制造企业自营仓库采用的是将分拣、备货和储存场所混合在一起的布局设计，即利用现有的存储区域，在必要时对堆码高度、相对于出库站台的存货位置、货位的尺寸加以调整，提高效率。中小制造企业自营仓库的作用仅限于存储物料，而对于仓库的存储成本和空间的利用却很少考虑，无形中增加了企业的库存成本。实际上，对于中小制造企业来说，生产车间每天都需要从仓库进物料以维持正常的生产，仓库物料周转率必然会处于很高的水平，这样也会引起仓库存储空间的不断变化。仓管员也只是简单地以找到物料为目的，行走范围到达仓库的大多数地方，从不考虑行走路线和时间成本。由于货物在仓库内搬运的距离较长，耗费的时间也较长，导致仓管员工作效率很低，忙而低效。若履行订单时需要拆装，那么存储货位就要既满足存储要求，又要满足存货要求，导致存放物料的货位几乎是平铺在地面上，这样必然出现物料搬运成本高，仓容利用率过低的结果。

对信达公司货位规划的改进建议：

①信达公司对于国外购进的部分不合格原材料，需要退回或转入下一个订单时，不能与正常的物料混在一起，需要专门设置一个不良品隔离区，以区分不良品与正常品。

②信达公司车间对原材料的需求不同，可以根据车间的使用要求设置特定的区域分别存放。仓库小部分空间用于半永久性或长期储存，大部分空间则暂时存储货物，因此，仓库货位规划应注重物料流动更快速、更通畅。仓库一层可以部分设立半永久性存储区存放不经常使用的主料，部分空间用作拣货区，用来存储消耗快、进出频繁的主料。仓库二层增设不良品隔离区，放置经检验不合格的原料和产品，并可在最深处设置半永久存储区，存放流通量很低的物料，余下空间作为拣货区，以方便仓管员快速拣货。

（三）仓库储位规划的流程分析

进入仓库中储存的每一笔货物在其理化性质、来源、去向、批号、保质期等各方面都有独自的特性，仓库要为这些物品确定一个合理的货位，既要保证保管的需求，更要便于仓库的作业和管理。仓库需要按照物品自身的理化性质与储存要求，根据分库、分区、分类的原则，将物品固定区域与位置存放，此外还应进一步在定置区域内，以物品材质和型号规格等系列，按一定顺序依次存放，并进行定位管理，以保证"规格不串、材料不混、先进先出"。

要实现上述仓储货位规划工作任务，就要按照工作流程，做出具体安排。

仓储货位规划工作任务流程

①明确货位规划目标。无论面对任何货品与货位规划项目，明确工作目标是第一项工作内容。目标不明确，很可能在工作进行到一半时发现方向走错了。目标分两方面——效果性目标和限制性因素。效果性目标通常以货位调整后的作业效率改善指标来定义。效率改善指标通常包括缩短行走距离、减少补货工作量、平衡操作者工作量、提高拣货效率等。限制性因素指货位规划与调整中必须考虑的事项，通常满足这些限制性因素要以损失仓库作业效率为代价。这些因素包括，货品重量、货位大小、拣货准确率要求和物流中心用户端的作业效率保障等。

一旦明确了上述目标，应该将其进行优先性排序。举个例子，货位规划与调整的最基本原则是按照货品的流动性确定该货品货位与收货区、发货区的远近位置。但是，通常这还不是最优先的考虑因素。因为，尽管通过以上方法可以减少拣货的行走距离，但是，还有许多其他因素也应该加以一并考虑。如果不考虑诸如货位能力、货品重量、分类存放要求和货品尺寸等因素，虽然通过减少行走距离可以赢得相当的作业效率，但同时也可能带来搬运路径阻塞、货品破损、补货量大和作业安全性差等不良后果。因此，当考虑某个目标性因素时应该兼顾对其他仓库作业的影响。例如，对于办公设备分销物流中心，就必须充分考虑货品的码放顺序。比较其他目标性因素，防止货品破损应该是该类物流中心的最高目标。在拣货作业中，要将重货品、不怕磕碰的商品，如坐垫等

（尽管该商品的周转率可能不高），码放在托盘货物的底层；再上一层可以考虑纸张或其他整箱商品；易破损商品，如文具架、计算器等，则应该在拣货中码放在托盘货物的最上层（尽管这些商品的物流动性很高）。相应地，拣货区的货位规划顺序应该按照以上要求确定货品先后顺序，通过合理码放保证商品质量。换一个角度，在易破损类别的货品中，进行货位规划时也应该兼顾各自的周转率以选择合适的货位。

②确定储存条件。通过对商品储存需求分析，确定每种货品的拣货和补货属性，进行空间评估规划设计。

③规划储存空间。对储存空间进行规划配置，选择储存及搬运设备，需进行设备选择成本评估。

④进行货位编码。对保管区域与设备进行储位编码和商品编号，要分区分类编码。

⑤商品货位分配。储位编码和商品编好完成后，可选择人工分配、计算机辅助分配、计算机全自动分配的方法把商品分配到编好码的储位上。

⑥货位管理维护。要做好储位的维护工作，除了使用传统的人工表格登记外，也可应用最有效率、最科学的方法来执行。而要让维护工作能持续不断地进行，就需不断的核查和改善。

三、相关知识链接

（一）合理规划储位的好处

在仓库投入使用初期，就应该开始货位规划与调整。原因是，无论起初的货位规划如何完美，不断改变的经营环境最终会导致目前规划不再适用。在仓库日常运作中，经营性的事项改变现有货品摆放格局的情况时有发生，还要兼顾消防规定，日复一日，货位合理分配与调整被渐渐淡忘，这正是众多物流中心总是感到仓库不够用的原因。而此时再进行货位的重新规划，其调整工作经常是艰巨的。货位调整是日常性工作，应该避免到问题积累成堆时才着手解决，经常性货位调整可以避免陷入上述窘境。无论是着手建设一座新仓库，还是想办法改善现有仓库的货位布置，合理的货品摆放方法都是既能节省投资，又能理想地提高仓库效率的有效手段。

①按照合理的拣货顺序放置货品，可以减少拣货人员数量。

②对应货位规格，分配相应数量的单元化货品，可以减少补货人员数量。

③平衡操作者的工作量，可以缩减作业周期、改善工作流程。

④将容易混淆的货品分配到不同的拣货区，可以提高拣货准确率。

⑤以人机工程学理论规划货品最佳摆放位置，可以避免作业伤害。

⑥在拣货路径上，将重量货品规划在前端、怕磕碰的货品在后端，可以降低货品破损。

⑦按照货品高度分配货位，在拣货中实现货品分层紧密码放，可以提高托盘码放效率，提高货车车厢利用率。

⑧通过调整仓库布置、提高空间利用率，可以推迟或避免再建投资。

⑨发货品分类码放，可以减少物流中心用户端的二次分拣工作量，提高供应链整体效率。

（二）储位规划目标与原则

1. 储位规划目标

①充分有效地利用空间；

②尽可能提高人力资源及设备的利用率；

③有效地保护好商品的质量和数量；

④维护良好的储存环境；

⑤使所有在储货物处于随存随取状态。

2. 储位规划的基本原则

①储位标示明确。在仓库中所储存的货物应有明确的存放位置。先将储存区域详细划分，并加以编号，让每一种预备储存的货物都有位置可以存放。

②货物定位有效。每一货物的存放是遵循一定的规则精细指定的。根据商品保管方式的不同，为每种商品确定合适的储存单位、储存策略、分配规则，以及储存货物时要考虑的其他因素，把货物有效地配置在先前所规划的储位上。

③货位上商品存放状况明确化。当商品存放于储位后，商品的数量、品种、位置、拣取等变化情况都必须正确记录，仓库管理系统对商品的存放情况明确清晰。

（三）储位规划要素

1. 储存空间

不同功能的仓库，对储存空间的重视程度不同，考虑的重点也不一样。对于侧重商品保管功能为主的仓库，主要考虑保管空间的货位分配；对于侧重流通转运为主的仓库，则主要考虑保管空间的货位如何能够提高拣货和出货的效率。在货位布置规划时，需先确定货位空间，而货位空间的确定必须综合考虑空间大小、仓库柱的排列、有效储存高度、通道、搬运机械的回旋半径等基本因素。

表 4-1　　　　　　　　　单位有效面积货物堆存量

货物名称	包装	单位有效面积堆存定额/（t/m²）	
		仓库	堆场
糖	袋	1.5~2.0	1.5~2.0
盐	袋	1.8~2.5	1.8~2.5
水泥	袋	1.5~2.0	1.5~2.0
化肥	袋	1.8~2.5	1.8~2.5
大米	袋	1.5~2.0	1.5~2.0
面粉	袋	1.3~1.8	1.3~1.8
棉花	捆	1.5~2.0	1.5~2.0
纸	令	1.5~2.0	1.5~2.0
小五金	箱	1.2~1.5	1.2~1.5
橡胶	块	0.5~0.8	0.5~0.8
日用百货	箱	0.3~0.5	0.3~0.5
杂货	箱	0.7~1.0	0.7~1.0

续表

货物名称	包装	单位有效面积堆存定额/（t/m²）	
		仓库	堆场
生铁	块	2.5~4.0	2.5~4.0
铝、铜、锌	块	2.0~2.5	2.0~2.5
粗钢、钢板	件	4.0~6.0	4.0~6.0
钢制品	件	3.0~5.0	3.0~5.0

2. 货物

处于保管中的货物，由于不同的作业需求使其经常以不同的包装形态出现，包装单位不同其设备和存放方式也不一样。此外对商品保管的影响因素有：

①供应商。商品由谁以什么方式供应，有无行业特点；

②商品特性。商品的品种、规格、体积、重量、包装、周转速度、季节分布、理化性能等因素；

③商品的进货时间及数量。商品采购时间，进货到达时间，商品的产量、进货量库存量等。

3. 人员管理

人员包括保管、搬运、拣货作业人员等。在货位规划中由保管人员负责商品管理及盘点作业；拣货人员负责拣货、补货作业；搬运人员负责入库、出库、翻堆作业。为了既提高作业效率，又达到省力的目的，首先，作业流程必须合理，精简高效；其次，储位配置及标示必须简单，清楚；第三，表单简要、统一且清晰。

4. 相关因素

①设备。货位规划中的设备主要包括储存设备、搬运与运输设备两大类。设备的选用必须综合考虑商品特性、辅助工具、作业方式、设备成本等基本条件，例如，自动立体仓库的选用、高层货架、重力式货架的选用。此外还必须注意其配套设施，例如，电子辅助标签，无线传输设备及相关软件的配置等。

②辅助物品。辅助物品主要包括包装材料与容器、转运托盘等。打贴标签、重新包装、组合包装等流通加工项目越多，对相应包装材料的需求就会增加。另外就是托盘、容器等运载工具的管理，随着流通设施通用性的增强，物流过程对托盘等运载工具的依赖性也就越强，因此，其管理也变得更加重要。其次是废旧包装物的回收利用，如果不统一进行管理将会影响到其他作业的顺利进行。对这些辅助物品的管理可以规划一些特定的储位，按照类似商品保管的要求来管理。

（四）货位规划的内容

在存储作业中，为有效对商品进行科学管理，必须根据仓库、存储商品的具体情况，实行仓库分区、商品分类和定位保管。仓库分区就是根据库房、货场条件将仓库分为若干区域；分类就是根据商品的不同属性将存储商品划分为若干大类；定位就是在分区、分类的基础上固定每种商品在仓库中具体存放的位置。

1. 仓库分区

仓库分区是根据仓库建筑形式、面积大小、库房、货场和库内道路的分布情况，并结合考虑商品分类情况和各类商品的储存量，将仓库划分为若干区域，确定每类商品储存的区域。库区的划分一般在库房、货场的基础上进行，多层库房分区时也可按照楼层划分货区。

2. 货位确定

在进行货位规划时应充分考虑商品的特性、轻重、形状及周转率情况，根据一定的分配原则确定商品在仓库中具体存放的位置。

（1）根据商品周转率确定货位

计算商品的周转率，将库存商品周转率进行排序，然后将排序结果分段或分列。将周转率大、出入库频繁的商品储存在接近出入口或专用线的位置，以加快作业速度和缩短搬运距离；周转率小的商品存放在远离出入口处，在同一段或同列内的商品则可以按照定位或分类储存法存放。

（2）根据商品相关性确定货位

有些库存的商品具有很强的相关性，相关性大的商品，通常被同时采购或同时出仓，对于这类商品应尽可能规划在同一储区或相近储区，以缩短搬运路径和拣货时间。

（3）根据商品特性确定货位

为了避免商品在储存过程中相互影响，性质相同或所要求保管条件相近的商品应集中存放，并相应安排在条件适宜的库房或货场。即将同一种货物存在同一保管位置，产品性能类似或互补的商品放在相邻位置。将相容性低，特别是互相影响其质量的商品分开存放。这样既提高作业效率，又防止商品在保管期间受到损失。

对有些特殊商品，在进行货位规划时还应特别注意的是：

①易燃物品必须存放在具有高度防护作用的独立空间内，且必须安装适当的防火设备；

②易腐、需储存在冷冻、冷藏或其他特殊的设备内；

③易污损物品需与其他物品隔离；

④易窃物品必须隔离封闭管理。

（4）根据商品体积、重量特性确定货位

在仓库布局时，必须同时考虑商品体积、形状、重量的大小，以确定商品所需堆码的空间。通常，重大的物品保管在地面上或货架上获得下层位置。为了适应货架的安全并方便人工搬运，人的腰部以下的高度通常宜储放重物或大型商品。

（5）根据商品先进先出的原则确定货位

先进先出即指先入库的商品先安排出库，这一原则对于寿命周期短的商品尤其重要，如食品、化学品等。在运用这一原则时，必须注意在产品形式变化少，产品寿命周期长，质量稳定不易变质等情况下，要综合考虑先进先出所引起的管理费用的增加，而对于食品、化学品等易变质的商品，应考虑的原则是"先到期的先出货"。

除上述原则外，为了提高储存空间的利用率，还必须利用合适的积层架、托盘等工具，使商品储放向空间发展。储放时尽量使货物面对通道，以方便作业人员识别标号、名称、提高货物的活性化程度。保管商品的位置必须明确标示,保管场所必须清楚,易于识别、联想和记忆。另外,在规划储位时应注意保留一定的机动储位,以便当商品大量入库时可以调剂储位的使用,避免打乱正常储位安排。

3. 储位编号

在根据一定的规则完成储位规划以后,接下来的任务就是对储位进行编号。

储位编号就是对商品存放场所按照位置的排列,采用统一标记编上顺序号码,并作出明显标志。

(1) 储位编号作用

科学合理的储位编号在整个仓储管理中具有重要的作用。在商品保管过程中,根据储位编号可以对库存商品进行科学合理的养护,有利于对商品采取相应的保管措施;在商品收发作业过程中,按照储位编号可以迅速、准确、方便地进行查找,不但提高了作业效率,而且减少了差错。

(2) 储位编号的方法

储位编号应按一定的规则和方法进行。首先确定编号的先后顺序规则,规定好库区、编排方向及顺序排列。其次是采用统一的方法进行编排,要求在编排过程中所用的代号、连接符号必须一致,每种代号的先后顺序必须固定,每一个代号必须代表特定的位置。

①区段式编号。把储存区分成几个区段,再对每个区段编号。这种方式是以区段为单位,每个号码代表的储区较大,区段式编号适用于单位化商品和量大且保管期短的商品。区域大小根据物流量大小而定。图4-1为储区的区段式编号。

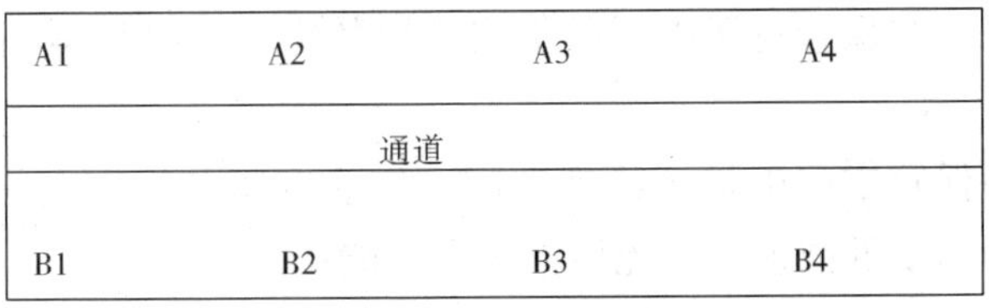

A1	A2	A3	A4
通道			
B1	B2	B3	B4

图4-1 储区的区段式编号

②品项群式。把一些相关性强的商品经过集合后,分成几个品项群,再对每个品项群进行编号。这种方式适用于容易按商品群保管和品牌差异大的商品。如服饰群、五金群等。

③地址式。利用保管区仓库、区段、排、行、层、格等,进行编码。如在货架存放的仓库,可采用四组数字来表示商品存在的位置,四组数字代表库房的编号、货架的编号、货架层数的编号和每一层中各格的编号。对于如1-11-1-3的编号,可以知道编号的含义是:1号库房,第11个货架,第一层中的第三格,根据储位编号就可以迅速地确定某种商品具体存放的位置。

此外,为了方便管理,储位编号和储位规划可以绘制成平面布置图,这样不但可以全面反映库房和货场的商品储存分布情况,而且也可以及时掌握商品储存动态,便于仓库结合实际情况调整安排。

（五）货区的布置

货区的布置就是根据库区场地条件、仓库的业务性质和规模、商品储存要求以及技术设备的性能和使用特点等因素，对储存空间、作业区域、站台及通道布置进行合理安排和配置。

在进行货区布置时主要考虑两个方面的要素，一是充分提高储存空间的利用率，二是提高物流作业效率。储存区域是仓库的核心和主体部分，提高储存空间的利用效率是仓库管理的重要内容。在储存空间的规划和布局时，首先必须根据储存货物的体积大小和储存形态来确定储存空间的大小，然后对空间进行分类，并明确其使用方向，再进行综合分析和评估比较，在此基础上进行布置。

1. 货区空间的划分

进行储存场所布置前，必须首先对储存空间正确划分，明确各自作业区域及作业内容。

（1）物流空间

物流空间是指在仓库物流作业中能够满足物流功能的空间，包括商品保管、装卸搬运等作业空间。

（2）保管空间

在物流空间中以保管为主的空间，包括物理空间、作业空间、潜在利用空间和无用空间。

①物理空间。商品实际占用的空间；

②作业空间。保管空间内各种作业能够正常进行所需要的空间；

③潜在利用空间。在保管空间中可以争取利用的空间，一般有10%～30%的潜在利用空间可以利用；

④无用空间。在保管空间中除了物理空间、作业空间和潜在利用空间之外的无用空间。在满足保管作业需要的前提下，无用空间尽可能小。

2. 货区布置要点

储存场所内部布置的主要目的是提高库房内作业的灵活性和有效利用库房内部的空间。库房内部布置应在保证商品储存需要的前提下，充分考虑到库内作业的合理组织，协调储存和作业的不同需要，合理地利用库房空间。

根据库房作业内容，仓库可以分为储备型和流通型仓库两大类，由于其作业内容差异较大，对于储存场所的布置要求也不同。

（1）储备型仓库布置要点

储备型仓库是以商品保管为主，例如，战略战备仓库、采购供应仓库等，所储存的商品一般周转较慢，并且商品多半以整进整出为主，因此，库房布置的重点就应该是在尽可能压缩非储存空间的基础上，增加保管空间。

在储备型库房内，除需要规划出一定的理货区以及在储存区内保证正常作业的通道之外，库房的主要面积应以保管商品，即最大限度地提高物理空间。理货区是为了满足入库商品理货、商品检验以及商品出库备货作业需要，一般来说，商品出入库作业量大，这些区域也应该相应地扩大，以保证及时有效地组织商品出入库。如果商品一次收发货量较少，可利用主通道作为收发货场地，把潜在利用空间变成现实利用空间。规划作业通道所需要面积时，应该注意在合理安排出入库作业路线的基础上，适当减少作业通道的数量和长度，其宽度的确定要考虑机械设备的类型、尺寸、灵活性以及操作人员的熟练程度。

（2）流通型仓库布置要点

流通型仓库以商品收发为主，例如，批发和零售仓库、中转仓库等。在这类仓库中，储存商品一般周转较快，频繁地进行出入库作业。为了适应库房内大量商品经常性的收发作业的需要，在进行规划布置时必须充分考虑提高作业效率的要求。

与储备型库房相比，流通型库房的布置有不同的特点。主要区别是缩小了储存区，而增加了拣货区。在流通型仓库，拣货、备货是一项既复杂，工作量又大的作业。分拣区的作用就是为了方便商品的分拣，保证商品能够及时出库。确定拣货区面积的大小主要考虑商品品种的多少、出库作业的复杂程度大小、顾客对商品需要的时间要求。作业越复杂，作业量越大，作业区域也应该扩大，以避免作业过程中相互干扰，降低作业效率。

对流通型仓库规划来说，库房布置不是以提高面积利用率为主，而是综合考虑各种需要。实际上，库房储存的商品周转越快，储存面积相对也越小。这是促使库房向空间发展，以争取储存空间的主要原因之一。

3. 储存场所作业区布置

储存场所作业区布置原则

（1）适应仓储作业过程的要求，有利于仓储业务的顺利进行

①单一的物流方向。

②应尽量减少储存物资在库内的搬运距离，避免任何迂回运输。

③最少的装卸环节。

④最大程度地利用空间。

（2）有利于提高仓库的经济效益

①货区布局应充分考虑地形、地质条件，因地制宜。

②平面布置与竖向布置相适应。

③货区布局能充分和合理地利用我国目前普遍使用的门式、桥式起重机等固定设备。

（3）有利于保证安全生产和文明生产

（4）柔性原则

储存场所作业区布置考虑的要素：

①商品特性。在进行储存场所作业区域布置时，要充分考虑所储存商品的理化性质、外形、重量以及储存单位等特性，据此来决定作业所需要的设备及区域的大小。

②机械设备的使用特点。根据储存商品的特点和装卸搬运要求，需要配置相应的机械设备。在配备机械配备时应综合考虑每种设备的使用要求、合理的作业半径以及各种设备之间的协调，以此发挥不同设备的使用特点，提高作业效率。

③仓库作业流程。根据作业内容的不同有储存型仓库和流转型仓库之分，不同类型的仓库其作业流程差异很大，如储存型仓库其进出库基本上为整进、整出，商品基本按

原包装入库和出库，业务流程比较简单；流转型仓库是整进零出或零进整出，需要大量的分拣备货工作，业务流程复杂。为了以最小的人力、物力耗费和在最短的时间完成各项作业，就必须按照各个作业环节之间的内在联系对作业场地进行合理配置，使作业环节之间密切衔接。

4. 库内非保管场所布置

①通道：库房内的通道分为运输通道（主通道）、作业通道（副通道）和检查通道。

②墙间距：墙间距一般宽度为0.5m左右，当兼做作业通道时，其宽度需增加一倍。

③收发货区：收发货区面积的大小，则应根据一次收发批量的大小、物品规格品种的多少、供货方和用户的数量、收发作业效率的高低、仓库的设备情况、收发货的均衡性、发货方式等情况确定。

④保管员办公室：可在库内或库外，但危险品库的保管员办公室一律设在库外。

四、任务实施

北方物流公司物流中心的仓库储位规划任务的实施分为两个阶段进行。第一阶段，联系参观与北方物流公司物流中心相似的企业，通过实地调查仓库货位的基本情况，判断布局的合理性，提出修改方案并撰写综合调研报告。第二阶段，参照调查结果进行北方物流公司物流中心的仓库储位规划方案的制定。

将学生分为若干组，各组选出一个负责人，组内分工合作完成任务。详细任务和操作步骤如下。

作业进度 \ 角色操作	小组任务	操作指导
实地调查某仓库储位编号	现有储存区的结构、观察货位的编号的调查与分析，找出或画出货位平面示意图	地址法比较直观，有数字和字母组成，便于使用信息系统进行管理。品类群法适用于容易按商品群保管的场合和品牌差异大的商品。要求可以根据储存区以及货品的具体情况进行两种方法的选择； 仓库应对所有的货位予以统一编号，并在货位或货架的明显处粘贴。在实际工作中，为了提高效率，减少差错，还应该在仓库入口处贴挂货位平面示意图； 信息系统中储位编号规则：储位编码为6位，如果区内不划分储位，则区内默认对应一个编号为000000的储位，如果区内是分储位的，则根据区内的存储方式不同有所区分。如果是堆垛或者托盘等平面储存方式，则按照行和列进行编码，前两位代表列数，中间两位代表行数，后面两位为00
实地调查某仓库储位分配	货区分类规划的调查与分析	以周转率为基础安排，即将货物按照周转率由大到小排序，再将此序分为若干段（通常分为三至五段），同属于一段中的货物列为同一级，指定存储区域给每一级货物，周转率越高应离出入口越近

续表

作业进度 \ 角色操作	小组任务	操作指导
实地调查某仓库储位分配	货位安排的调查与分析	根据库存量、周转频率、货物相关性等历史记录，依照货位安排的方法和原则决定货物的最佳摆放位置； 以产品相关性为基础安排，根据历史订单数据分析产品的相关性大小，相关性近的货物就近摆放，这样可以减短提取路程，减少工作量，便于查找和提货； 互补性高的货物也应存放于邻近位置，以便缺货时可迅速以另一品项替代； 相容性低的货物不可放置在一起，以免损害品质； 按照货物重量的不同来决定存放货物于货位的高低位置。一般而言，重物应保管于地面上或料架的下层位置，而重量轻的货物则保管于料架的上层位置，若是以人手进行搬运作业时，人腰部以下的高度用于保管重物或大型货物，而腰部以上的高度则用来保管重量轻的货物或小型货物
评价该仓库的货位规划是否合理，并提出修改方案	综合评价该仓库的货位规划，提出修改方案	仓库货位规划主要依据的原则包括： 1. 存放在同一货区的而货物具有互容性； 2. 保管条件不同的货物不应混存； 3. 作业手段不同的货物不应混存； 4. 灭火措施不同的货物不能混存 仓库货位安排主要依据的原则包括： 1. 安全、方便、节约的原则； 2. "先进先出""缓不围急"的原则； 3. "小票集中""大不围小""重近轻远"的原则； 4. 机械作业的便利性和作业量分布的均匀性原则； 5. 实现各货位的同时装卸作业，以提高效率
撰写调查报告	撰写综合调研报告	要求包括下列部分：调研企业简介，调研目标和内容，仓库或为规划现状分析及修改方案

注：仓库储位规划工作任务实施中应注意的问题

①根据商品特性来进行货位规划。

②大批量使用大货区，小批量使用小货区。

③笨重、体积大的货物应储存在比较坚固的层架底层及接近出货区。

④相同或相近的货物尽可能靠近储放。

⑤滞销的货物或小、轻及容易处理的货物使用较远储区。

⑥周转率低的货物尽量远离进出货区及放置在较高的区域；周转率高的货物尽量接近出货区及放置在较低的区域。

⑦服务设施应选在底层楼区。

五、相关项目链接

技能训练一 货位规划操作

任务引入

某物流公司根据储存货物的类型,订制了 10 排托盘货架,每排货架有 4 层,每层 10 列,货位示意如图 4-2 所示,张华作为此库房的管理人员,请帮张华确定货架的布局、并对货位进行编码。

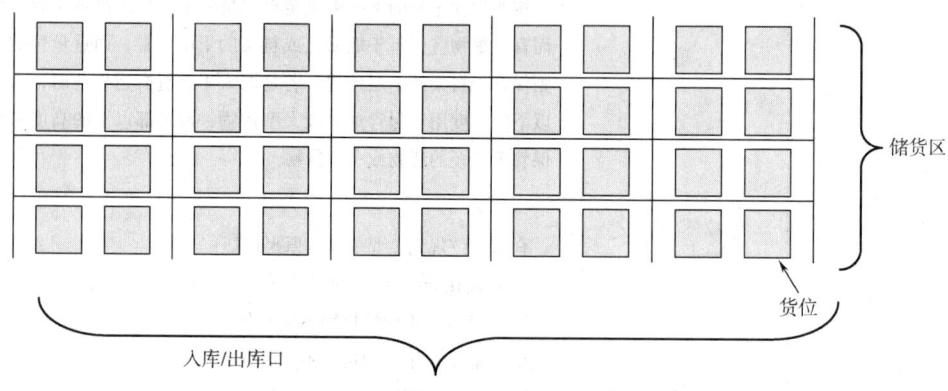

图 4-2 货位示意图

任务实施

(一)确定货架布局

货架的布局形式一般采用垂直式布置,它是指货垛或货架的排列与仓库的侧墙互相垂直或平行,具体包括横列式布局、纵列式布局和纵横式布局。

横列式布局是指货垛或货架的长度方向与仓库长度方向的侧墙互相垂直,如图 4-3 所示。这种布局的优点是主通道长且宽,副通道短,整齐美观,便于物品的存取和查点,如果用于库房布局,还有利于通风和采光。缺点是主通道占用面积多,仓库的面积利用率减少。

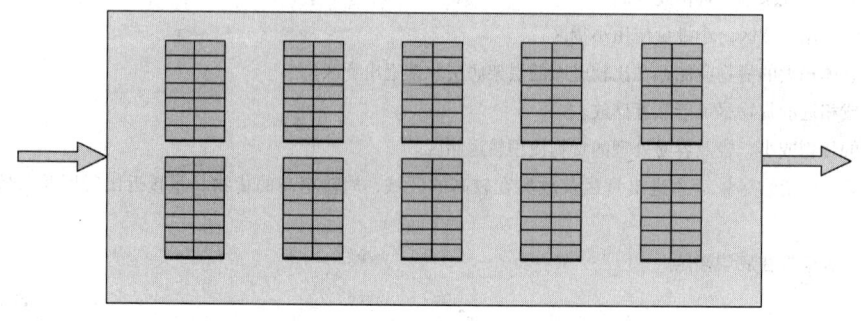

图 4-3 横列式布局

纵列式布局是指货垛或货架的长度方向与仓库长度方向的侧墙平行，如图4-4所示。这种布局的优点是可以根据库存物品在库时间的不同和进出频率程度安排货位：在库时间短、进出频繁的货物放置在主通道两侧；在库时间长、进出不频繁的物品放置在里侧。

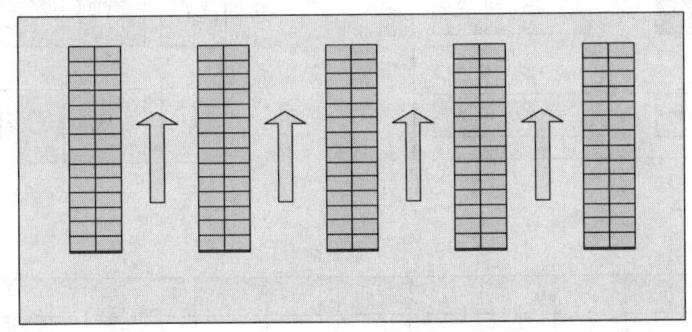

图4-4 纵列式布局

纵横式布局是指在同一保管场所内，横列式布局和纵列式布局兼而有之，这种布局综合利用两种布局的优点，如图4-5所示。

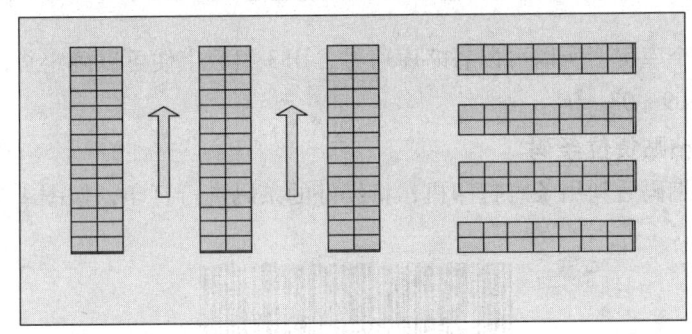

图4-5 纵横式布局

考虑到仓库的布局美观整齐，在这里张华决定选择横列式布局的方式。

（二）进行货位编码

货位编号的方法分为地址法、区段法、品类群法等，一般比较常用的是地址法的四号定位法，具体编制方法如下：

①确定库房号（图4-6a）。库号是对整个仓库各储存场所的编号，可根据库区内各存储场所的平面位置按顺序编号，编码数字写在醒目处（如仓库外墙、库门上）。

②确定货架号（图4-6b）。库场内的作业通道自然而然地把存储区域化整为零。对于库房，一般以货架为单位按顺序编号，并标于货架明显处；在货场，一般对各行列按顺序编上排号，货位号码可直接标在地上。对于集装箱堆场，应对每个箱位进行编号并画出箱位四角位置标记。

③确定货架的层号和位号（图4-6c）。货架上的单元格号码首先由上至下列出层号，然后从左到右标明位号。

如图4-6所示：货位编码01—09—03—04，表示存放在第1库房第9货架第3层第4位。

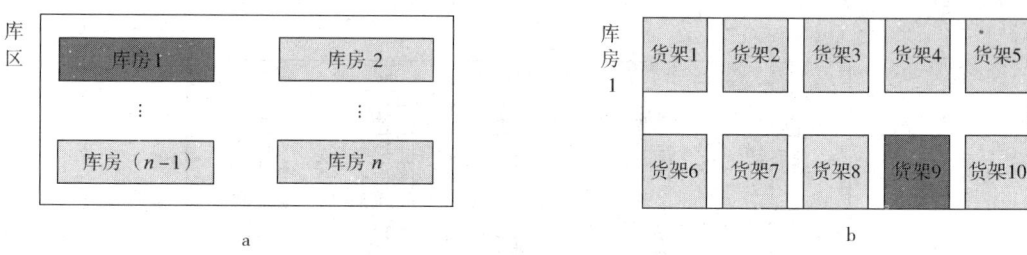

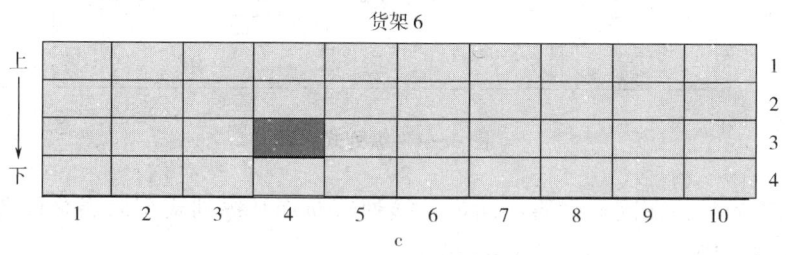

图4-6 四号定位法

因为只有一个库房，所以可以省略库房号，用3组数字便可以确定货位了。如上图所示货位可表示为09—03—04。

（三）打印粘贴货位条码

对货位进行编码后利用条码打印机，将编好的条码进行打印，如图4-7所示。

图4-7 打印货位条码

将打印好的条码粘贴到货架上，如图4-8所示，注意高度合理、条码平整，以利于用扫描设备扫描。

图4-8 粘贴货位条码

任务评价

姓名			学号		小组		
任务名称				货位规划操作			
考核内容		考核标准	参考分值（100）	学生自评	小组互评	教师评价	考核得分
职业素养	1	形成效率优先的工作精神	10				
	2	具有学生互相协作的团队意识	10				
	3	具有吃苦耐劳精神、节约意识和环保意识	10				
理论知识掌握情况	4	掌握货架布局的各种形式	10				
	5	掌握货位规划和编码的方法	10				
	6	了解储位定位的重要性	10				
	7	能够独立完成货位规划操作	10				
操作技能情况	8	能够完成货架的布局设计	10				
	9	能够完成货位的规划	10				
	10	能够完成货位的编码与标记	10				
		总得分	100				

技能训练二 货物编码操作

任务引入

在储位规划工作中，对仓库中储存的货物也要进行统一的管理和科学的规划，进入仓库的货物要按照一定的规则进行编码，可提高货物管理的效率，增加货物管理的准确性。

唐山方达物流公司仓储部根据仓库储存的货物种类，需要编制一套货物代码，来进行统一的规划和管理，具体货物明细如表4-2所示，张华作为此库房的管理人员，你对张华将要进行的货物编码有何建议？

表4-2 货物明细表

序号	货物名称	规格型号	序号	货物名称	规格型号
1	长虹液晶电视	LT42700	6	DELL液晶显示屏	E2209W
2	长虹液晶电视	R2518AE	7	DELL键盘	U22
3	格力空调	K（23556）D1-N5	8	DELL鼠标	XN967
4	容声电冰箱	BCD-108/HC	9	联想机箱	T350
5	DELL机箱	220s	10	联想液晶显示屏	LXH-GJ17L3

续表

序号	货物名称	规格型号	序号	货物名称	规格型号
11	联想键盘	LXH–SX9290	16	飞利浦电吹风	HP4823
12	联想鼠标	N30A	17	联想手机	S700
13	飞乐音箱	HS–603	18	联想手机	I60
14	奔腾电磁炉	PC22N–B	19	联想手机	P619
15	飞利浦剃须刀	HQ6070	20	联想手机	E522

任务实施

（一）确定货物编码方法

货物编码的方法一般包括：

（1）数字法

例：1—毛巾，2—肥皂，3—洗涤剂

1.1 为白毛巾，1.2 为蓝毛巾，1.3 为花毛巾

（2）实际意义编码法

例：FO　4810　A2—15

FO：食品类；4810：包装尺寸 4×8×10；A2：A 区第 2 排货架；15：有效期 15 天。

（3）暗示编码法

例：BY　26　WM　10

BY：自行车（bicycle）；26：车轮半径为 26cm；WM：白色（white）男式（man）；10：供应商编号

管理员张华考虑到货物编码的易读性，所以选择了数字编码法。

（二）进行货物编码

根据仓库货物的特点，可进行 6 位纯数字的货物编码，具体编码规则与货物编码如表 4–3、表 4–4 所示。

表 4–3　　　　　　　　货物编码的编码规则

项目	名称	代码	位置（左起）	位数
客户	兴华电子贸易有限公司	1	第一位	1
次级类别	家电	01	第二、三位	2
次级类别	电脑产品	02	第二、三位	2
次级类别	小家电	03	第二、三位	2
次级类别	手机产品	04	第二、三位	2
明细	商品名称及型号	000	第四、五、六位	3

表4-4　货物编码一览表

序号	货物名称	规格型号	货物编码	序号	货物名称	规格型号	货物编码
1	长虹液晶电视	LT42700	101001	11	联想键盘	LXH-SX9290	102007
2	长虹液晶电视	R2518AE	101002	12	联想鼠标	N30A	102008
3	格力空调	K（23556）D1-N5	101003	13	飞乐音箱	HS-603	102009
4	容声电冰箱	BCD-108/HC	101004	14	奔腾电磁炉	PC22N-B	103001
5	DELL机箱	220s	102001	15	飞利浦剃须刀	HQ6070	103002
6	DELL液晶显示屏	E2209W	102002	16	飞利浦电吹风	HP4823	103003
7	DELL键盘	U22	102003	17	联想手机	S700	104001
8	DELL鼠标	XN967	102004	18	联想手机	I60	104002
9	联想机箱	T350	102005	19	联想手机	P619	104003
10	联想液晶显示屏	LXH-GJ17L3	102006	20	联想手机	E522	104004

（三）打印货物条码

利用条码打印机，将编好的条码进行打印，如图4-9所示。

图4-9　打印货物编码

（四）粘贴货物条码

将打印好的条码粘贴到货物上，注意粘贴位置、条码平整，以利于扫描设备的扫描。

任务评价

姓名		学号		小组			
任务名称			货物编码操作				
考核内容		考核标准	参考分值（100）	学生自评	小组互评	教师评价	考核得分
职业素养	1	形成效率优先的工作精神	10				
	2	具有学生互相协作的团队意识	10				
	3	具有吃苦耐劳精神、节约意识和环保意识	10				

续表

考核内容		考核标准	参考分值（100）	学生自评	小组互评	教师评价	考核得分
理论知识掌握情况	4	掌握货物统一规划的方法	10				
	5	掌握货物编码的方式方法	10				
	6	了解货物统一管理的重要性	10				
操作技能情况	7	能够独立完成货物编码操作	10				
	8	能够完成货物的统一规划管理	10				
	9	能够完成货物的统一编码操作	10				
	10	能够准确完成货物的编码操作	10				
		总得分	100				

项目四 仓储设备选用

仓储活动离不开仓储设备的支持，仓储设备是仓库进行生产和辅助生产作业以及保证仓库及作业安全所必需的各种机械设备的总称。仓储设备是完成货物入库、出库和储存作业中采用的工具，是构成仓储系统的重要组成因素。仓储设备选用配置不合理，仓储系统就无法运行或服务水平及运行效率就可能极其低下。仓储设备的选用配置是反映仓储系统水平的主要标志。

教学目标

【知识目标】

①全面了解与仓库运作有关的设施设备，包括货架、托盘、叉车等。
②认识仓库中常用设备的种类、功用、通用性和标准化程度。
③掌握常用设备的作业特征、选用原则和方法。
④掌握各种仓储设备的特征、种类和适用场合。

【技能目标】

①能根据仓储设备选用的原则，为不同类型的仓储设备的选用提供合理化建议。
②能根据仓储作业要求选择适用于不同作业场所和服务于不同作业状态的仓储设备。
③能根据仓储作业的要求确定仓储设备的需求数量。
④通过调研分析，能判断企业仓储设备选用的合理性，提出修改方案。

一、任务描述

北方物流有限公司有一仓库，长48m，宽27m，高8m，该仓库以托盘单元存储货物，托盘尺寸为1000mm（宽）×1200mm（深）×1300mm（高），质量为1000kg，预计存储量为1500个托盘单元，日存取量120个托盘。存货种类较多。怎样配置选用仓储设备？

二、任务分析

（一）仓储设备选用的要求

①仓储设备的选择要求。根据仓储企业仓储系统的总目标及规模、性质、特点选择仓储设备、设施，把仓储设备与作业任务有机结合起来，适应经济的发展，满足今后一段时间内的作业水平提升的要求。

②严格按经济性原则进行分析。全面考察仓储设备的价格和运行费用。选择投资少、性能恰当的设备。

③选择的仓储设备、设施要求作业效率高，机械化、自动化程度高。而且符合节约能源的要求。

④选择的仓储设备、设施要符合环保的要求。选择对环境污染小（噪声和废气排放少）的绿色产品或节能产品。

⑤选择的仓储设备、设施要符合安全和防火的要求。仓储设备在作业过程中，在复杂的环境和有限的空间中保证人员、设备和货物的安全。

（二）仓储设备选用的任务分析

仓储设备选用需要考虑的因素有作业场地的大小、货物的种类与特性、仓储量的大小、系统中的各种设备的作用等。

要选择用好仓储设备，首先要了解仓储设备。仓储设备可分为五大类。

1. 装卸搬运分拣设备

①装卸堆垛设备（起重机、堆垛机、叉车、托盘等）；

②搬运传送设备（输送机、自动导引搬运车等）；

③拣输送设备（分拣机等）。

2. 保管养护设备（货架、吸湿器、烘干机、温度控制器、自动喷淋设备）

3. 计量检验设备

4. 通风、照明、保暖设备

5. 消防设备

表 5-1　　　　　　　　　　设备类型与仓储功能

功能要求	设备类型
存货、取货	货架、叉车、堆垛机械、起重运输机械等
分拣、配货	分拣机、托盘、搬运车、传输机械等
验货、养护	检验仪器、工具、养护设施等
防火、防盗	温度监视器、防火报警器、监视器、防盗报警设施等
流通加工	所需的作业机械、工具等
控制、管理	计算机及辅助设备等
配套设施	站台、轨道、道路、场地等

此工作任务如果是选取仓储托盘货架系统，不同的仓库，选取的仓储设备是不同的。针对此工作任务，要分析制定不同的货架系统方案，进行评价选优。

1. 方案制定

方案一：窄通道系统方案

窄通道系统货物可先进先出，取货方便，适用于屋架下弦较高的仓库，如10m左右。因采用高架叉车，采购价为58万元，地面需要加装侧向导轨。叉车通道宽为1760mm，总存货量为2088个货位。货架总造价为41.76万元，仓库总造价为129.6万元，工程总投资为229.36万元，系统平均造价为1098元/货位。

方案二：驶入式货架系统方案

驶入式货架系统货物先进后出，单独取货困难，存货密度高，适用于面积小、高度适中的仓库，尤其适用于货品单一、成批量进出货的仓库。该系统采用电瓶叉车，采购价为22.5万元，叉车直角堆垛通道宽度为3200mm，总存货量为1812个货位，货架总造价为43.5万元。仓库建筑总造价为123.12万元，工程总投资为189.12万元，系统平均造价为1044元/货位。

方案三：选取式货架系统方案

选取式货架系统货物可以先进先出，取货方便。该系统对货物无特殊要求，适用于各种类型的货物，但属于传统型仓储系统，货仓容量较小。该系统采用电动前移式叉车，采购价为26万元，叉车直角堆垛通道宽度为2800mm，总存货量为1244个货位，货架总造价为16.2万元，仓库建筑总造价为123.12万元，工程总投资为165.32万元，系统平均造价为1329元/货位。

方案四：双伸式货架系统方案

双伸式货架系统方案货物可先进后出，取货难度适中。该系统货仓容量较大，可与通廊式货架媲美；且对货物和货仓无特殊要求，适应面广。该系统采用站架式堆高车和伸缩叉，采购价为25万元，叉车直角堆垛通道宽度为2800mm，总存货量为1716个货位，货架总造价为24万元，仓库建筑总造价为123.12万元，工程总投资为172.12万元，系统平均造价为1003元/货位。

2. 方案的分析与选优

①窄通道系统方案能有效利用仓库的空间（通道最小），同时又能保证存取货物的速度和拣选条件（每个托盘都能自由存取和拣选）。此方案，每台设备的存取速度为30~50个托盘，适合于各个行业，特别是种类比较多，或进出速度较快的情况。仓库越大，仓库的进出量越大，而使用该系统的设备数量不会增加很多，成本反而会更低。大型仓库比较适合选择该系统。

②驶入式货架系统方案可以有效地利用仓库的空间（货架排布密度大），但不能满足拣选的要求。每个托盘不能自由存取，适用于种类比较单一、大批量进出的作业。该系统的出货速度不快，每小时只有10~12个托盘，一般在较少的行业中使用。

③选取式货架系统是使用最广泛的一种，虽不能非常有效地利用仓库的空间，但能保证取货速度和拣选条件（每个托盘都能自由存取和拣选）。该系统每台设备的存取速度为每小时15~18个托盘，适用于各种行业。仓库越大，仓库的进出量越大，使用该系统

的设备数量会增加很多,所以存储成本会增加,但它的灵活性非常好,第三方物流的仓储大多采用这种形式。

④双伸式货架系统是选取式和驶入式货架系统地结合体,既可以非常有效地利用仓库的空间(货架排布密度较大),又能保证有很好地存取货速度和拣选条件(每两个托盘都能自由存取和拣选)。该系统每台设备的存取货速度为每小时12~15个托盘,灵活性也较好,随着仓库的增大,仓库的进出量也就加大,但使用该系统的设备数量不会有较大增加,成本基本保持不变。该系统的使用没有行业限制,但货物的种类不能太多。

综合分析各种仓储系统方案的特点和条件,结合仓库的各种因素,由于仓库高度为8m,窄通道系统方案要求仓库的高度为10m,因此该方案不适用于现有的条件,不能选用。该仓库的另一个条件为日存取量为120个托盘,相当于每小时存取量为15个托盘,驶入式货架系统方案日存取量只有12个托盘,不能满足仓库的要求,因此该方案不能选用。双伸式货架系统方案存货种类不能太多,与要求得不相适应,因此选择方案三,采用选取式货架系统。

(三)工作任务实现的工作流程

要实现上述仓储设备的选用任务,就要对仓储设备选用工作任务进行合理安排和组织。按照工作流程,做出具体安排。

1. 确定仓储目标

仓储企业的仓储目标是仓储设备选择的根据。

2. 分析影响仓储的各种因素

影响仓储设备选择的各种因素的分析是选择好仓储设备的前提,影响仓储设备选择的因素有:作业场所的大小,存储货物的种类、特性,仓储量的大小,货物的储存方式,各种设备在仓储系统中的作用等。

3. 制定仓储设备的选用方案

仓储设备投资较大,而且仓储设备的选用,关系到仓储作业的效率,影响到企业的形象。因此在仓储设备的选用过程中,要制订多种被选方案,既要考虑当前的需要,也要考虑未来的发展。

4. 进行方案的可行性分析

方案的可行性分析,就是对被选方案从技术上看其是否先进,经济上看其是否合理,生产上看其是否适用。

5. 方案的选优

经过方案的分析比较,在多种被选方案中选一个目前条件下最优的方案。

6. 制定仓储设备选用的实施计划

仓储设备选用方案确定后,要制定一个详细的实施计划,做好从投招标,到设备的安装调试,人员的培训等工作。

三、相关知识链接

仓储工作中所使用的设备按其用途和特征可以分成装卸搬运设备、保管设备、计量设备、养护检验设备、通风照明设备、消防安全设备、劳动防护设备以及其他用途设备和工具等。在仓库设备的具体管理中，则应根据仓库规模的大小进行恰当的选择。

装卸搬运设备是用于商品的出入库、库内堆码以及翻垛作业的设备。这类设备对改进仓储管理，减轻劳动强度，提高收发货效率具有重要作用。

目前，我国仓库中所使用的装卸搬运设备通常用可以分成三类：①装卸堆垛设备，包括桥式起重机、轮胎式起重机、门式起重机、叉车、堆垛机、滑车、跳板以及滑板等。②搬运传送设备，包括电瓶搬运车、皮带输送机、电梯以及手推车等。③成组搬运工具，包括托盘等（见图5-1）。

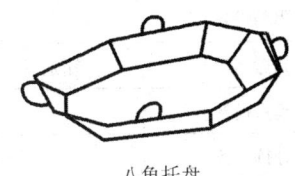

八角托盘

图5-1　成组搬运工具

保管设备是用于保护仓储商品质量的设备。主要可归纳为以下几种。

①苫垫用品：起遮挡雨水和隔潮、通风等作用，包括苫布（油布、塑料布等）、苫席、枕木、石条等。苫布、苫席用在露天堆场。

②存货用具：包括各种类型的货架、货橱。

货架：即存放货物的敞开式格架。根据仓库内的布置方式不同，货架可采用组合式或整体焊接式两种。货架在批发、零售量大的仓库，特别是立体仓库中起很大的作用。它便于货物的进出，又能提高仓库容积利用率。由于整体式货架的制造成本较高，不便于货架的组合变化，因此较少采用。

货橱：即存放货物的封闭式格架。主要用于存放比较贵重的或需要特别养护的商品。

计量设备是用于商品进出时的计量、点数，以及货存期间的盘点、检查等。如地磅、轨道秤、电子秤、电子计数器、流量仪、皮带秤、天平仪以及较原始的磅秤、卷尺等。随着仓储管理现代化水平的提高，现代化的自动计量设备将会更多地得到应用。

养护检验设备是指商品进入仓库验收和在库内保管测试、化验以及防止商品变质、失效的机具、仪器。如：温度仪、测潮仪、吸潮器、烘干箱、风幕（设在库门处，以隔内外温差）、空气调节器、商品质量化验仪器等。在规模较大的仓库这类设备使用较多。

通风保暖照明设备是根据商品保管和仓储作业的需要而设。

消防安全设备是仓库必不可少的设备。它包括：报警器、消防车、手动抽水器、水枪、消防水源、砂土箱、消防云梯等。

劳动保护设备主要用于确保仓库职工在作业中的人身安全。

仓储设备的选用既要满足企业生产的需要，又要全面考虑企业长远发展，并把有限的资源用在生产必需的设备上。因此，仓储设备的选用要因地制宜，结合作业场所、货物的种类、特性、仓储量的大小、货物的储存方式、各种设备在仓储系统中的作用等，统一规划和科学决策，做好技术经济论证，选择最优方案。

常用仓储设备见表 5-2。

表 5-2　　　　　　　常用的仓储设备

设备分类	常见设备	用途
货架设备	各种货架	存放货物
集装设备	托盘、集装箱	承装货物
装卸搬运设备	输送带、叉车、手推小车、AGV 等	装卸和搬运货物
起重设备	巷道式堆垛机等	吊起、堆码货物
分拣设备	分拣输送和拣选设备等	货物拣选
计量设备	地磅、电子秤、电子吊钩等	称重
保养、检验设备	空调、排风机等	调节仓库环境
消防、安全设备	防盗系统、自动喷水灭火设备	确保库存货物安全
自动识别设备	条形码打印机、扫描装置	进出库、盘点物资
管理设备	计算机、网路等	进行仓库管理

（一）叉车

1. 叉车

又称铲车、叉式装卸车，是装卸搬运机械中最常见的具有装卸、搬运双重功能的机械。它以货叉作为主要的取货装置，依靠液压起升机构升降货物，由轮胎式行驶系统实现货物的水平搬运。叉车除了使用货叉以外，还可以更换各类装置以适应多种货物的装卸、搬运和作业。

①安全架：保护操作员免于被掉落的对象击中的护架，当举升的物品会超过操作员头部以上的高度，必须具备安全架。

②升降架：由一直立的槽型钢组合而成的升降装置，利用油压缸或电动的举升装置。升降架有一段式、二段式、三段式及四段式。

③货叉架：固定货叉和有关附件。货叉架组合通常会使用一后挡板，以防止负载物品倾倒。

④货叉：搬运负载必用的配件，一般是 100~150mm 宽，1000~1200mm 长，40mm 厚。最常使用的配备是牙叉侧移装置，利用手动或油压驱动，可调整牙叉的间距，以搬运不同规格的托盘。

⑤轴距：轴距即前后轮轴之间的距离。决定操作及作业的特性。包括负载能力、旋转半径、直角堆放通道宽度，及离地高度。

⑥负载重心距：是指负载重心到货叉架的距离。是决定负载能力的因素之一。当负载在 4500kg 以下时，标准负载重心距为 0.6m。

⑦轮胎：分为硬胎及气胎。硬胎多用于室内；气胎多用于室外，行走速度较快。

⑧动力系统：室内叉车用电动式，室外多用内燃机式叉车。

叉车主要用于仓库内货物的装载搬运。是一种既可做短距水平运输，又可堆拆垛和装卸卡车、铁路平板车的机械，在配备其他取物装置后，还可用于散货和各种规格品种货物的装卸作业。

2. 特点及用途

叉车除能够减轻装卸工人繁重的体力劳动,提高装卸效率,缩短车辆停留时间,降低装卸成本外,还有以下特点和用途:

①机械化程度高。叉车将装卸和搬运两种作业合二为一,加快作业效率。

②机动灵活性好。在仓库、车站、码头和港口等货物搬运装卸的场所都要应用叉车进行作业,具有很强的通用性。

③可以做到一机多用。

④能提高仓库空间的利用率。

⑤有利于开展成组运输和集装箱运输。

⑥成本低、投资少,能获得较好的经济效益。

3. 叉车的优点

①集装卸和搬运于一体,减少了物流操作环节,大大提高了劳动效率。

②实现装卸机械化,减轻劳动强度。

③增加货物堆垛高度,提高仓间容积利用率。

④叉车附加属具后适应性大大超过其他设备。

⑤机动性大,室内外、狭小场地可用。

4. 叉车的主要技术性能

①负载能力:把最重的额定负载举到特定高度的能力。负载能力是以负载重心距为基础进行计算的。负载重心距越大,负载能力越小。一般工业标准的负载重心距为0.6m,也有采用0.55m的。

②最大提升高度:在额定负载下叉车的最大提升高度。

③最大提升车体高度:在最大提升高度时,升降架顶端可达到的最高位置。此高度可以决定叉车在最大高度时建筑物与升降架所需要的最小间隙。一般建筑物的可用高度与最大提升车体高度之间距离为300mm。

④升降架高度:表示地面至第一段升降架顶端的高度,有的叉车(特别是站立式叉车)其安全架高度比升降架高度高。为此,安全架高度决定了作业时所需的最小间隙。在安全架和升降架之间选择最高者来决定叉车的最小作业高度。

⑤自由扬程:表示第二段升降架移动之前货叉可上升的高度。一般低自由升程为600mm,高自由升程可达1.5m左右。高自由升程的叉车可用于较低空间条件下的托盘的堆放。

⑥行走及提升速度:一般在室内,满载时的最大行走速度可达18km/h,空载时最大行走速度可达21km/h。提升速度一般在0.3~0.5m/s范围内。

⑦叉车通道宽度:为使叉车在平稳且无干涉条件下进行存取或搬运作业,对不同类型的叉车要求相应宽度的通道。

各种叉车见图5-2。

图 5-2 不同类型的叉车

(二) 托盘

1. 托盘及其结构

托盘是指用于集装、堆放货物以便于装卸、搬运和运输货物的水平平台装置。其主要特点是装卸速度快、货损货差少。主要用于集装、堆放、搬运和运输中转货物和制品，作为单元负荷的水平平台装置。

结构：台面有供叉车从下部叉入并将台板托起的叉入口，以这种结构为基本结构的台板和在这种基本结构基础上形成的各种形式的集装器具统称为托盘。

托盘的规格：我国托盘规格与国际标准化组织规定的通用尺寸一致，主要有三个规格：1000mm×800mm、1200mm×800mm、1200mm×1000mm。

2. 托盘的特点

①搬运或出入库场都可用机械操作，减少货物堆码作业次数，从而有效提高运输效率，缩短货运时间。

②以托盘为运输单位，货运件数变少，单件重量变大。

③自重小,用于装卸、运输托盘所消耗的劳动较小。

④空返容易,空返时占用运力很少,造价低,易相互代用、不必有固定归属者。

3. 托盘的种类

托盘按其基本形态分为:用叉车、手推平板车装卸的平托盘、柱式托盘、箱式托盘;用人力推动的滚轮箱式托盘、滚轮保冷箱式托盘;采用板状托盘,用设有推换附件的特殊叉车进行装卸作业的滑板,或装有滚轮的托盘卡车中使货物移动的移动托盘;其他还有装运桶、罐等专用托盘之类的与货物形状吻合的特殊构造托盘。

托盘按形状不同可分为多种形式,如双面叉、四面叉、单面使用型、双面使用型等。按其材质的不同,有木制、塑料制、钢制、铝制、竹制、复合材料以及纸制等。

(1) 平托盘

平托盘是在承载面和支撑面间夹以纵梁,构成可集装物料、可使用叉车或搬运车等进行作业的货盘。如图5-3所示。

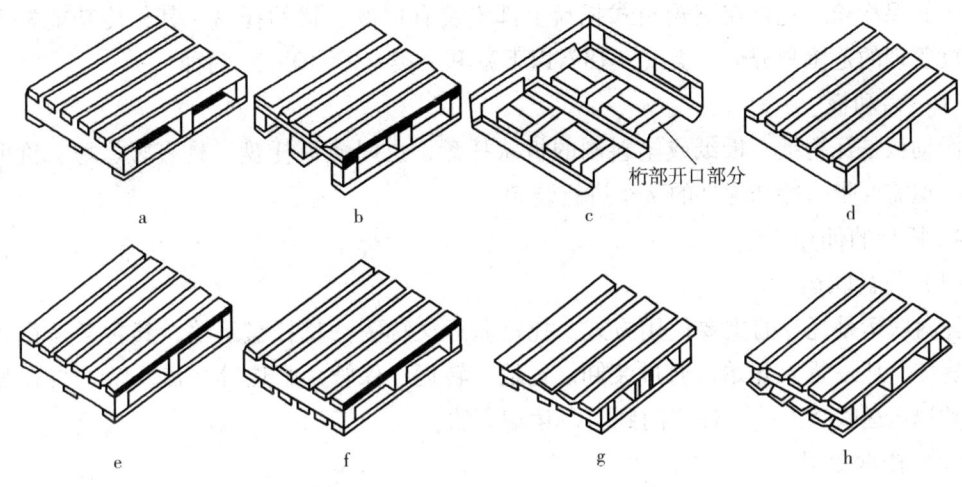

图5-3 平托盘

(2) 网箱托盘

存放形状不规则的物料。可使用托盘搬运车、叉车、起重机等作业;可相互堆叠四层;空箱可折叠,如图5-4所示。

(3) 箱式托盘

箱式托盘是在一个平托盘上部安装上平板状、网状等构造制成的箱型设备,可将形状不规则的货物集装,多用于散件或散状物料的集装,如图5-5所示。

箱式托盘有固定式、可卸式和折叠式三种,一般下部可叉装,上部可吊装,并可进行堆码(一般为四层)。

(4) 柱式托盘

柱式托盘是平托盘上装有四个立柱的托盘,其目的是在多层堆码保管时,保护好最下层托盘货物。托盘上的立柱大多采用可卸式的,高度多为1200mm左右,立柱的材料多为钢制,耐荷重3t,自重30kg左右,如图5-6所示。

图5-4　网箱托盘

图5-5　箱式托盘

图5-6　柱式托盘

（5）滚轮箱式托盘和滚轮保冷箱式托盘

滚轮箱式托盘是在箱式托盘下部安装脚轮的箱型设备，按上部结构的形式可分为固定式、可卸式和折叠式三种。

滚轮保冷箱式托盘在滚轮箱式托盘上部安装有保冷装置的托盘，其保冷功能根据物品温度管理的范围划分成一类（-18℃以下）和二类（0~10℃）两种。

（6）滑动板

滑动板是瓦楞纸、板纸或塑料制的板状托盘，也叫薄板托盘，具有轻、薄、价廉的特点，但需要带有特殊附件的叉车进行装卸。

4. 托盘的使用方法

（1）托盘联运

托盘联运是托盘的重要使用方式。托盘联运又称为一贯托盘运输，其含义是将载货托盘货体，从发货人开始，通过装卸、运输、转运、保管、配送等物流环节，将托盘原封不动地送达收货人的一种"门到门"运输方法。

（2）托盘专用

各仓库内部都希望提高工效、追求物流合理化，因此，专用托盘在托盘使用领域是不可忽视的。托盘专用符合某一领域的要求，这一领域的各个环节，采用托盘作为贯通一切的手段。如在工厂物流系统中，为配合流水线作业，专用托盘的使用领域也很广泛。如汽车工厂的零部件专用托盘，其流程是托盘装入零部件后，进入立体仓库保管，按装配计划，从立体仓库取出托盘进入装配流水线，内置的零件在一定装配位置装配完成后，空盘再回送至供应部门，如此往复使用。

5. 使用托盘应注意的事项

①不是所有货物都可以用托盘运输。适宜于托盘运输的货物以包装件杂货物为限，散装、超重、超长或冷藏货物均不能以托盘运输。危险货物以托盘运输时，切勿将性质不同的危险货物装在同一托盘上。

②必须符合托盘积载的规定。例如，同一批货装载每个托盘的数量和重量必须保持一致，不能有多有少；不同收货人的货物不能装在同一托盘上；托盘平面应该全部装载货物，并且货物要码齐放平。

③每一托盘货载，必须捆扎牢固，以具有足够的强度、稳定性和平衡性。既能够承

受一般海上风险,经受装卸操作和移动,也能够在其上面承受一定的压力。

④货物以托盘运输时,必须在所有运输单证上注明"托盘运输"字样。在提单上除列明一般必要的项目外,还需要列明托盘数量和托盘上装载货物的货物件数,因为这关系到一旦货物发生丢失或损坏按什么标准计算进行赔偿的问题。

⑤叉车叉取托盘时,叉齿要保持水平,不应上下倾斜;叉车必须对准叉孔,垂直于托盘,不应斜着进出托盘;

⑥严禁甩扔空托盘;

⑦不准用叉齿推移、拖拉托盘;

⑧空托盘应用叉车整齐叠放,避免碰撞和日晒雨淋;

⑨如用绳索捆扎货物,捆扎方向应与边板平行。

(三) 货架

1. 货架的概念

货架是指用支架、隔板或托架组成的立体储存货物的设施。货架在物流领域中有非常重要的地位,随着物流业的飞速发展,为满足物流量大幅度增加的需要,为实现仓库的新现代化管理,改善仓库的功能,不仅要求有足够的货架数量,而且要求货架具备多功能,并能满足机械化、自动化的需要。在现代物流领域中,货架起着相当重要的作用,其功能如下。

①可充分利用仓库的立体空间,提高库容利用率和仓库的储存能力。

②保证货物的储存质量,货物在货架中存储,不会产生相互积压现象,可完整地保证物资本身的性能,减少货物的损失。

③货物在货架存储,存取方便,便于清点及计量,也便于按照先进先出的原则组织出入库。

④便于实现仓库的机械化和自动化管理。

2. 常用的货架

(1) 托盘货架

托盘货架是以托盘单元货物的方式来保管货物的货架(如图5-7),是机械化、自动化货架仓库的主要组成部分。托盘货架使用广泛,通用性强。其结构是货架沿仓库的宽度方向分成若干排,其间有一条巷道,供堆垛起重机、叉车或其他搬运机械运行,每排货架沿仓库纵长方向分为若干列,在垂直方向又分成若干层,从而形成大量货格,得以用托盘存储货物。

图5-7 托盘货架

托盘货架是使用最普遍的一种货架，提供100%的存取性，并且有很好的拣取效率。但相对而言储存密度较低，需要较多的通道。一般可依其存取通道的宽度，区分为传统式通道、窄道式通道及超窄道式通道．

托盘货架特点：每一块托盘均能单独存入或移动，而不需移动其他托盘；可适应各种类型的货物，可按货物尺寸要求调整横梁高度；配套设备简单，成本低，能快速安装及拆除；货物装卸迅速，主要适用于整托盘出入库或手工拣选的场合；适合于多品种，中等数量货物保管；适合 ABC 分类中的 B、C 级商品。一般使用 3~5 层，货架高度受限，一般在6m以下。可任意调整组合。货架设施施工简易、费用经济。出入库存取不受物品先后顺序之限。

（2）单元货格式货架

这种类型夹在立体仓库中应用最为广泛（图5-8），其结构特点是货架沿仓库宽度分为若干排，每两排货架为一组，各组货架之间留有堆垛机进行存取作业需要的巷道；沿仓库长度方向分为许多列；沿高度方向分为若干层，因而整个货架形成了储存货物的大量货格，货格的开口面向巷道。

图 5-8　单元货格式货架

层格式货架结构与层架类似，其区别在于某些层甚至整体每层中用间隔板分成若干个格。

①开放式层格式货架特点及用途。原则上每格只能放一种物品，物品不易混淆，但存放数量不大。其缺点是层间光线暗，存放数量少。主要用于规格复杂、多样，必须互相间隔开的物品。

②抽屉式货架特点及用途。属于封闭式货架的一种，具有防尘、防湿、避光的作用。用于比较贵重的小件物品的存放，或用于怕尘土、怕湿等的贵重物品，如刀具、量具、精密仪器、药品罐物品的存放。

（3）重力式货架

重力式货架是在单元格式货架的基础上发展起来的，它是为了提高仓库的面积利用率，将货架合并在一起，使同一层、同一列的货物相互贯通，形成能依次存放多个货物单元的通道。存货通道具有一定的坡度。装入通道的货物单元能够在自重作用下，自动地从入库端向出库端移动，当货物到达通道的出库端或者碰上已有的货物单元时停住。

当位于通道出库端的第一个货物单元被取走之后，位于它后面的各个货物单元便在重力的作用下依次向出库端移动。由于在重力式货架中，每个单位存货通道只能存放同一种货物，所以这种类型的仓库使用于品种较少而数量较多的货物存储。图5-9为重力式货架示意图。

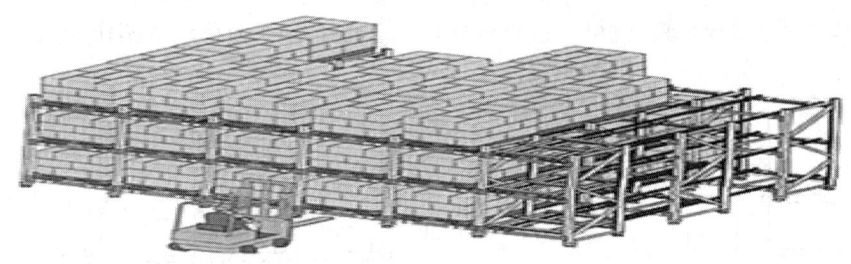

图5-9 重力货架示意图

重力式货架又称流动式货架，依其负载可分为栈板用与容器用两种。

结构：利用一边通道存放，一边通道取出，负载是置放于滚轮上。且货架是朝出口的方向往下稍微倾斜，利用重力使货品朝出口方向向下滑动。

应用：托盘式重力货架储存量较大，用于以储存为主的自动化仓库。轻小型（箱式）重力式货架作为拣选式货架，普遍应用于配送中心、转运中心、仓库、商店的拣选配货操作中。

重力式托盘货架特点：适用大量存放而且需要短时间出货的货品；适合ABC分类中的B级商品；适合先进先出、各种规格的货品；空间使用率可达85%，比普通货架可节省仓库面积近50%；入库作业和出库作业完全分离，两种作业可各自向专业化、高效率的方向发展，固定了出入库位置，减少了出入库工具的运行距离；高度受限，一般在6m以下；每一流道一般只存放一种货品；建造费用较高、施工较慢。

（4）旋转式货架

旋转式货架又称回转式货架。它是为适应目前生产及生活资料由少品种大批量向多品种小批量发展趋势而发展起来的一类现代化保管贮存货架。

特点：减少人力，并可增加空间利用；由标准化的组件及模块式的设计而成，能适合各种空间配置；存取入口、出口固定，货品不易失窃；可利用计算机快速检索、寻找指定的储位，适合拣货；取料口的高度符合人体工学，适合操作人员长时间作业；需要使用电源，且维修费用高；储物型态：纸箱、包、小件物品。

旋转式货架自动仓库又可分为水平旋转式货架仓库和垂直旋转式货架仓库两种形式。

①水平旋转式货架，这种货架的结构特点是本身在动力输送机械的带动下可在水平面内沿着一定的环形路线运行。需要提取某种货物时，操作人员给出相应的指令，相应的一组货架便开始运转，当装有该货物的货架到达拣选位置时，货架便停止运转。操作人员可从中拣出货物，然后再给指令，使货架回位。

②垂直旋转式货架，与水平旋转式货架的结构原理相似，只是改变了旋转方向，将货架在水平面内的旋转运动改为在垂直面内的旋转运动。作业人员通过操作盘向货架系

统发出指令，货架系统则根据操作指令既可以正转也可以反转，使需要提取的货物降落到最下面的取货位置上。这种垂直循环是货架特别是用于储存小件物品。

（5）移动货架

移动货架又称为动力货架，或流动货架。它是将货架本身放置在移动导轨上，在货架底部设有驱动和传动装置，使货架沿着导轨移动。当取货物时，使相应的货架移动，腾出存取作业需要的通道，就可以进行存取作业，图5-10为移动货架作业示意图。

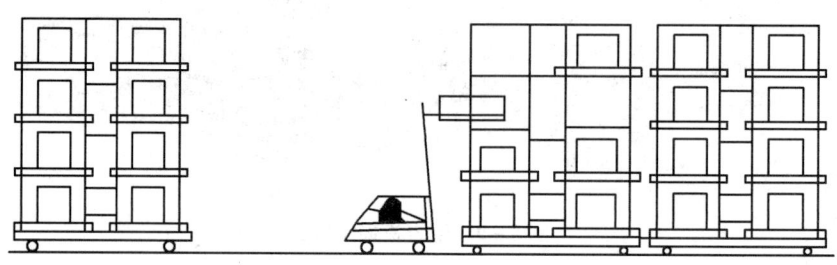

图5-10 移动货架示意图

①结构：在货架下面装有滚轮，在仓库地坪上装有导轨，货架可通过轮子沿导轨移动。

②作业方式：移动式货架平时互依靠，密集排列在一起，可以密集储存货物。存取货物时，通过人力和电力驱动使货架沿轨道横向移动，形成通道。并可用这个方法不断变换通道位置，以便于对另一货架进行作业，利用叉车等设备进行存取作业，作业完毕，再将货架移回原来位置。

③特点：储存量比一般固定式货架大，节省空间；适合少样多量低频度的保管；节省面积，地面使用率达80%；可直接存取每一项货品，不受先进先出的限制；使用高度可达12m，单位面积的储存量最高可提升至普通货架的2倍；机电装置多、维护困难；建造成本高、施工速度慢；轨道必须要埋在地表下，以利于搬运车通过。

（6）悬臂式货架

悬臂式货架相对于托盘货架，一般采用人力直接将货物存取于货架内，因此货物的高度、深度较小，货架每层的载重量较轻。图5-11为悬臂式货架。

图5-11 悬臂式货架

①结构。悬臂式货架是在立柱上装设外悬杆臂。分单面和双面两种，臂架用金属材料制造，为防止材料碰伤或产生刻痕，在金属悬臂上垫有木质衬垫，也可用橡胶带保护，若要放置圆形物品时，在其臂端装设阻挡块以防止滑落。悬臂架的尺寸不定，一般根据所放长形材料的尺寸大小而确定尺寸。

②特点及用途：只适用于长条状或长卷状货品存放；需配合叉距较宽的搬运设备；高度受限，一般在6m以下；空间利用率低，35%～50%；存取货物作业强度大，不太便于机械化作业。

(7) 驶入式货架

如图5-12所示，这是一种不以通道分割的、连续性的整栋式货架，在支撑导轨上，托盘按深度方向存放，一个紧接着一个，这使得高密度存储成为可能，货物存取从货架同一侧进出，"先存后取，后存先取"。平衡重力式及前移式叉车可方便地驶入货架中间存取货物。

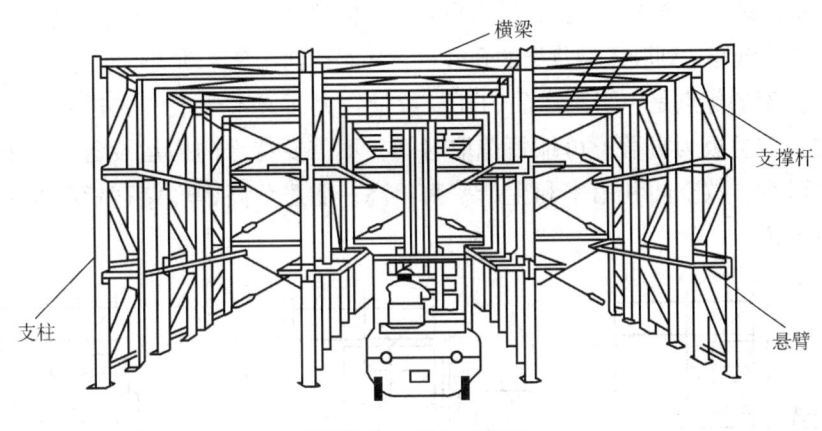

图5-12 驶入式货架

这种货架采用钢质结构。钢柱上一定位置有向外伸出的水平突出构件（牛脚），当托盘送入时，突出的构件将托盘底部的两个边托住，使托盘本身起架子横梁作用。当架上没有放托盘货物时，货架正面便成了无横梁状态，这时就形成了若干通道，可方便地出入叉车等作业车辆。

驶入式货架投资成本相对较低，因为叉车作业通道与货物保管场所合一，仓库面积利用率大大提高；但同一通道内的货物品种必须相同或同一通道内的货物必须一次完成出入库作业。适用于横向尺寸较大、品种较少、数量较多且货物存取模式可预定的情况，常用来储存大批相同类型的货物，由于其存储密度大，对地面空间利用率较高，常用在冷库等存储空间成本较高的地方。

其特点是储存密度高、存取性差：适合少品种大批量储存。高度可达10m。不易做到先进先出管理。不宜太长太重的物品存储。

(8) 驶出式货架

驶出式货架与驶入式货架的结构基本相同，不同之处在于驶出式货架是贯通的，货架内端有出入口，叉车不但可以驶入其中作业，而且可以穿越，出入库作业分设两端，前后均可安排存取通道，可实现先进先出管理。如图5-13所示。

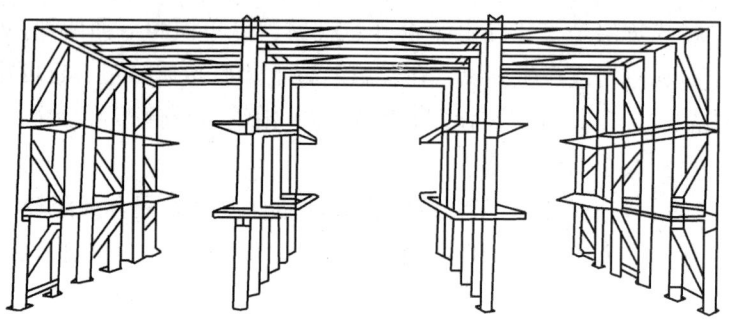

图 5-13 驶出式货架

(9) 后推式货架

图 5-14 所示是一种高密度托盘储存系统,它是将相同货物的托盘存入二、三或四倍深度又稍微向上倾斜可伸缩的轨道货架上,托盘的存放和取出是在同一通道上进行的,存入时叉车将托盘逐个推入货架深处,取出时托盘借重力逐个前移,因而最先放入的托盘最后取出。该系统既能达到驶入型货架的仓容量,又能达到托盘流动式货架的取出能力。

后推式货架的优点是:当某产品的托盘数量较大而又不要求"先进先出"时,能简化工作程序,效益极为显著;可缩短拣取时间,不需要特殊的搬运设备;由于储存面积较多,通道较少,故空间利用率和生产率都很高;能避免高密度储存货架在装卸作业中常易产生的货损。

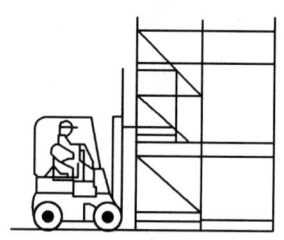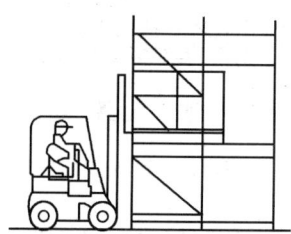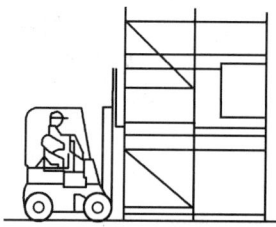

图 5-14 后退式货架

(10) 阁楼式货架

阁楼式货架(图5-15)采用木板、花纹板、钢板等材料做楼板,可灵活设计成二层及多层,适用于五金工具、电子器材、机械零配件等物品的小包装散件储存。存放多品种、少批量货物时可充分利用空间。

图 5-15 阁楼式货架

其特点是能够提高储存高度,增加空间利用率;上层仅放轻量物品。如上层存放箱、包和散件,下层存放托盘等。

3. 货架的选择

①改造仓库货架的选择。由于仓库是在原有旧仓库的基础之上改建的,仓库的高度较低,因此,尽量采用中低层托盘式货架,以便逐步实现机械化作业。为了提高库容也可以采用阁楼式货架。

②新建立体化仓库货架的选择。应当根据储存物品的品种、规格、吞吐量和仓库的规模以及高度进行合理选择。对于自动化程度一般的小型仓库,可以选择托盘式货架、重力式货架等;对于自动化程度较高的大型仓库,可以选择托盘式货架或旋转式货架,以便于计算机控制。

③固定式货架和移动式货架。固定式货架技术成熟,经验积累丰富,投资相对较小,当仓库所储存的物资多品种、小批量、以拣选作业为主时,应选用流动式货架。

(四) 起重机

1. 起重机械的概念及工作特点

起重机械是一种循环、间歇运动的装卸机械,主要用来垂直升降货物或兼作货物的水平移动,以满足货物的装卸、转载等作业要求。

在工作中,各工作机构经常反复起动、制动,稳定运动的时间较为短暂。起重机以装卸为主要功能,搬运的功能较差,搬运距离很短。大部分起重机体移动困难,因而通用性不强,主要应用于港口、车站、仓库、物流中心等场所。起重机的作业方式是从货物上部起吊,因而需要的作业空间高度较大。

起重机的合理运用对减轻劳动强度、降低运输成本,提高劳动生产率,加快车船周转,对实现装卸搬运机械化有着重要作用。

2. 起重机械的基本类型

起重机械包括轻小型起重设备、升降机(如载货电梯)和起重机。

轻小型起重设备主要有千斤顶、葫芦、卷扬机、滑车等。它们的特点是轻小简练、使用方便。手动的轻小型起重设备尤其适用于无电源的场合使用。

起重机适用于装卸大件、笨重货物,借助于各种吊索也可以装卸其他货物,起吊运能力较大,一般为3~30t。起重机按其重量及运动方式可分为桥式类起重机、臂架类起重机。最常见的是门式起重机、桥式起重机和汽车起重机等。

(1) 桥式类起重机

桥式类起重机配有起升机构、大车运行机构和小车运行机构。依靠这些机构配合,可在整个长方形场地及其上空作业,适用于车间、仓库、露天货场等场所。桥式类起重机包括通用桥式起重机、门式起重机、装卸桥、冶金专用起重机等。

桥式起重机又称"桥式行车",俗称"桥塔"或"天车",其桥架由主梁和端梁构成,沿架设在建筑物上的行车轨道行走。小车在主梁横向运行,一般用于库房内部,如图5-16所示。

门式起重机俗称"门吊",其桥架(大车)由主梁和支腿构成门架,沿地面轨道行走。起重机构(小车)在桥梁主梁上沿小车轨道横向运行,一般用于露天货场,如图5-17所示。

图 5-16 桥式起重机

图 5-17 门式起重机

岸边集装箱装卸桥是在港口使用的一种装卸起重机。它主要用在港口码头、车站等场合进行货物的装卸与搬运。特点是装卸率高，通常以生产率来衡量和选择装卸桥。

（2）臂架类起重机

臂架类起重机配有起升机构、旋转机构、变幅机构和运行机构。液压起重机还配有伸缩臂机构。依靠这些机构的配合动作，可在圆柱形场地及上空作业。臂架类起重机可装在车辆上或其他运输工具上，构成运行臂架式起重机。这种起重机具有良好的机动性，可适用于码头、货场、工厂等场所。臂架类起重机包括固定式起重机、移动式起重机、浮式起重机等。

①固定式起重机。固定起重机可分为门座起重机、回转支承式及固定抓钩机等（图5-18为回转支承式固定起重机）。回转支承式固定起重机为单臂架式，钢丝绳变幅，采用滑轮补偿，货物可作水平位移，因此可作全幅度带载变幅，作业效率高。采用单排交叉滚柱式或球式回转支承，可作360°全回转，运转平稳，使用可靠。适用于内河港口中、小型码头、库场、堆栈或厂区内进行件杂物或散货的装卸作业。

②移动式起重机。汽车起重机是指在通用或专用汽车底盘上，装上起重工作装置及设备的起重机，如图5-19所示。汽车起重机具有通过性好、机动灵活、行驶速度快、可迅速转移作业地点，到达目的地能够快速投入工作等优点，它特别适合流动性作业。由于汽车车身较长，转弯半径较大，所以只能在起重机的两侧和后方进行作业。

图 5-18 回转支承式固定起重机

图 5-19 汽车起重机

轮胎起重机是将起重工作装置和设备装设在专门设计的自行轮胎底盘上，与汽车式起重机相比两者之间的差距越来越小，出现了快速越野型轮胎起重机。

履带式起重机是将起重工作装置和设备装设在履带式底盘上，靠行走支撑轮在自身封闭的履带上滚动运行的起重机。与轮胎起重机相比，履带对地面的平均压力小，可在松软、泥泞的恶劣地面上进行作业。此外它的爬坡能力强，牵引性能好。

门座起重机是装在沿地面轨道行走的门形底座上的全回转臂架起重机（如图5-20）。

图5-20　门座起重机

它是码头前沿的通用起重机械之一。门座起重机的工作地点相对比较固定，可以较高的生产率完成船到岸、船到车、船到船等多种装卸作业。

③浮式起重机。浮式起重机是以专用浮船作为支撑和运行装置，浮在水上作业，可沿水道自航或拖航的水上比价起重机。广泛应用于海河港口，可单独完成船到岸或船到船的装卸作业。

（五）其他机械设备

1. 输送机械

输送机械是按照规定路线连续地或间歇地运送散料物料和成件物品的搬运机械，是现代物料搬运系统的重要组成部分。输送机系统是由两个输送机及其附件组成的一个比较复杂的工艺输送系统，完成物料的搬运、装卸、分拣等功能。输送机械广泛应用于工厂企业的流水生产线、物料输送线及流通中心、配送中心物料的快速拣选和分拣。

根据货物性质的不同，输送机械可分为间歇性输送机械（主要用于集装单元的装卸搬运）和连续性输送机械（主要用于散货的装卸搬运）两类。

按动力性质的不同，输送机械可分为有牵引构件的输送机（如带式输送机、链式输送机、板式输送机、悬挂输送机、垂直输送机）、无牵引构件的输送机（如滚轮式输送机、螺旋输送机、振动输送机）和气力输送装置（如悬浮式气力输送装置、推送式气力输送装置）三类。

2. 分拣输送系统

分拣输送系统是将随机的、不同类别、不同去向的物品，按其要求（产品类别或产品目的地）进行分类的一种物料搬运系统。随着社会生产力的提高，商品品种的日益丰富，在生产和流通领域中的物品分拣作业已成为耗时、耗力、占地大、差错率高、管理复杂的部门。为此，物品分拣输送系统已经成为物料搬运系统的一个重要分支，广泛应用于邮电、航空、食品、医药等行业以及流通中心和配送中心等。

在分拣输送系统中，分拣机是最主要的设备。分拣机的种类很多，按工作方式可分为横向推出式分拣机、升降推出式分拣机、倾斜式分拣机、悬吊式分拣机等。

3. 巷道堆垛机

巷道堆垛机是在高层货架的窄巷道内作业的起重机，可大大提高仓库的面积和空间利用率，是自动化仓库的主要设备，又称"有轨堆垛机"。

①按用途分为单元型、拣选型和单元拣选型三种。

②按机械结构分为单立柱/双立柱、单叉/双叉和单伸位/双伸位。

③按转移巷道方法分为固定式、转移式和转移车式三种。

4. 专用机械

专用机械是带专用取物装置的起重、输送机械或工业车辆的综合，一般进行专用作业。如翻车机、堆取料机、码垛机、拆垛机、分拣输送系统专用机械设备、集装箱专用装卸机械（如岸边集装箱起重机、集装箱跨运车、集装箱叉车、轮胎集装箱龙门起重机、轨道式集装箱起重机等）、托盘专用装卸机械、船舶专用装卸机械、车辆专用装卸机械等。

四、任务实施

北方物流公司物流中心的仓库储设备选择任务的实施分为两个阶段进行。第一阶段，联系参观与北方物流公司物流中心相似的企业，通过实地调查仓储设备选用的基本情况，判断其的合理性，提出修改方案并撰写综合调研报告。第二阶段，参照调查结果进行北方物流公司物流中心的仓储设备选用规划方案的制定。

仓储设备选用工作任务实施的过程设计

1. 前期准备

学生在教师讲解了仓储设备选用的知识及技术、程序和应注意的问题的基础上，根据设定的仓储设备选用的任务，在现有实训条件下，进行现场调查，收集数据信息，设计仓储设备选用方案。

2. 分组讨论

每组选出一个方案，全班组成一个评审委员会，对各组提交的方案进行评价选优，最后选出一个最好的方案。将学生分为若干组，各组选出一个负责人，组内分工合作完成任务。

详细任务和操作步骤如下。

作业进度＼角色操作	小组任务	操作指导
实地调查某仓库设备选用	观察仓库设备的选用；观察仓库设备的组成及安排	仓储工作中所使用的设备按其用途和特征可以分成装卸搬运设备、保管设备、计量设备、养护检验设备、通风照明设备、消防安全设备、劳动防护设备以及其他用途的设备和工具等。在仓库设备的具体管理中，则应根据仓库规模的大小进行恰当的选择； 为使其发挥最佳效用，应选择最经济、合理、适用、先进的技术装备。除此之外，要求每一类设备工作可靠，无论在什么作业条件下，都要具有良好的运行稳定性
画出该仓库设备配置图	画出该仓库设备组成及安排，标明各自型号和目前的用途，询问设备的管理方式	有些仓库设备位置并不固定，如装卸搬运设备，则应写明其型号和数量
评价该仓库的设备配置是否合理	搜集货物种类、作业量等数据，评价该仓库设备配置和数量比例	仓库设备配置的原则： ①明确该设备操作环节是否必要，尽量简化 ②考虑仓库储存货物种类、数量、包装，结合设备技术指标、运行成本等安排适用设备 ③估计一台设备完成一次作业的标准时间，用一段时间的总作业量除以标准时间可得到所需配置设备数量
撰写调查报告，提出修改方案	撰写综合调研报告，综合评价该仓库的设备选择，提出修改方案	要求包括下列部分：企业简介，调研目标和内容，仓库设备配置现状分析及修改方案
制定北方物流公司物流中心的仓库设备选择方案	提出仓库设备选择方案	包括仓储设备选择目标和内容，仓储设备选择分析，提出具体的仓储设备的选用方案

五、相关项目链接

技能训练一 托盘的认知与操作

任务引入

某物流仓储配送中心刚收到一批货物，货物的具体信息如表 5-3 所示。仓库管理员对货物进行检查、核对、验收，将货物存储在入库暂存区，等待入库理货及上架操作。仓库的工作人员小张接到仓管员下达的任务，要求将验收入库的货物码放到托盘上，完成入库暂存区的理货作业，以方便其他工作人员的上架操作，图 5-21 为入库操作流程。

表 5-3　货物信息表

序号	货物信息				托盘信息
	货物名称	数量（箱）	包装箱规格	层高标识（层）	
1	电暖袋	24	500mm×400mm×220mm	4	标准托盘规格：1200mm×1000mm；托盘厚度：150mm
2	落地灯配件	20	1000mm×250mm×180mm	5	
3	组合音响	20	600mm×400mm×220mm	4	
4	微波炉	24	600mm×300mm×220mm	4	
5	电火锅	32	450mm×300mm×200mm	4	
6	电饭煲	28	480mm×320mm×200mm	4	
7	加湿器	50	440mm×240mm×180mm	5	
8	台灯配件	16	700mm×300mm×220mm	4	

注：不同的货物不能码放在同一个托盘上。

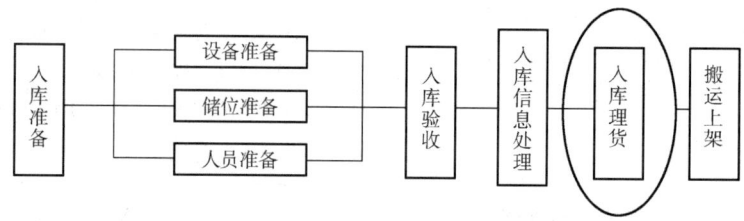

图 5-21　入库流程图

任务实施

（一）分析任务要求及货物特性

根据货物本身特点和包装箱规格、数量，结合托盘的标准大小，以充分利用托盘面积，减少托盘使用数量的原则，确定货物的堆码方式。

①电暖袋（500mm×400mm×220mm）采用重叠式堆码方式；

②落地灯配件（1000mm×250mm×180mm）采用层间纵横交错堆码方式；

③组合音响（600mm×400mm×220mm）采用层间正反交错堆码方式；

④微波炉（600mm×300mm×220mm）采用层间正反交错堆码方式；

⑤电火锅（450mm×300mm×200mm）采用层间正反交错堆码方式；

⑥电饭煲（480mm×320mm×200mm）采用层间正反交错堆码方式；

⑦加湿器（440mm×240mm×180mm）采用层间正反交错堆码方式；

⑧台灯配件（700mm×300mm×220mm）采用层间旋转交错堆码。

（二）画出每种货物的码放示意图，统计所需托盘数量

①电暖袋托盘码放示意图，如图 5-22 所示。

②落地灯配件码放示意图，如图 5-23 所示。

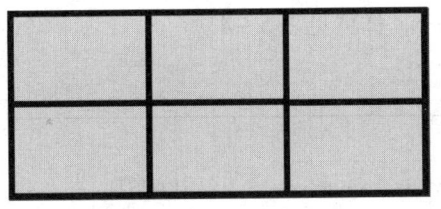

图 5-22 电暖袋托盘码放示意图

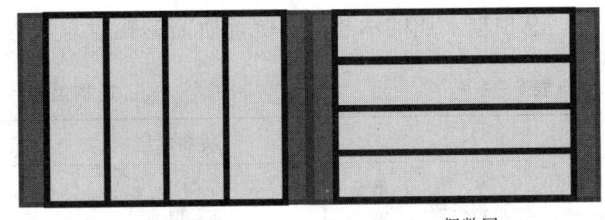

图 5-23 落地灯配件码放示意图

③组合音响码放示意图,如图 5-24 所示。

④微波炉码放示意图,如图 5-25 所示。

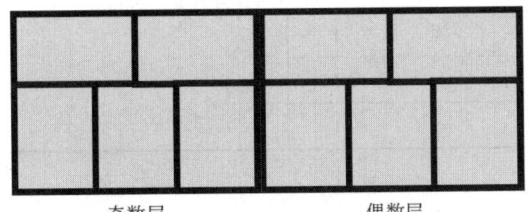

图 5-24 组合音响码放示意图

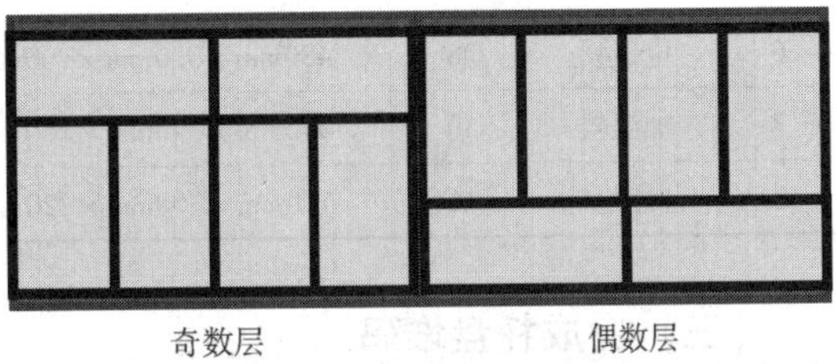

图 5-25 微波炉码放示意图

⑤电火锅码放示意图,如图 5-26 所示。

⑥电饭煲码放示意图,如图 5-27 所示。

图 5-26 电火锅码放示意图

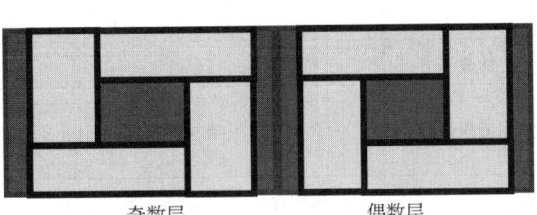

图 5-27 电饭煲码放示意图

⑦加湿器码放示意图,如图 5-28 所示。

⑧台灯配件码放示意图,如图 5-29 所示。

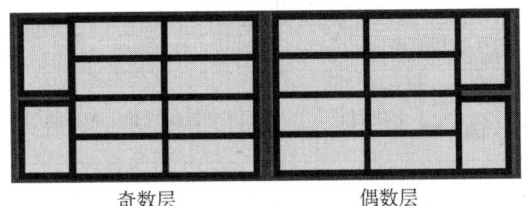

图 5-28 加湿器码放示意图

图 5-29 台灯配件码放示意图

项目四 仓储设备选用

⑨根据上述的示意图,统计所需的托盘总数为 8 个,详情见表 5-4。

表 5-4　　　　　　　　　　　货物信息

序号	货物信息					托盘信息
	货物名称	数量（箱）	包装箱规格	层高标识（层）	托盘数量	
1	电暖袋	24	500mm×400mm×220mm	4	1	标准托盘规格：1200mm×1000mm；托盘厚度：150mm
2	落地灯配件	20	1000mm×250mm×180mm	5	1	
3	组合音响	20	600mm×400mm×220mm	4	1	
4	微波炉	24	600mm×300mm×220mm	4	1	
5	电火锅	32	450mm×300mm×200mm	4	1	
6	电饭煲	28	480mm×320mm×200mm	4	1	
7	加湿器	50	440mm×240mm×180mm	5	1	
8	台灯配件	16	700mm×300mm×220mm	4	1	

（三）完成托盘堆码

根据上述规划好的托盘码放方式,完成托盘堆码的任务操作,如图 5-30 所示。

层间纵横交错堆码

层间正反交错堆码

图 5-30　码放好的托盘

任务评价

姓名			学号		小组		
任务名称			托盘的认知与操作				
考核内容		考核标准	参考分值（100）	学生自评	小组互评	教师评价	考核得分
职业素养	1	积极配合,共同做好操作前准备	10				
	2	团结互助,共同完成操作任务	10				
	3	有一定的创新能力	10				

续表

考核内容		考核标准	参考分值（100）	学生自评	小组互评	教师评价	考核得分
理论知识掌握情况	4	了解托盘的含义及作用	10				
	5	了解托盘的分类	10				
	6	熟知托盘码放使用的注意事项	10				
	7	掌握托盘码放的基本方法	10				
操作技能情况	8	熟练的完成托盘的码放	10				
	9	能够正确选择托盘并进行码放	10				
	10	托盘货物码放正确、整齐、美观	10				
		总得分	100				

技能训练二 货架的认知与操作

任务引入

某物流仓储配送中心有一批物品需进行入库操作，物品的种类比较多，具体信息如表5-5所示。仓储管理员小王根据物品的特性将如何安排物品的存储货架及储位，并根据储位分配单完成物品的上架。

表5-5　　　　　　　　　　　物品信息

序号	物品信息		
	物品名称	数量	规格
A	方便面	120	40cm×30cm×35cm
B	水杯	100	20cm×10cm×10cm
C	钢管	100	600cm×ϕ4.3cm
D	棉被	40	90cm×110cm
E	罐装王老吉	250	60cm×25cm×50cm
F	高档手表	20	18cm×18cm×19.2cm

任务实施

（一）选择适合的存储货架

1. 了解仓储配送中心的货架类型

该仓储配送中心的主要存储货架有重力式货架、悬臂式货架、阁楼式货架、托盘货架四种类型，分析每种货架适合存储的货物类型。

2. 分析待存储货物的特性

A：方便面可以码放在托盘上，属于整托盘货物；

B：水杯属于零散的小件货物，出库量比较大；

C：钢管属于大长件货物，形状规则，重量较重，没有时间存储限制；

D：棉被属于轻抛货物，占用大量的存储空间，但重量较轻；

E：罐装王老吉属于形状规则、重量较重的整托盘货物；

F：高档手表属于出库频率较低、出库量较少的奢侈品。

3. 根据物品特性确定物品的存储货架

A、E物品可以选择存储于托盘货架区；

B物品可以选择存储于重力式货架区；

C物品可以选择存储于悬臂式货架区；

D物品可以选择存储于阁楼式货架区的最上面一层；

E物品可以选择存储于阁楼式货架区。

（二）储位指派

①确定入库物品所需要的储位数量；

②登录到仓储管理系统（WMS），利用系统进行储位分配；

小提示：系统分配储位时，若系统提示储位不足，则需要查询暂存区的空余储位情况，将物品暂时存放于暂存区。

③系统分配储位完成后，制作打印出储位分配单，具体如表5-6所示。

表5-6　　　　　　　　　　储位分配单

储位分配单

操作编号：

作业单号		库房		制单人		
物品明细						
编号	位置	物品名称	规格	应放	实放	单位	备注
A	A020203	方便面	40cm×30cm×35cm	120	120		
B	C010102	水杯（特百惠）	20cm×10cm×10cm	100	100		
C	D010202	钢管	600cm×φ4.3cm	100	100		
D	B030105	棉被	90cm×110cm	40	40		
E	A010101	罐装王老吉	60cm×25cm×50cm	250	250		
F	B010202	高档手表	18cm×18cm×19.2cm	20	20		

（三）完成货物的上架

①仓库主管将储位分配单交给仓库的入库操作人员；

②入库操作人员根据储位分配单上给出的详细信息，使用相应的物流设备完成物品的上架操作。

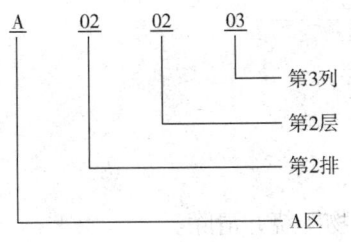

图 5-31 储位编码

任务评价

姓名		学号		小组		
任务名称			货架的认知与操作			
考核内容		考核标准	参考分值（100）	学生自评	小组互评	教师评价	考核得分
职业素养	1	积极配合，共同做好操作前准备	10				
	2	团结互助，共同完成操作任务	10				
理论知识掌握情况	3	了解货架的含义及用途	10				
	4	了解货架的分类	10				
	5	掌握常见典型货架的结构、特征	10				
	6	熟知货架使用过程中的注意事项	10				
操作技能情况	7	货物分配货架类型正确	10				
	8	能够正确简述分类理由	10				
	9	读懂货位的基本编码	10				
	10	能够顺利地完成货物的上架	10				
		总得分	100				

技能训练三 手动液压搬运车的认知与操作

任务引入

某食品生产公司收到客户的采购订单，公司的销售部根据客户的采购要求，在进销存系统中开具了出库单；仓库管理员打印出库单，并进行配货以及出库扫描，完成后将货物放到出库暂存区，等待配送车辆的到达，进行装车作业；仓库管理员安排A、B两个人使用手动液压搬运车，负责该批货物的装车工作。

任务实施

（一）设备使用前的检查

①检查液压缸有无泄漏；

②检查底轮装置是否有效；

③检查底轮装置是否有异物缠绕并清除。

（二）取出设备

①手动液压搬运车处于锁车的初始状态，如图5-32所示。

②双手握住舵柄将其顺时针转动90°，如图5-33所示。

图5-32 手动液压搬运车的初始状态

图5-33 启动设备

③下压舵柄使其与地面成一定角度后用力拉出，如图5-34所示。

④行驶过程中，单手握住舵柄拉动手动液压搬运车，身体面向前，目视前方，如图5-35所示。

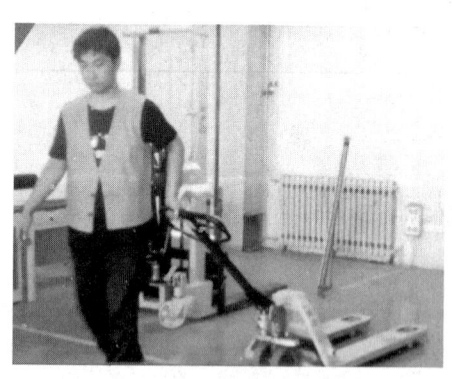

图5-34 拉动液压搬运车

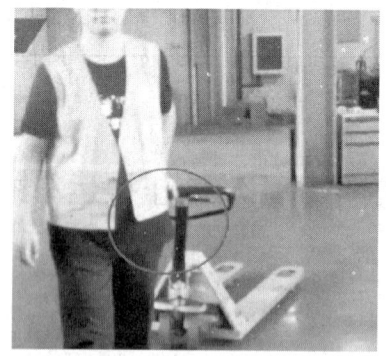

图5-35 拉动手动液压搬运车前行

（三）搬运操作

①把手动液压搬运车拉动至出库暂存区，然后将货叉推入托盘槽内，如图5-36所示。

②启动液压设备，将操作舵柄上的液压挡位向下扳动，液压系统可以产生压力，如

图 5-37 所示。

图 5-36 货叉推入托盘槽

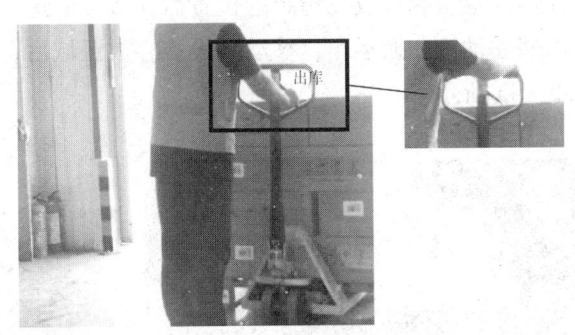
图 5-37 向下扳动挡位

③上下摇动舵柄，启动液压系统，使货叉上升，如图 5-38 所示。

④货叉上升至托盘货物离开地面且与地面无摩擦后，将舵柄上的挡位扳至中间位置，如图 5-39 所示。

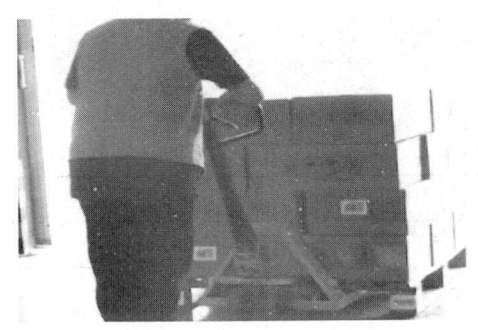
图 5-38 货叉上升

图 5-39 扳动挡位至中间位置

⑤叉取货物后，沿着规定路线将货物搬运至车厢内，行走过程中，身体向前，目视前方，如图 5-40 所示。

⑥将搬运的货物停放在指定的位置后，将舵柄上的挡位向上扳动，液压系统的压力随之消失，货物缓慢的下降，如图 5-41 所示。

图 5-40 搬运托盘货物

图 5-41 放下托盘货物

(四)设备归位

①将托盘货物停放在指定的位置后,缓慢的退出货叉,如图 5-42 所示。

②将手动液压搬运车,移动到设备存放区域后,90°旋转舵柄,锁好手动液压搬运车,如图 5-43 所示。

图 5-42 退出货叉

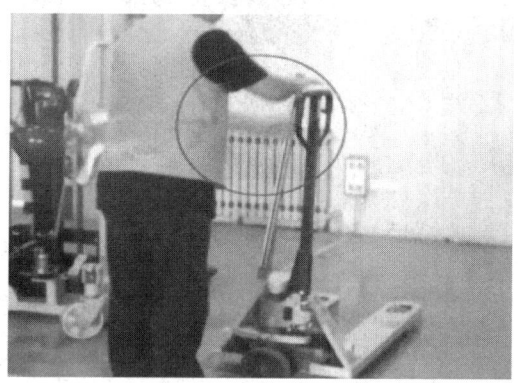

图 5-43 锁好叉车

任务评价

姓名			学号		小组	
任务名称			手动液压搬运车的认知与操作			
考核内容		考核标准	参考分值(100)	学生自评	小组互评	教师评价	考核得分
职业素养	1	操作设备按要求归位	10				
	2	竞赛中,团队合作的表现及沟通能力	10				
	3	爱护公共设施和操作设备	10				
理论知识掌握情况	4	掌握手动液压搬运车的含义	10				
	5	掌握手动液压搬运车的特点	10				
	6	掌握手动液压搬运车结构及功能	10				
	7	掌握手动液压搬运车操作过程中的注意事项	10				
操作技能情况	8	能够熟练的操作手动液压搬运车	10				
	9	能够使用设备完成货物的搬运	10				
	10	每个操作步骤的准确性	10				
		总得分	100				

技能训练四 手动液压堆高车的认知与操作

任务引入

唐山大华仓储中心的管理员小王,收到通知,有一批小家电(微波炉)即将到达入库。小王根据入库申请单上的货物类型,安排货物储位、工作人员以及搬运设备手动液压堆高车,并打印储位分配单。货物到达后,小王安排人员对货物进行检查、核对、验收,并对入库订单进行处理,以上相关工作完成之后,小王将储位分配单交给手动液压堆高车操作员小张,要求其安全准确的完成该批货物的上架入库工作。

任务实施

(一)使用前的设备检查

①检查各个螺丝是否紧固,有无缺失、松动现象;
②检查链条完整、润滑良好,链片无损坏、扭曲现象;
③提升导向轮润滑、紧固可靠,无磨损、裂缝现象;
④各运动部位润滑良好,如有磨损情况及时调整、维修;
⑤检查液压油有无渗漏情况,如有则更换新的密封件和相关零件;
⑥检查货叉能否升到最高处,如果不能达到最高处,则需要加注液压油和提升油缸排气。

(二)取出设备

①手动液压堆高车现处于锁车的初始状态,如图 5-44 所示。
②设备操作人员就位,首先穿上安全操作服,戴上安全操作帽,如图 5-45 所示。

图 5-44 设备初始状态

图 5-45 操作准备

③松开脚刹,取出手动液压堆高车,如图 5-46 所示。
④取出设备,将设备运送到货物暂存区,如图 5-47 所示。

图 5-46 松开脚刹

图 5-47 推动堆高车行走

(三)搬运操作

①手动液压堆高车的货叉插入托盘底部,如图 5-48 所示。

②货叉插入托盘后,踩好刹车,如图 5-49 所示。

图 5-48 插取托盘货物

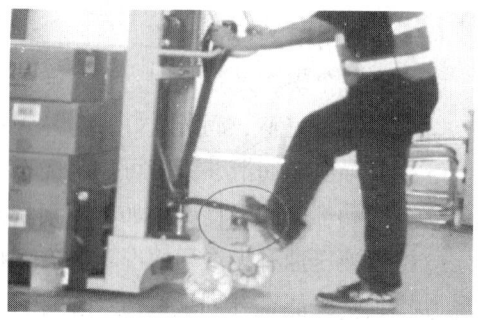

图 5-49 踩下脚刹

③将手柄扳至货叉的上升挡位(向下扳动挡位),如图 5-50 所示。

④反复踩踏液压脚踏板,将货叉升起至相应高度,方便搬运,如图 5-51 所示。

图 5-50 上升挡位

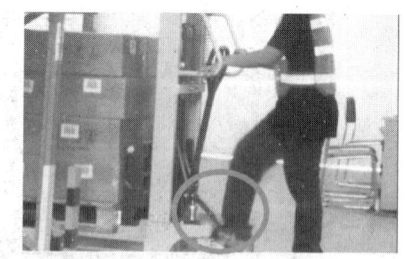

图 5-51 升起货叉

⑤将手柄扳至货叉的移动挡位(扳至中间位置),搬运货物至托盘货架区,如图 5-52、图 5-53 所示。

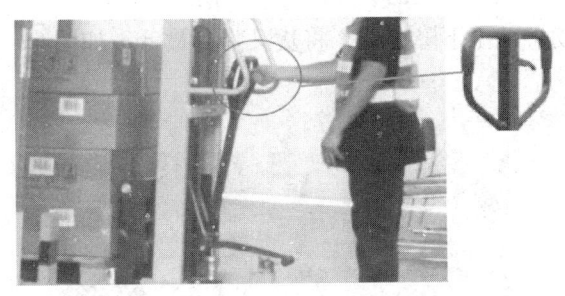
图5-52 扳至移动挡位

图5-53 搬运货物

（四）上架操作

①将货物搬运到指定的货架前，踩好脚刹，如图5-54所示。

②将手柄扳至货叉的上升挡位（向下扳动挡位），并反复踩踏液压脚踏板，提升货叉至货架的相应高度，如图5-55所示。

图5-54 踩好脚刹

图5-55 提升货叉

③将手柄扳至货叉的移动挡位（向上扳至中间位置），松开脚刹，将货物推至货架对应的货位上，如图5-56所示。

④踩好脚刹，将手柄扳至货叉的下降挡位（向上扳动挡位），货叉自然下降（注意手动液压堆高车的货叉不要过重的碰撞货架），如图5-57所示。

图5-56 货物上架

图5-57 放置货物

⑤松开脚刹，将手动液压堆高车的货叉从托盘中抽出，如图 5-58 所示。

⑥踩好刹车，踩下液压制动板或者扳动手柄至下降挡位，将货叉降到最低，如图 5-59 所示。

图 5-58 退出货叉

图 5-59 货叉下降

（五）设备归位

松开脚刹，将堆高车推回设备暂存区；踩好脚刹，恢复设备至初始状态。

任务评价

姓名			学号		小组			
任务名称			手动液压堆高车的认知与操作					
考核内容		考核标准	参考分值（100）	学生自评	小组互评	教师评价	考核得分	
职业素养	1	操作设备是否按要求归位	10					
	2	比赛中，团队合作融洽并对自己的工作认真负责	10					
	3	爱护公共设施和操作设备	10					
理论知识掌握情况	4	掌握手动液压堆高车的含义	10					
	5	掌握手动液压堆高车的结构及功能	10					
	6	掌握手动液压堆高车的特点	10					
	7	掌握手动液压堆高车操作过程中的注意事项	10					
操作技能情况	8	熟练的操作手动液压堆高车	10					
	9	能够使用设备完成货物的上架	10					
	10	每个操作步骤的准确性	10					
		总得分	100					

技能训练五　内燃叉车的认知与操作

任务引入

某物流配送中心,收到100箱规格为440mm×240mm×180mm的加湿器的到货入库通知,仓管员安排完货物的验收理货作业后,将搬运上架的任务交予内燃叉车司机,要求其使用内燃叉车安全规范地将货物搬运至指定的货架储位。

任务实施

(一) 使用前的安全检查

①检查冷却水是否充足,如图5-60所示。

②检查燃油是否充足,如图5-61所示。

　　　　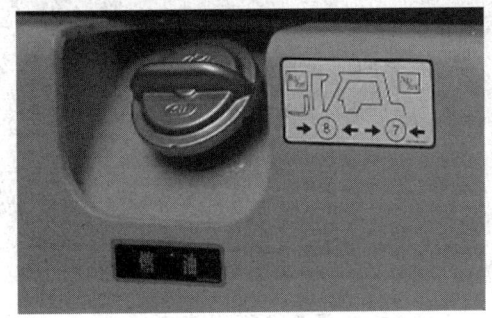

图5-60　检查冷却水　　　　图5-61　检查燃油

③检查刹车油是否充足,如图5-62所示。

④检查轮胎气压是否充足,如图5-63所示。

图5-62　检查刹车油　　　　图5-63　检查轮胎气压

⑤检查润滑油、液压油是否达到要求,如图5-64所示。

⑥确定车体周围无人或者其他障碍物。

（二）启动内燃叉车

①打开启动开关，电源接通，预热灯亮，如图5-65所示。

图5-64　检查润滑油、液压油

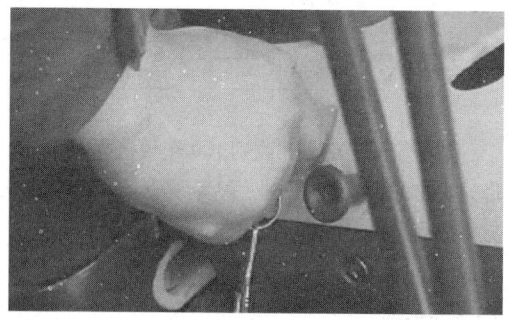

图5-65　启动开关

②检查仪表盘显示是否正常，如图5-66所示。

③调整好方向盘和驾驶座的位置，如图5-67所示。

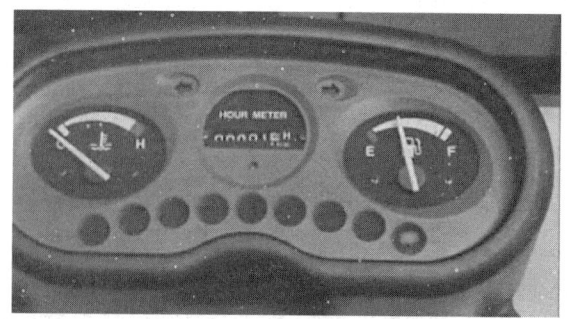

图5-66　仪表盘

图5-67　调整位置

④检查车辆是否为空挡，行车制动系统是否有效。

⑤顺时针轻旋启动钥匙，轻踩油门踏板，启动发动机，如图5-68所示。

⑥操作货叉控制杆，使货叉距地面300mm，向后拉动左侧升降杆，门架后倾，如图5-69所示。

图5-68　轻踩油门踏板

图5-69　操作货叉控制杆

⑦踩下离合器踏板，操作前进、后退控制挡，松开手制动，然后慢慢松开离合器，如图5-70所示。

⑧放开离合器踏板的同时，轻踩油门踏板，眼睛看向车辆行驶方向，操作方向盘，控制车辆的行驶，如图5-71所示。

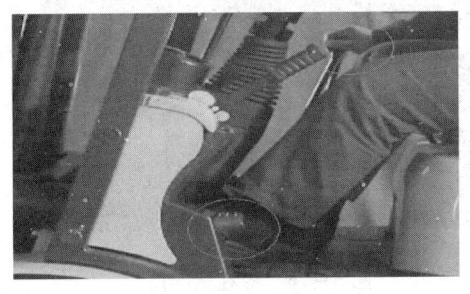

图5-70 踩下离合器踏板、操作前进和后退控制挡

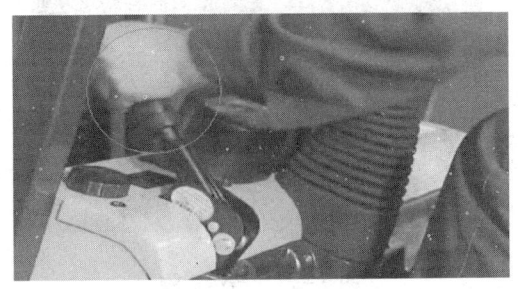

图5-71 松开手制动

（三）叉取货物

①调整货叉至适当的宽度，检查货物的重心位置。

②减小内燃叉车的速度，慢慢行驶到货物面前，停车，放下货叉，使门架前倾，如图5-72所示。

③降低车速，缓慢前进，使货叉插入货物底部，尽量使货物贴近货叉根部，踩下脚刹，如图5-73所示。

图5-72 放下货叉、门架前倾

图5-73 叉车前进

④操作控制手柄，使门架后倾，升高货物距地面约300毫米，如图5-74所示。

图5-74 叉取货物

(四)搬运货物

①确定货物放稳后,松开脚刹,踩下油门踏板,开启车辆,如图5-75所示。

②搬运货物到目的地后,降低车速,缓慢的靠近货架,在货架前停止车辆,如图5-76所示。

图5-75 搬运货物

图5-76 停在货架前

(五)货物上架

①将托盘对准上架货位;踩下刹车,将挡位摘至空挡,如图5-77所示。

②向后扳动升降杆,抬起货物托盘,使货叉上升至目标货位相应高度,如图5-78所示。

图5-77 托盘对准上架货位

图5-78 托盘货物对准货位

③扳动移动挡位至前进挡,松开刹车,叉车前进,使货叉驶入目标货位,如图5-79所示。

④向前扳动升降控制杆,使货叉下降,慢慢地将托盘货物放置在货架上。

⑤扳动移动挡位至倒车挡,松开刹车,叉车后退,将货叉退出托盘槽,如图5-80所示。

图5-79 驶入目标货位

图5-80 完成货物上架

（六）设备归位

①踩下刹车，向前扳动升降控制杆，使货叉下降至距离地面300mm，门架后倾，开启内燃叉车行驶至设备暂存区。

②踩下离合器踏板和刹车踏板；放下货叉至地面，门架前倾；操作前进、后退控制挡，使其为空挡；拉紧手制动，松开离合器踏板和刹车踏板，如图5-81所示。

③关闭熄火开关，拔出启动钥匙，如图5-82所示。

图5-81 停车

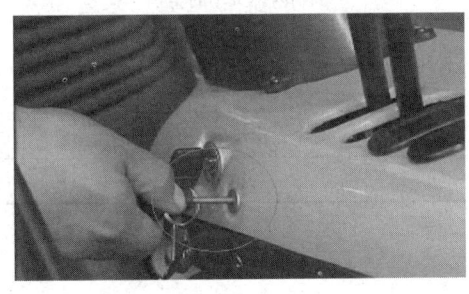

图5-82 关闭熄火开关

④下车，用楔块楔住车轮，如图5-83所示，冬季使用时，应放掉冷却水，如果使用的是防冻液，则不需要。

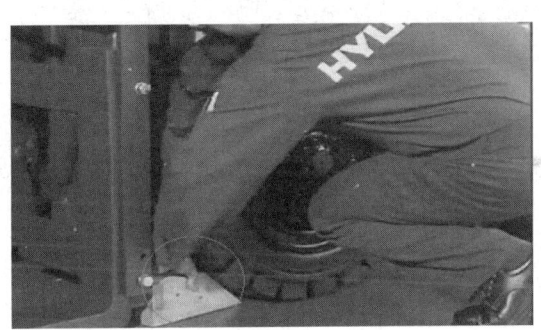

图5-83 楔住车轮

任务评价

姓名			学号		小组		
任务名称			内燃叉车的认知与操作				
考核内容		考核标准	参考分值（100）	学生自评	小组互评	教师评价	考核得分
职业素养	1	设备按要求归位	10				
	2	团结合作并对工作认真负责	10				
	3	爱护公共设施和操作设备	10				

续表

考核内容		考核标准	参考分值（100）	学生自评	小组互评	教师评价	考核得分
理论知识掌握情况	4	掌握内燃叉车的含义和特点	10				
	5	识别内燃叉车的基本结构	10				
	6	掌握操作中的注意事项和日常养护	10				
	7	识别内燃叉车的类别	10				
操作技能情况	8	熟练地操作内燃叉车	10				
	9	能够使用设备完成货物的上架	10				
	10	每个操作步骤的准确性	10				
		总得分	100				

项目五 入库作业组织

入库作业组织是根据货物凭证，在接收入库货物时所进行的卸货、查点、验收、办理入库手续等各项业务活动的组织。入库作业组织所完成的工作任务是货物运到仓库前开始直到将货物摆放到指定货位的全部工作。主要解决的问题是怎样将货物安全、快捷入库的作业，是仓储作业管理的第一步，也是仓储作业管理的关键环节。货物入库作业的质量直接影响仓储管理质量，关系到后面的在库、出库作业管理能否顺畅与方便。及时、准确、规范、严格地完成货物入库作业是对入库作业的基本要求。

教学目标

【知识目标】

①了解入库作业的业务流程。
②掌握不同的入库方式及要求。
③熟悉货运交接责任划分。
④了解货物入库验收的基本要求及流程。
⑤掌握入库验收发生问题的处理方法。
⑥熟悉有关单证的使用（入库通知单，入库凭证，各种入库单据、账、卡、表等）。
⑦掌握办理货物入库的手续。
⑧熟悉货物入库单证的流转环节。
⑨了解入库操作过程中要注意的事项。

【技能目标】

①能够运用入库条件正确进行入库作业操作，使学生具备货物接运业务，熟练操作及设计接运业务单证的能力。
②能够运用相关理论解决入库作业操作过程中出现的问题，使学生具备处理验收不合格货物的操作能力。
③具备货物验收管理的操作能力。
④具备处理货物入库作业的操作能力。
⑤能够进行货物入库作业手续的办理。

一、任务描述

一天，某物流公司仓库接到分别以传真、Email 和电话形式接到 3 个客户的货物入库通知，详情如下，要求完成入库作业。

1. 客户一的传真

根据双方签署的仓储保管合同，我公司现有一批货物委托某货运有限公司运送至归公司储存，请安排接收，具体情况如表 6-1 所示。

表 6-1　　　　　　　　　　入库通知单

品名	规格	单位	包装	数量
金龙鱼色拉油	1.8 升	桶	10 桶/箱	180 箱
雕牌洗衣粉	500 克	袋	24 袋/箱	100 箱
黑妹牙膏	180 克	支	100 支/箱	80 箱

在 2016 年 3 月 1 日 7 时到货。联系人：惠英华。

2016 年 2 月 25 日

2. 客户二的电话

某公司的入库通知单（见表 6-2）。

表 6-2　　　　　　　　　　入库通知单

货物名称	数量	单位重量	预计到货时间
螺纹钢	120t	2t/捆	12：00
盘条钢	100t	2t/盘	

3. 客户三的 Email

某公司的入库通知单（见表 6-3）。

表 6-3　　　　　　　　　　入库通知单

货物名称	单位（箱）	每箱细数/个	预计到货时间
NOKIA 5300	80	20	19：00
NOKIA N73	120	20	

二、任务分析

（一）入库作业组织的要求

①入库作业组织要求将货物按仓储作业计划摆放到指定位置；分清货物质量问题的责任；办好交接手续；做好入库信息处理。

②严格执行各种操作规程；遵守企业的入库管理制度；按规定的工作流程、入库技术和方法组织入库作业；各部门、各类人员协调配合；工作认真负责。

③熟练填制各种凭证及账表。
④严格执行安全管理规程，防火防盗。
⑤严格按5S管理要求进行现场管理，禁止野蛮作业。
⑥生产和生活垃圾分类集中存放处理，使用绿色包装。

（二）入库作业组织的任务分析

入库作业组织既有卸车、搬运、堆垛等劳动作业过程，也有货位安排、理货检验、货物记账等管理过程，以及收货交接、残损处理等商务作业。入库作业是从货物接运到仓库平台前开始，把货物卸到验货区，经核查凭证、货物检验、办理交接手续，用手持终端扫描条形码货物录入信息，搬运到指定货位码放好后，登账、立卡、建档。

①螺纹钢、盘条钢适宜露天堆放，直接堆放到地面。因其每捆重量大，需用龙门吊、吊车、叉车卸货堆码，入库前需要过磅，作为原材料需要做理化检验。

②方便面、可乐、面粉等物品尺寸小、重量轻，一般采用人工作业，卸车是放在托盘上，便于叉车作业，堆码摆放。

③入库所需工具和设备有叉车（夹包机）、托盘、手动叉车（地牛）、货架、扫描仪、地磅、龙门吊车、吊车、计算机及软件、各种账表及凭证等。

（三）入库作业的工作

步骤一　入库作业计划分析

入库作业计划是仓储部门根据仓储保管合同和商品供货合同编制的货物入库数量和入库时间的进度计划，包括到货时间、接运方式、包装单元与状态、存储时间及货物的名称、品种、数量、单位以及重量，物理、化学、生物特性等详细信息。

仓储部门对入库作业计划进行分析，确定所需仓容，仓储保管条件，合理安排货位，落实入库作业计划。200台242L海尔电冰箱、500台34in（1in = 25.4mm）海尔彩电、600箱方便面、400箱可乐、800袋面粉、1000吨盘条钢安排在几号仓库几号货位，具备不具备保管条件，有没有特殊的要求。

步骤二　入库前的准备工作

入库作业涉及仓储的业务部门，管理部门，设备作业部门。为了保证货物顺利及时地入库，仓管员根据仓储合同或入库单、入库计划，及时进行入库前的准备工作。

①仓储部门根据预计入库货物的特性、数量、单件体积、包装状态、类别、到货时间、货物存期和保管要求等信息，结合仓库分区、分类保管的要求，核算货位的大小，根据货位使用原则，结合货位、验收场地，预先确定货物的拣选场所和储存位置。

②根据到货物品的特性，做好防雨、防潮、防尘、防晒准备，即准备好所需苦垫材料及所需用具，并组织衬垫铺设作业。

③仓库理货人员根据货物情况和仓储管理制度，确定验收方法，准备验收所需要的点数、称量、测试、开箱装箱、丈量、移动照明等工具、用具。

④根据入库货物的特性，货位、设备条件，人员等情况，科学合理地制定卸车搬运工艺，准备好相关设备，安排好卸货站台或场地，保证作业效率。

⑤按照货物的入库时间和到货数量，安排好接运、卸货、检验、搬运物品的作业人员；仓管员对货物入库所需的各种报表、单证、账簿准备好，以备使用。

步骤三　接运卸货

无论是到货主单位及车站、码头接货,还是库内接货,把货物卸到收获场地。

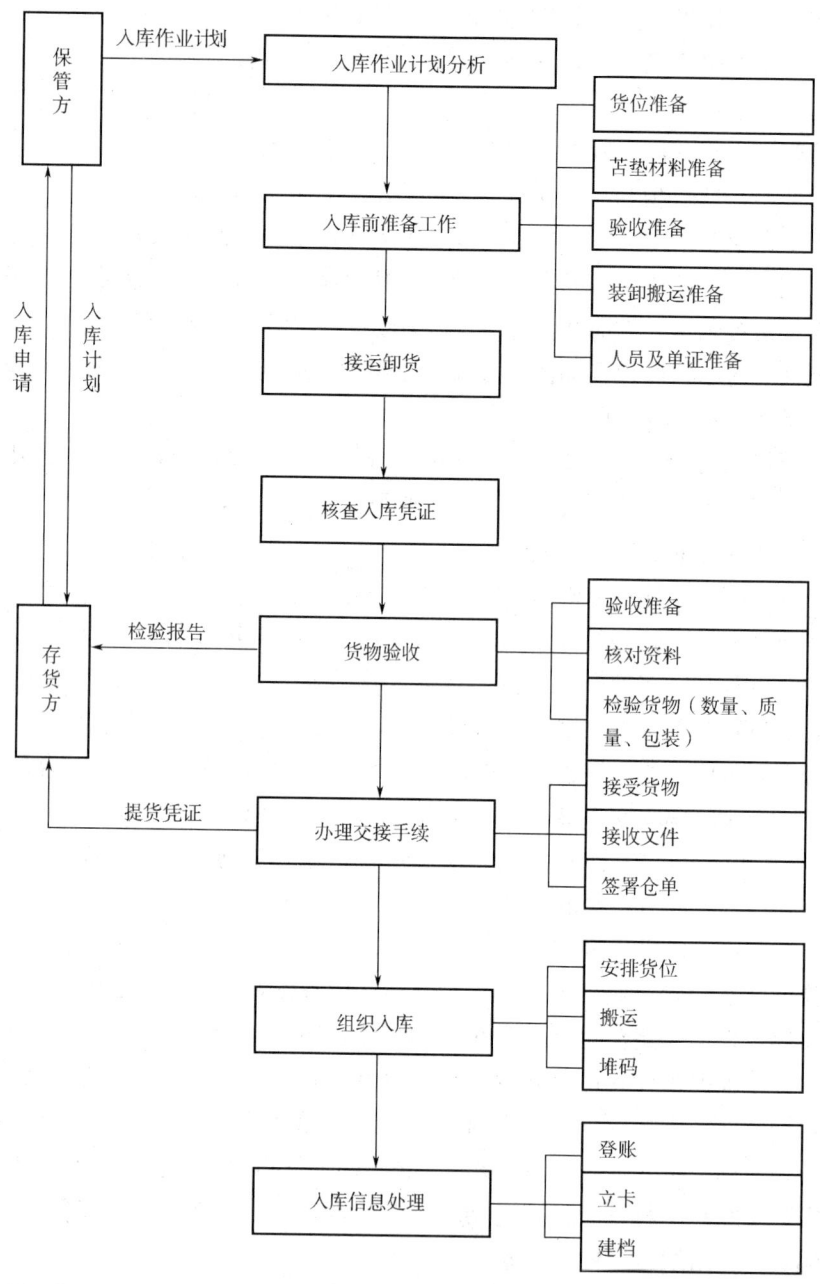

图6-1　入库作业步骤

表6-4　　　　　　　　　　　　　　　送货单

单位：　　　　　　　　　　　　　　　　　　　　　　　　　　日期：　　年　月　日

品名	规格	单位	数量	单价	金额	备注

收货单位：　　　　　经办人：　　　　　送货单位：　　　　　制单：

步骤四　核查入库凭证

核查入库凭证是为了保证与入库货物有关的单证齐全、无差错、无短缺，是实物验收的基础。将入库通知单，定货合同副本与供货单位提供的材质证明书、装箱单、磅码单、发货明细表等以及承运人提供的运单逐一核对，相符后才可进行下一步实物验收。

表6-5　　　　　　　　　　　　　　　入库通知单

存货单位				合同号			
发货时间			到货时间			入库时间	
序号	货物名称	货物编号	规格型号	计量单位	货物数量	货物箱数	备注

日期：　　　　　　　　制单人：　　　　　　　　单位负责人：

步骤五　货物验收

凡货物进入仓库储存，必须经过检查验收，方可入库保管。

①实物检验就是根据入库单和有关技术资料对实物进行数量检验、质量检验和包装检验。复核货物数量是否与入库凭证相符，货物质量是否符合标准规定的要求，货物包装能否保证货物在储存和运输过程中的安全。

数量检验按货物性质和包装情况分为计件、检斤、检尺求积。200台242L海尔电冰箱、500台34in海尔彩电、600箱方便面、400箱可乐、800袋面粉采用计件检验，检查数量与单证是否相符。1000吨盘条钢采用检斤方法检验，需要整车过磅，然后去掉车皮重量。

质量检验包括外观检验、尺寸检验、机械物理性能检验和化学成分检验四种形式。仓库一般只做外观检验和尺寸精度检验；后两种检验如有必要，则由仓储技术职能机构取样，委托专门检验机构检验。对200台242L海尔电冰箱、500台34in海尔彩电、600箱方便面、400箱可乐、800袋面粉要看其包装有无破损、受潮、污损等情况。1000t盘条钢要其批次检查碳、锰、硫、磷、硅的含量是否符合国家标准，还要检查其椭圆度。

包装检验就是严格按合同规定对包装进行验收。检验包装有无被撬、开缝、污染、破损、水渍等不良情况。同时,还要检查包装是否符合有关标准,包括选用的材料、规格、制作工艺、标志、打包方式等。

表6-6 几种包装物安全含水量

包装材料	含水量	说明
木箱(外包装)	18%~20%	内装易霉、易锈商品
木箱(外包装)	18%~23%	内装一般商品
纸箱	12%~14%	五层瓦楞纸的外包装及纸板衬垫
纸箱	10%~12%	三层瓦楞纸的包装及纸板衬垫
胶合板箱	15%~16%	
布包	9%~10%	

表6-7 货物检验记录表

存货单位				入库通知号			
运单号		合同号				车号	
到货时间		验收方式				验收时间	
序号	货物名称	规格型号	计量单位	应收数量	实际数量	差额	质量状况

送货员: 仓管员: 复核员: 检验员:

表6-8 商品入库验收情况表

编号: 存货单位: 合同号: 验收人:

堆码 处理方式	数量冗余	数量短少	品质不合格	包装不合格	规格品类不符	单证与实物不符
通知供应商						
按实数签收						
查询等候处理						
改单签收						
拒绝收货						
退单退货						
备注(其他需要说明问题)						

注:在相应的处理方式框格内打"√"。

②验收中发现问题的处理。在货物验收过程中,数量问题和质量问题可能发生在各个流通环节,可能是由于供货方或运输部门或收货方本身的工作造成的。按照有关的法律及规章对问题进行处理,有利于分清各方责任。

表 6-9　　　　　　　　　　　　　　　退货单

存货单位：　　　　　　　　　　　年　月　日　　　　　　　　编号：

货物编号	货物名称	货物数量	备注	签章

退货理由	

仓管员：　　　　　　　　　　　　　　　　　　　单位主管：

步骤六　办理交接手续

交接手续是仓库对收到的货物向存货人进行的确认，表示已经接受货物。办理完交接手续就意味着分清了运输、货主、仓库的责任。

①接收货物。仓库通过理货、检查货物将不良品剔除、退回或编制残损单证等明确责任，确定收到货物的确切数量，货物表面状态良好。

②接收文件。接受送货人送交的货物资料，运输的货运记录以及随货物在运输单证上注明的文件名称、文号等，如图纸、准运证等。

③签署单证。仓库与承运人共同在送货人交来的送货单、交接清单上签字，并留存相应单证。保管人为存货人签发仓单。仓单是保管人向存货人填发的表明仓储保管关系的存在，以及保管人愿意向仓单持有人履行交付仓储货物的义务。

表 6-10　　　　　　　　　　　　　　　仓单

存货人：　　　　　　　储存场所（仓库）：　　　　　　　填发日期：年　月　日

品名		数量		重量		
物品的物理特性			物品的化学特性			
包装物		储存件数		储存日期		年　月　日至 年　月　日
在库记录			出库记录			
仓储费率 （%）			仓储费用（元）		大写	
					小写	
技术资料			押金 （元）		大写	
					小写	
储存物品保价金额 （元）		大写				
		小写				
投保何险种			保险金额			
保险期间			保险人		被保险人	
储存物品标记			储存物品条码		贴条码处	

续表

仓储物品的耗损标准	
需要说明的问题	

收货人　　　　　　　提货人　　　　　　　审核　　　　　　　复核

步骤七　组织入库

货物验收完毕，办理完交接手续，就需要为入库货物安排货位，进行搬运、堆码、苫垫。

①货位安排。在保证商品安全，方便吞吐发运，力求节约仓容的前提下，尽可能缩短收发货作业时间，以最少的仓容，储存最大限量的货物。

②搬运。搬运人员把验收场地上经过点检合格的入库货物按每批入库单开制的数量和相同的品唛集中起来，分批送到预先安排的货位，进一批，清一批，做到"一次连续搬运到位"，严格防止品唛互串和数量溢缺。

③堆码，是货物入库存放的操作方法和方式。直接影响着货物保管的安全，清点数量的便利以及仓库容量利用率的提高。物品堆码存放的基本方法包括散堆法；堆垛法（重叠式、纵横交错式、仰伏相间式、压缝式、通风式、衬垫式）；"五五化"堆垛（"五五化"堆垛就是以五为基本计算单位，堆码成各种总数为五的倍数的货垛，以五或五的倍数在固定区域内堆放，使货物"五五成行、五五成方、五五成包、五五成堆、五五成层"，堆放整齐，上下垂直，过目知数。便于货物的数量控制、清点盘存）。

步骤八　入库信息的处理

①登账。货物入库，仓库应建立详细反映货物储存的明细账，登记货物入库、出库、结存情况，用以记录库存货物动态和出入库过程。

表6-11　　　　　　　　货物保管账

时间	货物名称	货物号码	规格	计量单位	收入数量	出库数量	结存数量	单价	余额总计	存储位置

②立卡。货物入库货上架后，将物品名称、规格、数量或出入库状态等内容填在货物资料卡上。货物资料卡又称为货卡、货牌，插放在货架上或货垛的正面明显位置。

表 6-12　　　　　　　　　　　货物资料卡

货物名称	
货物编号	
入库时间	
规格与等级	
单价	
收入数量	
出库数量	
结存余数	
储存位置	
备注	

③建档。仓库对所接收货物建立存货档案或者客户档案，以便货物管理和保持客户联系，也为将来可能发生的争议保留凭据。货物档案应一货一档设置，将该货物的技术资料，入库、保管、交付的相应单证、报表、记录、事故记载、作业安排、回收的资料等的原件或者附件、复印件存档。货物档案应统一编号，妥善保管，长期保存。

三、相关知识链接

（一）货物入库前准备工作

货物入库前准备工作的好坏关系到入库效率和入库成本的高低。货位和入库场地提前准备不好，等货物到库后再进行调整，将影响货物的卸车及验收工作，需不断对货垛进行调整，使装卸搬运工艺不合理及堆垛工作的重复进行；苫垫材料及验收准备不足，将会拖延入库时间及堆垛的正常进行。

仓库应根据仓储合同或者入库单、入库计划及时进行库场准备，以便使货物能按时入库，保证入库过程顺利进行。货物入库准备需要由仓库的业务部门、管理部门、设备作业部门分工合作，共同做好以下工作。

①熟悉入库货物。掌握货物的名称、数量、规格、存期、性质、保管要求。仓库管理员应认真查阅入库货物资料，必要时向存货人询问，掌握入库货物的品种、规格、数量、包装状态、单件体积、到库确切时间、货物储存期限、货物的理化特性、保管要求等，据此精确和妥善地进行库场安排、准备。

②掌握仓库库场情况。了解仓库的库容、设备、人员的变动情况，以便安排货物的入库和保管工作。必要时对仓库进行清查、清理归位，以便腾出仓容。对于必须使用重型设备操作的货物，一定要确保可使用设备的货位。

③制定仓储计划。仓库业务部门根据货物情况、仓库情况、设备情况制定仓储计划，并将任务下达到各相应的作业单位、管理部门。

④妥善安排货位。仓库部门根据入库货物的性质、数量、类别，结合仓库分区分类保管的要求，核算货位大小，根据货位使用原则，妥善安排货位、验收场地，确定堆垛

方法、苫垫方案等准备工作。

⑤做好货位准备。仓库管理员要及时进行货位准备，彻底清洁货位，清除残留物，必要时安排消毒除虫。详细检查照明、通风等设备，发现损坏及时通知修理。

⑥准备苫垫材料、作业工具。在货物入库前，根据所确定的苫垫方案，准备相应的材料，并组织衬垫铺设作业。对作业所需要的用具，准备妥当，以便能及时使用。

⑦验收准备。仓库管理员根据货物情况和仓库管理制度，确定验收方法。准备验收所需的点数、测试、开箱装箱、丈量、移动照明等工具。

⑧装卸搬运工艺设定。根据货物、货位、设备条件、人员等情况，科学合理地制定卸车搬运工艺，保证作业效率。

⑨文件单证准备。仓库管理员对货物入库所需的各种报表、单证、记录簿等，如入库记录、料卡、残损单等。由于不同仓库、不同货物的业务性质不同，入库准备工作有所区别，需要根据实际具体情况和仓库管理制度做好充分准备。

（二）货物的接运

货物接运是及时准确地向承运部门提取入库货物，手续清楚，责任明确，为货物验收工作创造有利条件。货物的接运是入库作业的第一个环节，除了一小部分货物由供货单位直接运到仓库交货外，大部分货物要经过铁路、公路、航运、空运等运输方式转运。仓储管理人员要了解货物接运方式及程序，才能按不同的接运方式，安排人员进行接货，处理好接货过程中可能出现的各种问题。

1. 货物接运方式

①车站码头提货。接货人员先通过与承运单位取得联系，了解货物的特性、单件重量、外形尺寸等情况，据此安排接运工具，凭提货单到车站、码头提货。提货时应根据运单和有关资料认真核对商品的名称、规格、数量、收货单位等。货物到达仓库后，接运人员应及时将运单和提回的商品向保管人员当面点清，然后双方办理交接手续。

②铁路专用线接运。铁路专用线是铁路部门将转运的商品直接运送到仓库内部的铁路专用线大批整车到货的接运方式。

接货人员收到到货通知后，准备好人力及卸货工具，并确定卸车的位置，引导货车停放在合理的位置，以缩短场内搬运距离。卸车前要核对车号是否正确、货封是否完好、货物名称是否正确、货物有无破损，然后进行卸货作业。对于货物名称不符、包装破损的货物，应另外堆放，做好标志，会同铁路承运部门进行检查，编制记录。货物卸车完毕，接货人员根据货品的情况填写到货台账，并将台账及其他有关资料与收到的货物一并交给仓库管理人员，办理内部交接手续。

③仓库自行提货。这是仓库受托运方的委托，直接到供货单位提货的一种形式。其作业内容和程序主要是当货栈接到托运通知单后，做好一切提货准备，并将提货与物资的初步验收工作结合在一起进行。最好在供货人员在场的情况下，当场进行验收。因此，接运人员要按照验收注意事项提货，必要时可由验收人员参与提货。

④供货单位送货到库。这种接货方式通常是托运单位与仓库在同一城市或附近地区，不需要长途运输时被采用。其作业内容和程序是，当送货单位送货到仓库后，保管员或验收员直接与送货人员当场办理接货验收手续，检查外包装，清点数量，做好验收记录。

如有质量和数量问题送货方应在验收记录上签证。

2. 仓库收货

货物到库后，仓库收货人员首先要检查货物入库凭证，然后根据入库凭证开列的收货单位和货物名称与送交的货物内容和标记进行核对。然后就可以与送货人员办理交接手续。如果在以上工序中无异常情况出现，收货人员在送货回单上盖章表示货物收讫。如发现有异常情况，必须在送货单上详细注明并由送货人员签字，或由送货人员出具差错、异常情况记录等书面材料，作为事后处理的依据。

3. 货物接运的差错处理

在接运过程中，有时会发现和发生差错，如错发、混装、漏装、丢失、受潮和污损等。这些差错有的属于发货单位造成的，有的属于承运单位造成的，也有的是在接运装卸过程中自己造成的。除了不可抗力或货物本身性质造成的差错外，所有差错的损失应向责任者提出索赔。差错事故记录有以下两种：

（1）货运记录

货运记录，是表明承运单位附有责任事故，收货单位据此索赔的基本文件。货物在运输过程中发生以下差错，均填写货运记录：①货物名称、件数与运单记载不符；②货物被盗、丢失和损坏；③货物污损、受潮、生锈、霉变或其他货物差错等。记录必须在卸车或提货前，通过认真检查后发现问题，经承运单位复查确认后，由承运单位填写交仓储部门。

（2）普通记录

普通记录，是表明承运部门开具的一般性证明文件，不具备索赔效力，仅作为收货单位向有关部门交涉处理的依据。遇到下列情况并发生货损货差时，需填写普通记录：①铁路专用线自装自卸的货物；②棚车的铅封印纹不清、不符或没有按规定施封；③施封的车门、车窗关闭不严或门窗有损坏；④篷布苫盖不严漏雨或其他异状；⑤责任判明为供货单位的其他差错事故等。

以上情况的发生，责任在发货单位的，仓储部门可持普通记录向发货单位交涉处理，必要时向发货单位提出索赔。

（三）确定货位

仓库货位是仓库内具体存放货物的位置。库场除了通道、及作业场地，就是存货的货位。仓库根据结构、功能，按照一定的要求将仓库存货位置进行分块分位，准确表示存货位置，使仓库管理有序、操作规范。

1. 货位使用方式

①固定货物的货位。货位只用于存放确定的货物，严格区分，绝不混用、串用。对于长期货源的计划库存、配送中心等大都采用固定方式。

固定货位具有便于拣选、查找货物。由于是固定货物，货位可以有针对性地进行装备，有利于提高货物保管质量。但是仓库利用率较低。

②不固定货物的货位。货物任意存放在货位的空位，不加分类。不固定货位有利于提高仓库利用率，但是，仓库内显得混乱，不便于查找和管理。对于周转快的专业流通仓库，货物保管时间短，大都采用不固定货位方式。不固定货物的货位储存，如果用计算机软件进行管理，既能充分利用仓库，又方便查找。但是，要遵循仓储的分类安全原则。

③分类固定货物的货位。对货位进行分区、分片，统一区内只存放一类货物；但在统一区内的货位则采用不固定使用的方式。这种方式有利于货物保管，也较方便查找货物，仓库利用率也可以提高。大多数储存仓库都使用这种方式。

2. 选择货位的原则

①根据货物的尺度、货量、特性、保管要求选择货位。根据货位的通风、光照、温度、排水、刮风、雨雪等条件满足货物保管的需要；货位尺度与货物尺度匹配，特别是大件、长件货物能存入所选货位；货位的容量与货量接近；选择货位时要考虑相近货物的情况，防止与相近货物相忌和相互影响。

②保证先进先出、缓不围急。"先进先出"是仓储保管的重要原则，能避免货物超期变质。在货位安排时要避免后进货物围堵先进货物。对于存储期较长的货物，不能围堵存储期较短的货物。

③出入库频率高的货物使用方便作业的货位。对于有持续入库或者持续出库的货物，应安排在靠近出口的货位，方便出入。流动性差的货物，可以离出口较远。同样道理，存储期短的货物安排在出入口附近。

④小票集中、大不围小、重近轻远。多品种小批量货物，应合用一个货位或者集中在一个货位区，避免夹存在大批量货物的货位中，以便查找。重货应离装卸作业区最近，减少搬运作业量或直接采用装卸设备进行堆垛作业。使用货架时，重货放在货架下层，需要人力搬运的重货，存放在腰部高度的货位。

⑤方便操作。仓库所安排的货位能保证方便地搬运、堆垛、上架，有足够的机动作业场地，能使用机械进行直达作业。

⑥作业分布均匀。仓库所安排的货位尽可能避免仓库内或者同作业线路上同时已有多项作业正在进行，以免相互妨碍。

（四）货物的入库验收

货物入库验收是仓库把好"三关"（入库、保管、出库）的第一道作业。对国内供应的货物在验收中发现数量、产品质量不符时，如属运输部门责任时，应填制索赔单，随同运输部门的商务记录，交由运输部门处理；如属供货单位责任时，应先查询后处理。对进口货物经验收发现规格、数量、质量不符合合同规定的，如属供货方责任的应在规定索赔期间内向外商提出索赔。国际通用的索赔期限：材料、燃料等为10天，五金钢材、机器、仪器等为90天，成套设备和大型机械设备为一年。

抓好货物入库质量关，防止劣质商品流入流通领域，划清仓库与生产部门、运输部门以及供销部门的责任界线，也为货物在库场中的保管提供第一手资料。

1. 货物验收的基本要求

①及时。到库货物必须在规定的期限内完成验收入库工作。这是因为货物虽然到库，但未经过验收的货物没有入账，不算入库，不能供应给用料单位。只有及时验收，尽快提出检验报告才能保证商品尽快入库入账，满足用料单位的需求，加快商品和资金的周转。同时商品的托收承付和索赔都有一定的期限，如果验收时发现商品不合规定要求，要提出退货、换货或赔偿等请求，均应在规定的期限内提出。否则，供方或责任方不再承担责任，银行也将办理拒付手续。

②准确。验收应以商品入库凭证为依据，准确地查验入库货物的实际数量和质量状况，并通过书面材料准确地反映出来。做到货、账、卡相符，提高账货相符率，降低收货差错率，提高企业的经济效益。

③严格。仓库的各方都要严肃认真地对待商品验收工作。验收工作的好坏直接关系到国家和企业的利益，也关系到以后各项仓储业务的顺利开展。因此，仓库领导应高度重视验收工作，直接参与验收人员要以高度负责的精神来对待这项工作，明确每批商品验收的要求和方法，并严格按照仓库验收入库的业务操作程序办事。

④经济。商品在验收时，多数情况下，不但需要检验设备和验收人员，而且需要装卸搬运机具和设备以及相应工种工人配合。这就要求各工种密切协作，合理组织调配人员与设备，以节省作业费用。此外在验收工作中，尽可能保护原包装，减少或避免破坏性试验，也是提高作业经济性的有效手段。

2. 商品的验收程序

商品验收包括验收准备、核对凭证、确定验收比例、实物检验、做出验收报告及验收中发现问题的处理。

（1）验收准备

验收准备是货物入库验收的第一道程序。仓库接到到货通知后，应根据商品的性质和批量提前做好验收的准备工作，包括以下内容。

①全面了解验收物资的性能、特点和数量，根据其需求确定存放地点、垛形和保管方法。

②准备堆码苫垫所需材料和装卸搬运机械、设备及人力，以便使验收后的货物能及时入库保管存放，减少货物停顿时间；若是危险品则需要准备防护设施。

③准备相应的检验工具，并做好事前检查，以便保证验收数量的准确性和质量的可靠性。

④收集和熟悉验收凭证及有关资料。

⑤进口物资或上级业务主管部门指定需要检验质量者，应通知有关检验部门会同验收。

（2）核对凭证

入库商品须具备下列凭证。

①货主提供的入库通知单和订货合同副本，这是仓库接收商品的凭证。

②供货单位提供的验收凭证，包括材质证明书、装箱单、磅码单、发货明细表、说明书、保修卡及合格证等。

③承运单位提供的运输单证，包括提货通知单和登记货物残损情况的货运记录、普通记录以及公路运输交接单等，作为向责任方进行交涉的依据。

核对凭证就是将上述凭证加以整理后全面核对。入库通知单、订货合同要与供货单位提供的所有凭证逐一核对，相符后，才可以进入下一步的实物检验；如果发现有证件不齐或不符等情况，要与存货、供货单位及承运单位和有关业务部门及时联系解决。

（3）检验货物

检验货物是仓储业务中的一个重要环节，包括检验数量、检验外观质量和检验包装三方面的内容，即复核货物数量是否与入库凭证相符，货物质量是否符合规定的要求，货物包装能否保证在储存和运输过程中的安全。

①数量检验。数量检验是保证物资数量准确不可缺少的措施。要求物资入库时一次进行完毕。一般在质量验收之前，由仓库保管职能机构组织进行。按商品性质和包装情况，数量检验分为三种形式，即计件、检斤、检尺求积。

计件法。计件法是按件数供货或以件数为计量单位的商品，做数量验收时的件数清点。一般情况下，计件商品应全部逐一点清。运输包装（外包装）完好，销售包装（内包装）数量固定不拆包，只清点大包装，除非特殊情况可拆包抽查，打开包装对保管不利，国内货物可采用抽验法，按一定比例开箱点件验收，可抽验内包装5%~15%。若有问题扩大抽查范围，直至全查。国内物品一般只检查外包装，进口商品按合同或管理进行。

实际应用时可采用标记计件、分批清点和定额装载三种方法。

标记计件是在清点大批量商品入库时，每一定件数的商品做一标记，待全部清点完毕，再按标记计算总的数量。

分批清点是对包装规则、批量不大的商品入库时，将商品按行、列或层堆码，每行、列或层堆码的件数相同，清点完毕后，再统一计数。

定额装载的方法主要用来清点包装规则、批量大的商品，可以用托盘、平板车等装载工具实行定额装载，最后计算入库商品的件数。

检斤法。检斤是对按重量供货或以重量为计量单位的商品，做数量验收时的称重。商品的重量一般有毛重、皮重、净重之分。毛重是指商品重量包括包装重量在内的实重；净重是指商品本身的重量，即毛重减去皮重。我们通常所说的商品重量多是指商品的净重。

金属材料、某些化工产品多半是检斤验收。按理论换算重量供应的商品，先要通过检尺，例如金属材料中的板材、型材等，然后，按规定的换算方法换算成重量验收。对于进口商品，原则上应全部检斤，但如果订货合同规定按理论换算重量交货，则按合同规定办理。所有检斤的商品，都应填写磅码单。

检尺求积法。检尺求积是对以体积为计量单位的商品，例如木材、竹材、沙石等，先检尺，后求体积所做的数量验收。

凡是经过数量检验的商品，都应该填写磅码单。在做数量验收之前，还应根据商品来源、包装好坏或有关部门规定，确定对到库商品是采取抽验还是全验方式。

②质量检验。质量检验包括外观检验、尺寸检验、机械物理性能检验和化学成分检验四种形式。仓库一般只做外观检验和尺寸精度检验，后两种检验如果有必要，则由仓库技术管理职能机构取样，委托专门检验机构检验。

以外观质量检验为例说明。

外观检验是指通过人的感觉器官检查商品外观质量的检查过程。主要检查货物的自然属性是否因物理及化学反应而造成负面的改变。是否受潮、沾污、腐蚀、霉烂等；检查商品包装的牢固程度；检查商品有无损伤，例如撞击，变形，破碎等。对外观检验有严重缺陷的商品，要单独存放，防止混杂，等待处理。凡经过外观检验的商品，都应该填写"检验记录单"。

外观检验的基本要求：凡是通过人的感觉器官检验商品后，就可决定商品质量的，由仓储业务部门自行组织检验，检验后做好商品的检验记录；对于一些特殊商品，则由专门的检验部门进行化验和技术测定。验收完毕后，应尽快签返验收入库凭证，不能无故积压单据。

③包装检验。物资包装的好坏、干潮直接关系着物资的安全储存和运输。所以对物资的包装要进行严格验收，凡是产品合同对包装有具体规定的要严格按规定验收，如箱板的厚度，打包铁腰的匝数，纸箱、麻包的质量等。对于包装的干潮程度，一般是用眼看、手摸方法进行检查验收。

（4）验收中发现问题的处理

在物品验收过程中，如果发现物品数量或质量的问题，应该严格按照有关制度进行处理。验收过程中发现的数量和质量问题可能发生在各个流通环节，可能是由于供货方或交通运输部门或收货方本身的工作造成的。按照有关规章制度对问题进行处理，有利于分清各方的责任，并促使有关责任部门吸取教训，改进今后的工作。所以对验收过程发现的问题进行处理时应该注意以下几个方面。

①在物品入库凭证未到齐之前不得正式验收。如果入库凭证不齐或不符，仓库有权拒收或暂时存放，待凭证到齐再验收入库；

②发现物品数量或质量不符合规定，要会同有关人员当场做出详细记录，交接双方应在记录上签字。如果是交货方的问题，仓库应该拒绝接收。如果是运输部门的问题就应该提出索赔；

③在数量验收中，计件物品应及时验收，发现问题要按规定的手续，在规定的期限内向有关部门提出索赔要求。否则超过索赔期限，责任部门对形成的损失将不予负责。

（五）入库交接

入库物品经过点数、查验之后，可以安排卸货、入库堆码，表示仓库接受物品。在卸货、搬运、堆垛作业完毕，与送货人办理交接手续，并建立仓库台账。

1. 交接手续

交接手续是指仓库对收到的物品向送货人进行的确认，表示已接受物品。办理完交接手续，意味着划分清运输、送货部门和仓库的责任。

①接受物品。仓库通过理货、查验物品，将不良物品剔出、退回或者编制残损单证等明确责任，确定收到物品的确切数量、物品表面状态良好。

②接受文件。接受送货人送交的物品资料、运输的货运记录、普通记录等，以及随货的在运输单证上注明的相应文件，如图纸、准运证等。

③签署单证。仓库与送货人或承运人共同在送货人交来的送货单、交接清单。各方签署后留存相应单证。提供相应的入库、查验、理货、残损单证、事故报告由送货人或承运人签署。

2. 登账

物品入库，仓库应建立详细反映物品仓储的明细账，登记物品入库、出库、结存的详细情况，用以记录库存物品动态和入出库过程。

登账的主要内容有物品名称、规格、数量、件数、累计数或结存数、存货人或提货人、批次、金额，注明货位号或运输工具、接（发）货经办人。

3. 立卡

物品入库或上架后，将物品名称、规格、数量或出入状态等内容填在卡片上，称为立卡。

四、任务实施

北方物流公司物流中心的入库作业任务的实施分为两个阶段进行。第一阶段，联系参观与北方物流公司物流中心相似的企业，通过实地了解企业货物入库作业的基本情况，提出入库任务的作业方案。第二阶段，根据入库方案，在物流实训基地进行实际的入库作业模拟操作。

①学生的前期准备工作。学生在教师讲解入库作业的知识及技术、程序和应注意的问题的基础上，根据设定的入库作业的任务，在现有实训条件下，进行现场调查，收集数据信息，设计入库作业方案。

②学生分组讨论所设计的方案，每组选出一个方案，然后在全班组成一个评审委员会，对各组提交的方案进行评价选优，最后选出一个最好的方案。将学生分为若干组，各组选出一个负责人，组内分工合作，在实训基地完成入库作业实训任务。

详细任务和操作步骤如下。

作业进度 \ 角色操作	小组任务	操作指导
入库信息处理	接收客户入库通知，查看货物信息并判断是否完整，如不完整，与客户沟通；根据入库通知填写公司内部的入库作业计划单	要求对各种形式的入库通知都能准确辨识关键货物的信息。关键货物信息一般会对入库作业准备带来影响，包括货物种类、名称、物化特征、批次、所属客户、数量、包装任务、体积、重量、预计到货时间、预计存储时间以及客户有无特别要求。客服员要查对这些关键信息，如有缺失，应根据历史情况做出判断或向客户查询、确认；入库作业计划单是仓储物流企业内部的单据，目的是要将各种不同形式的入库通知转换为统一格式的单据，便于在库内各相关岗位（保管员、调度、搬运员）流转，使之预知将要进行什么入库作业，以便准备和配合
入库准备	根据作业计划单分库房或库区编制入库作业计划列表；根据货物信息估计所需存储货位的大小，明确环境卫生要求，所需何种苫垫材料，并做好这几方面的准备；	有时一张作业计划单的各项货物应存放于不同库房或库区，若需由不同收货组进行入库，则需按照不同库房编制入库作业计划列表下发给对应的收货人员；根据货物种类确定存货方式（堆垛区、托盘重型货架区或轻型货架区）和苫盖要求；根据货物物理化学性质确定存储条件（温度、湿度、防尘、防虫等要求）；根据货物体积和重量估计所需位数或面积大小。总之，要根据货物判断现有存储区域环境是否合适、货位是否充足；

续表

作业进度 \ 角色操作	小组任务	操作指导
入库准备	编制入库所需表单，包括入库单、残损单、入库记录单等； 根据作业计划单的货物信息估计所需卸货、理货场地大小，并清理好场地。列出验收、理货所需工具和设备，并进行检查或调试使之正常运作； 列出所有搬运员名字和班次，确保有足够作业人员	入库单一式多联，除供送货方和仓管员交接货物管辖权外，还可能交由客户和仓管会计留存，填写内容包括客户名称、送货方式及联系方式、应收货物名称、数量、体积、重量、包装情况、批次等，验收后再填入实收数量、实际体积重量、验收结果、保管员签名、司机签名确认；残损单在货物发现较大异常时填写，交由主管部门审核；入库记录单则用来详细、逐笔记录入库货品的名称、数量、时间等，以备作入库账务结算； 根据货物量预留卸货、理货场地，要求清洁且安全。入库交接一般需要计重、计量工具，扫描设备，条码打印设备，标签纸，手动拖车，叉车等； 很多城市对于货车限时进入，一般傍晚之后到清晨之前准运，所以市内的仓库或配送中心经常在晚上或夜间集中进行入库作业，甚至有24小时运作的仓库。为了适应这一要求，有些仓库会对收货库工进行分班，一天两班或三班
调度	从客服员处接收入库作业计划单或多单作业计划列表，了解货位情况，根据货物性质制定货位或库区。（要求画出3个库区的货位俯视图，货位留空，已占用货位填入货物编号或托盘标签号，将本次入库货物指定放置的货位标出，并说明为何这样分配货位）； 了解收货库工的人数、班次，确定分工作业方式，指定作业库工；了解叉车利用情况，确定作业叉车号。（要求列出所有收货库工的名字及其细分岗位和班次，并说明为何这样分岗位。要列出所有可用叉车规格、编号和叉车工名字）； 依据作业计划单，填制理货单、储位分配单，下达给收货库工	一般调度岗位只需依据原有库区分类方法和货位分配原则，将货物指定放置现有空闲货位。库区分类一般可按客户分或按货物类型分；货位分配原则可按周转率、存货量、货品相关性和物理化学性质来划分。这些已由仓储主管或仓库保管员确定，并会相对固定和沿用一段时间，如有必要再进行整体调整，不需要在每次入库作业时确定，除非是新品种、新项目客户或大宗、临时货物入库才可能涉及充分划分库区和货位； 收货入库包括接车、卸货、验收、理货、放置货位一系列作业活动，由收货库工来完成。实际企业对这些库工岗位的分工各不相同，如一些规模较小、人工操作或平面堆垛仓库，岗位不做细分，每个库工都能独立完成一单货物的一系列入库作业；而一些规模较大、机械化和信息化程度高或托盘高架仓库，则会按作业活动细分装卸搬运工、理货工、叉车工等岗位，且每个岗位可能有多个班次、多个人员，在入库量较大的情况下则需调度进行分工和安排。尤其使用手持终端扫描设备进行理货和上架时更不可缺少调度，调度的操作指令可直接下发到各个理货工、叉车工的手持终端，更方便的执行指令； 理货单是指令理货员进行清点、扫描和组拍作业的单据，适用于纸箱收货却要以托盘为任务存放的情况，内容包括托盘标签号、对应货品编号及货品数量，即将货物与其码放的托盘对应起来，再以托盘为单位进行管理和查询；货位分配单是依据作业计划对所用资源进行调配后形成的入库操作指令，内容包括货物信息、放置库房和货位编码和操作库工等，平面堆垛区库工持此单就可以将验收合格的货物放置相应货位。而对于托盘存放的库区，则由叉车工将整理完毕的托盘放置相应货位

续表

作业进度＼角色操作	小组任务	操作指导
验收准备	根据客服员提供的作业计划单安排验收准备；根据调度所下的指令，按要求进行验收准备	要求调度能够针对客服提供的货物信息，下达验收准备的指令。验收准备工作主要涉及三个方面：人员的准备、设备的准备和货位的准备；仓库保管员接到调度指令后，根据收到的货物信息，进行上述三个方面的准备工作
货物入库检验	根据调度的指令负责具体的验收工作，重点进行货物外观、质量的检验	验收的具体工作由收货库工执行。根据入库货物的种类和客户的要求，可选择查验的内容，包括核对凭证、检查数量、包装、外观质量和内在质量（内在质量的检验一般由专业的检验机构进行）。实际企业操作中较为常见的是核对凭证和查验数量、外观，如单据是否正确，数量是否与单据一致，产品外包装是否完好等
货物入库交接	货物检验完毕后，如果发现货物有异常状况，向仓库主管反映，等待指令；如果未发现异常状况，办理入库交接；在入库单、残损单或事故报告单上签字确认，仓管员签署交接清单，送货人带回复命；接收货物；接收文件；签署单证	如果在货物出现异常的情况下，客服员与客户沟通后，仍将货物入库，则应在入库单备注栏注明货物短少、残损的情况，以区分责任；接收货物时，仓库以送货单为依据，通过理货、查验货物，将不良货物剔除、退回或者编制残损单证等明确责任，确定收到货物的确切数量、货物表面状况良好；接收送货人送交的货物物料、运输的货运记录、普通记录，以及随货的在运输单据上注明的相应文件；仓管员与送货人或承运人共同在送货人交来的送货单、交接清单上签和批注，并留存相应单证。同时根据查验情况制作入库单、残损单证或事故报告等，由送货人或承运人签署确认（入库单一般三联，一联给送货人，一联仓储部留存，一联给商务部备客户查询）
理货	预置的货物验收完毕后，调度下达理货指令；根据地调度所下的指令，对货物进行分拣、组拍、加固作业；理货人员指导搬运人员进行搬运、堆码作业	理货过程同时也是仓库管理员安排仓库、指挥装卸作业的过程，仓库承担多种货物的分类、分拣的作业过程。若采用外来作业，也是监督作业质量的过程；采用内部作业，理货人员就是内部作业质量管理的监督人；仓库原则上采取分货种、分规格、分批次的方式储存货物，以保证仓储质量。对于同时入库的多品种、多规格货物，仓库有义务进行分拣、分类、分储。若需要打开包装进行分拣，则需进行独立作业；托盘上放置的数量根据货物和货架特性决定多层堆码放置。在传统仓储条件下，可以以5的倍数进行堆码，或根据实际需要确定层数和每层的货物数量。现代仓储系统条件下，由自动识别设备识别和计算托盘上货物的数量和信息，数量可为托盘和货架能够承受重量或体积的上限；

续表

作业进度 \ 角色操作	小组任务	操作指导
理货		对托盘上货物的包装可采用人工或自动化机械包装两种方式，主要起到固定和保护货物的作用。是否需要包装则根据货物的特点和客户的要求决定； 　　理货人员指导搬运人员进行卸车、搬运、堆码作业。根据货物质量检验的需要指定检验货位，无需进一步检验的货物，直接确定存放货位。要求作业人员按照预定的堆垛方案堆码或上架。对货垛需要垫垛，指挥作业人员按要求进行。作业完毕，要求作业人员进行场地清扫运输、搬运工具的作业现场，收集地脚货
放置储位	搬运人员利用叉车将托盘放置储位	在传统仓储条件有限且货物数量较少的情况下，仓管员根据调度指令或自己的经验判断，指挥搬运人员利用装卸搬运工具将入库货物放置储位；在传统仓储条件且货物数量较多的情况下，仓管员根据调度指令指挥搬运人员利用装卸搬运工具将入库货物放置储位；在现代仓储管理系统条件下，仓管员根据系统指令，指挥库工先扫描托盘标签号，在扫描货位号，利用装卸搬运工具将入库货物放置储位
登账	根据入库货物信息填制入库记录单，填写库存明细账	在手工记账情况下，用入库记录单详细记录入库作业；在使用仓储信息系统时，则应在完成交接后将实际收货数量、质量情况反馈给信息系统，由系统记录作业； 　　货物入库，仓库应建立详细货物仓储的明细账，登记货物进库、出库、结存的详细情况，用以记录库存货物的动态和出入库情况； 　　登账的主要内容有货物名称、规格、数量、累计数或结存数、存货人或提货人、批次、金额、注明货位号或运输工具、接（发）货经办人
立卡	根据库存货物实际情况自行设计状态卡、填写货品卡	货品状态卡用于表明货物名称、入库时间、所处的业务状态或阶段等，对货物的状态要认真辨识、仔细填写，当货物状态发生变化时，要及时更改或更换
	建立商品保管卡，进行填写	保管卡用于表明货物的出、入库动态的标示，当发生出、入库业务时，要及时填写
	悬挂	将卡片挂在货位醒目的位置，如插在货物下方的货架上，或摆放在货垛下面的明显位置
建立货物档案	对货物的档案进行编号，妥善保管	对货物的档案要统一编号，统一管理。出库时，除了必要的技术证件必须随货同行外，其他资料均应留在档案内，保证档案资料的完整齐全。对于信息化水平较高的仓库，可以建立相应的电子档案。如使用 Logis 仓储信息系统时，每个新货品入库前都需要在货品管理模块中新增该货品，录入相关信息，则系统数据库即可记录所有该货品的出、入库情况，可按照货品查询库存信息

续表

作业进度＼角色操作	小组任务	操作指导
建立货物档案	集中货品的存档资料	在传统仓储条件下，需对入库货物进行建档，其中包括： 货品出厂时的各种凭证和技术资料，商品技术证明、合格证、装箱单、发货明细表等； 商品运输单据：货运记录、公路运输交接单等； 商品入库记录：入库通知单、验收记录、磅码单、技术检验报告等； 商品保管记录：检验、保养、损溢、变动的记录；库内外温湿度记载及对商品的影响情况

五、相关项目链接

技能训练一 货物入库验收

任务引入

2016年10月16日上午，物流公司接到客户的入库作业任务，将有五批货物在10月17日上午09：00送抵仓库，进行入库作业处理，具体入库的货物、数量等信息如下表所示。

表6-13　　　　　　　　　　　入库通知单

编号：2016101609

客户名称				仓库				
客户编号	HX-009326			仓库地址				
入库方式	送货			送货日期	2016.10.17 09：00			
批次	货物	型号	条码	单位	应收数量	实收数量	包装规格	货位号	备注
12009	海尔冰箱	BCD225	9787880701203	箱	20		1500mm×550mm×600mm		
12009	美的微波炉	MM721A	9787508614502	箱	36		250mm×180mm×220mm		
12009	长虹液晶电视	LED50B	9787538557138	箱	20		1250mm×800mm×300mm		
12009	奔腾电磁炉	CG2184	6933410993515	箱	35		400mm×350mm×250mm		
12009	格力空调室内机	KFR35W	6247120000225	箱	40		850mm×300mm×200mm		

仓管员（签字）：　　　　　　　　　　　　　送货人（签字）：

2016年10月17日上午09：00，货运公司安排送货司机李鸣将五批货物送到仓库，送货单如表6-14所示。

表6-14　　　　　　　　　　　　送货单

日期：2016年10月17日　　　　　　　　　　　　　　　　　　　　　　编号：HX16101609

收货人						仓库			
收货人电话						仓库地址			

序号	货物	型号	包装种类	包装规格	数量	实收数量	单位	备注
1	海尔冰箱	BCD225	纸箱	1500mm×550mm×600mm	20		箱	
2	美的微波炉	MM721A	纸箱	250mm×180mm×220mm	36		箱	
3	长虹液晶电视	LED50B	纸箱	1250mm×800mm×300mm	20		箱	
4	奔腾电磁炉	CG2184	纸箱	400mm×350mm×250mm	35		箱	
5	格力空调室内机	KFR35W	纸箱	850mm×300mm×200mm	40		箱	

送货人（签字）：　　　　　　　　　　　　　收货人（签字）：

仓管员王海负责此批货物的入库验收工作。

任务实施

（一）验收准备

物流公司接到货物到货通知后，根据货物的性质和批量提前做好验收的准备工作，工作内容包括：

①人员准备：安排好负责验收的技术人员和配合数量验收的装卸搬运人员。

②资料准备：收集、整理并熟悉待验货物的验收凭证、资料和有关的验收要求，如技术标准。

③设备准备：准备好验收用的计量器具、卡量工具和检测仪器仪表，并事先进行校验。同时做好装卸搬运机械的申请。

④货位准备：落实入库货物的存放位置，选择合理的堆码垛型和保管方法，准备所需的堆码物料。

（二）核对凭证

物流公司入库的货物必须具备下列凭证。

①客户提供的入库通知单，这是仓库接收货物的凭证；

②送货单位提供的装箱单、发货明细表或送货单等。

王海凭入库通知单核对送货单，主要核对送货单上的货物名称、数量、规格以及客户名称、送货日期等信息是否与入库通知单一致，相符后才可以进入下一步的实物检验。如果发现证件不齐或不符等情况，要与存货、供货、承运单位及相关业务部门及时联系解决。王海经核对后，入库单与送货单内容一致，接下来进行实物验收。

（三）验收货物

1. 确定验收比例

受仓库条件和人力的限制，对某些大批量的货物在短时间内难以全部验收；而有些货物打开包装后不便储存和销售，甚至影响货物的质量。因此，仓库在验收货物时可以根据实际情况采用抽验的方法。唐山宏鑫物流公司与货主之间就入库货物的验收比例在仓储合同中有明确规定，对规模较大、信用较高的长期合作客户在货物入库时采用抽验的方法。

2. 实物验收

在进行实物验收时，王海根据入库单和有关技术资料对实物进行数量和质量的检查。

验收人员凭入库单验收送来的货物，收货点验时遵循"三核对"原则：核对物品条形码、核对物品的件数、核对物品包装货物名、规格、细数。以单对货，确保单货相符。其次，验收人员对货物的外观质量进行检验。检验货物的包装外形或检查货物是否被污染，有无潮湿、压损、破损等情况。验收人员对抽验的货物打开外包装，检查存放货物是否与包装规格一致；配套件数是否齐全；质量是否合格。对不符合验收要求的货物单独存放，防止混杂，等待处理。

（四）异常货物处理

通过货物验收，本批入库货物与客户提供的入库通知单中数量不符。仓管员王海与供货方联系后查明原因是供货方装车有误，少发了2箱微波炉，并将1箱吸尘器错发，2箱外包装破损的电视机是由于运输过程中挤压导致。根据合同要求，一经发现商品有质量问题或数量不实等情况，仓库人员可将问题货物直接返还供货方。经过双方交涉后，供货方将于下次送货时补齐4箱货物。仓管员王海将2箱外包装破损的电视机和1箱吸尘器拍照并单独存放，待下次供货方送货时随车返回。

货物验收完毕后，王海根据实际验收情况在入库通知单和送货单内填写实收数量和异常状况。

表6-15　　　　　　　　　　　入库通知单

编号：2016101609

客户名称					仓库				
客户编号		HX-009326			仓库地址				
入库方式		送货			送货日期		2016.10.17　09：00		
批次	货物	型号	条码	单位	应收数量	实收数量	包装规格	货位号	备注
12009	海尔冰箱	BCD225	9787880701203	箱	20	20	1500mm×550mm×600mm		
12009	美的微波炉	MM721A	9787508614502	箱	36	34	250mm×180mm×220mm		货物短缺2箱；2箱电视机外包装破损；1箱货物为吸尘器
12009	长虹液晶电视	LED50B	9787538557138	箱	20	18	1250mm×800mm×300mm		
12009	奔腾电磁炉	CG2184	6933410993515	箱	35	35	400mm×350mm×250mm		
12009	格力空调室内机	KFR35W	6247120000225	箱	40	40	850mm×300mm×200mm		
仓管员（签字）：					送货人（签字）：				

表 6-16　　　　　　　　　　　　　送货单

日期：2016 年 10 月 17 日　　　　　　　　　　　　　　　　　　　　编号：HX16101609

收货人				仓库				
收货人电话				仓库地址				
序号	货物	型号	包装种类	包装规格	数量	实收数量	单位	备注
1	海尔冰箱	BCD225	纸箱	1500mm×550mm×600mm	20	20	箱	货物短缺 2 箱；2 箱电视机外包装破损；1 箱货物为吸尘器
2	美的微波炉	MM721A	纸箱	250mm×180mm×220mm	36	34	箱	
3	长虹液晶电视	LED50B	纸箱	1250mm×800mm×300mm	20	18	箱	
4	奔腾电磁炉	CG2184	纸箱	400mm×350mm×250mm	35	35	箱	
5	格力空调室内机	KFR35W	纸箱	850mm×300mm×200mm	40	40	箱	
送货人（签字）：				收货人（签字）：				

（五）完成验收记录表

入库交接完毕后，仓管员需要根据入库情况完成验收记录表。

仓管员王海根据货物入库通知单所列内容对实物进行验收后，对货物的型号、规格是否相符，数量是否准确，配套是否齐全，证件及资料是否齐全，质量是否合格等，都要做好详细记录，认真填写仓库货物验收记录表，及时向主管部门及存货单位反映，以便查询处理。填写完毕的货物验收记录表如下。

表 6-17　　　　　　　　　　　　货物验收记录表

入库通知单号：2016101609　　　　送货单号：HX16101609　　　　验收员：王海

供方：　　　　　　　　　　　　　合同号：SHHX0023　　　　　　车号：

通知日期：2016-10-16　　　　　　到货日期：2016-10-17　　　　验收日期：2016-10-17

序号	货物	型号	包装规格	数量	实收数量	单位	盈亏
1	海尔冰箱	BCD225	1500mm×550mm×600mm	20	20	箱	
2	美的微波炉	MM721A	250mm×180mm×220mm	36	34	箱	亏
3	长虹液晶电视	LED50B	1250mm×800mm×300mm	20	18	箱	亏
4	奔腾电磁炉	CG2184	400mm×350mm×250mm	35	35	箱	
5	格力空调室内机	KFR35W	850mm×300mm×200mm	40	40	箱	
货物异常情况	货物短缺 2 箱、2 箱电视机外包装破损、1 箱货物为吸尘器。						
原因	供货方装车有误，少发了 2 箱微波炉，并将 1 箱吸尘器错发，2 箱外包装破损的电视机是由于运输过程中挤压导致。						
处理方法	供货方将于下次送货时补齐 4 箱货物，对 2 箱外包装破损的电视机和 1 箱吸尘器拍照并单独存放，待下次供货方送货时随车返回。						

任务评价

姓名			学号		小组		
任务名称			货物入库验收				
考核内容		考核标准	参考分值（100）	学生自评	小组互评	教师评价	考核得分
职业素养	1	具有严谨的工作态度	10				
	2	具有学生互相协作的团队意识	10				
	3	具有团队合作精神、岗位意识、安全意识及成本意识	10				
理论知识掌握情况	4	能描述货物验收的流程步骤	10				
	5	能描述货物验收每一个环节中的具体工作要求	10				
	6	能描述货物验收的具体方法	10				
	7	能描述不合格商品的处理办法	10				
操作技能情况	8	能检查货物外包装完好度	10				
	9	能核对品名、规格、颜色型号、有效期等信息，做到单货相符	10				
	10	能对检验不合格的货物进行处理和结果跟进，并判断是否需要做退货处理	10				
总得分			100				

技能训练二　入库订单处理

任务引入

2016年11月18日上午，某科技公司以传真的形式通知物流中心，送货员张明会在下午2：00将50箱咖啡机和80箱取暖器送过来。在下午送货员送货之前，物流中心的信息人员要根据客户的入库申请和相关要求完成仓库管理信息系统的入库订单的相关处理与打印。信息员李萍需要根据要求完成入库订单的相关处理。

表6-18　　　　　　　　　　　入库通知单

仓库名称：　　　　　　　　　　　　　　　　　　　　　　　　　　　2016年11月18日

批次	11001		
采购订单号	20161118005		
客户指令号	20161118123	订单来源	传真

续表

客户名称				质　　量			正品	
入库方式		送货		入库类型			正常	
序号	货品编号	名称	单位	规格	申请数量	实收数量	备注	
1	980301495	咖啡机	箱	1×1	50			
2	980401495	取暖器	箱	1×1	80			
合　　计								

（备注：第一联仓库留作；第二联财务留作；第三联仓库记账）

送货员：　　　　　　　　　　　　　　仓管员：

任务实施

（一）登录信息系统

请使用给定的用户名（text01）和密码（1）登录仓储管理系统，如图6-2所示。订单处理主要操作功能按钮，如图6-3所示。

图6-2　　　　　　　　　　图6-3　订单处理主要功能按钮

（二）录入入库订单

点击图6-3中的"入库订单"，进入图6-4"新增订单"界面。

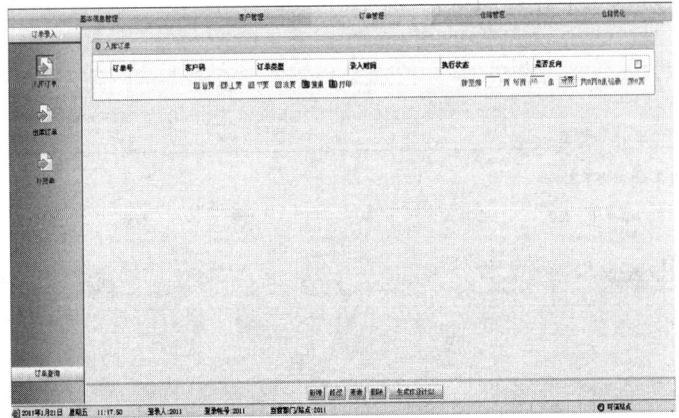

图6-4　新增订单

点击图6-4中的"新增"按钮,进入入库订单录入界面。根据入库通知单内容将"订单信息"录入完毕,如图6-5所示。

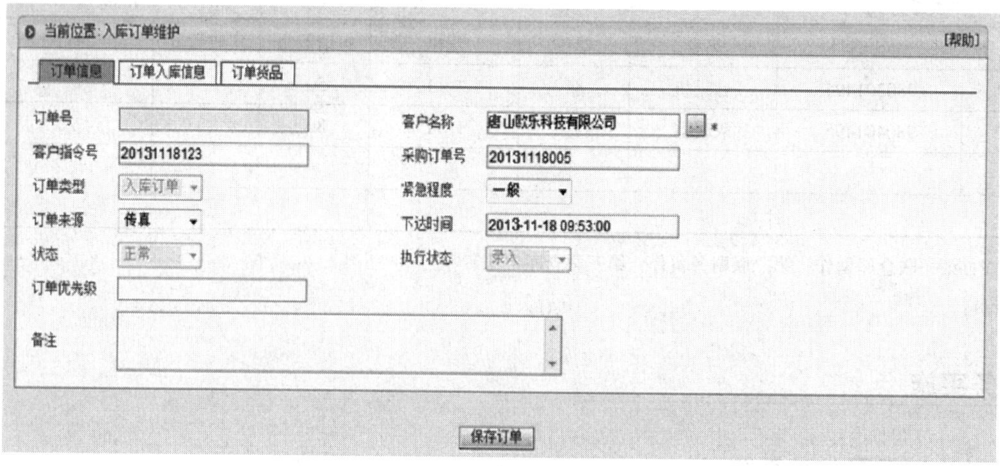

图6-5 订单信息

"订单入库信息"录入完毕,如图6-6所示。

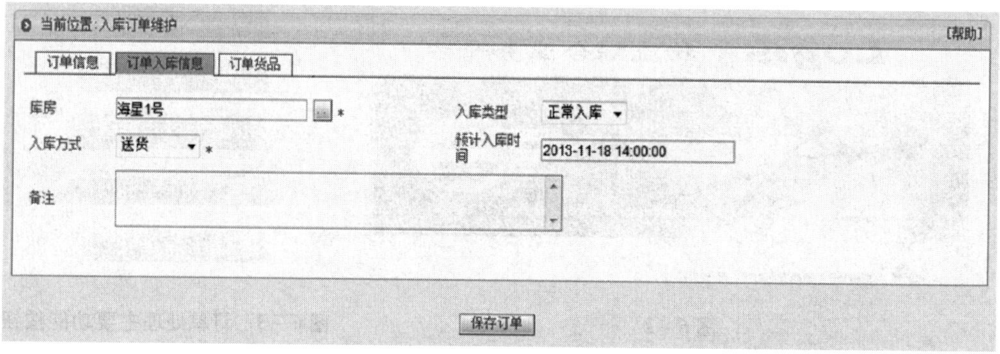

图6-6 订单入库信息

"订单货品"录入完毕,如图6-7所示。

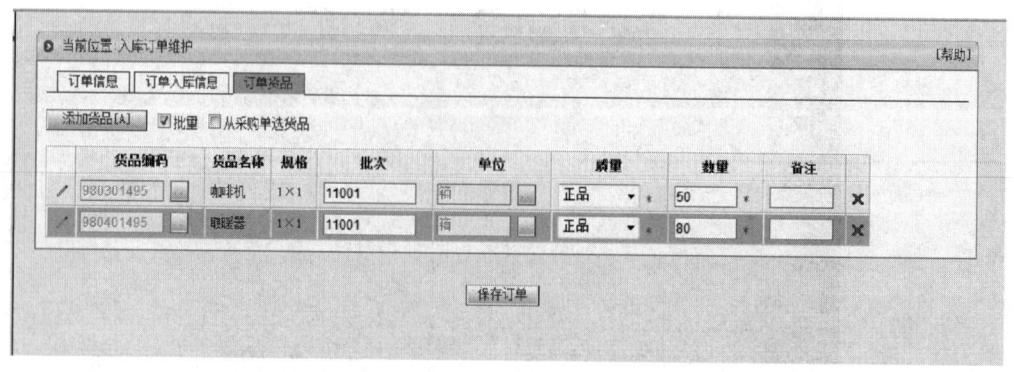

图6-7 订单货品

点击图6-7中的"保存订单",即入库订单录入完毕。

(三) 生成作业计划

入库订单录入完毕后,进入图6-8所示界面。

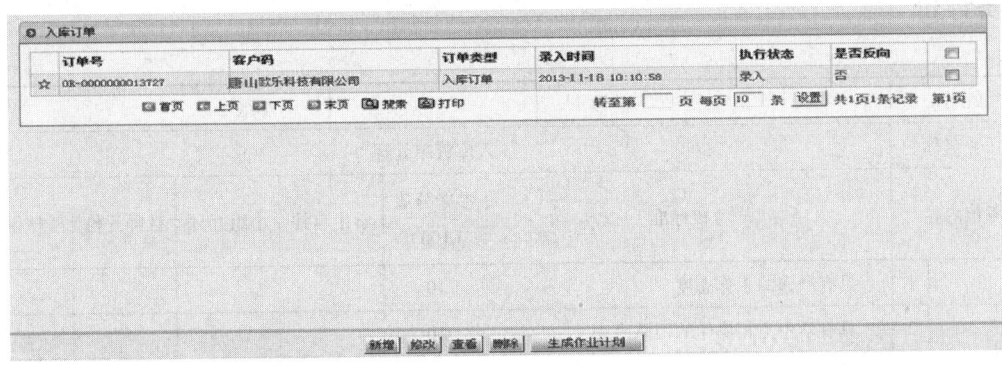

图6-8 生成作业计划

在图6-8中,勾选已录入完毕的订单,然后点击"生成作业计划",进入图6-9所示界面。

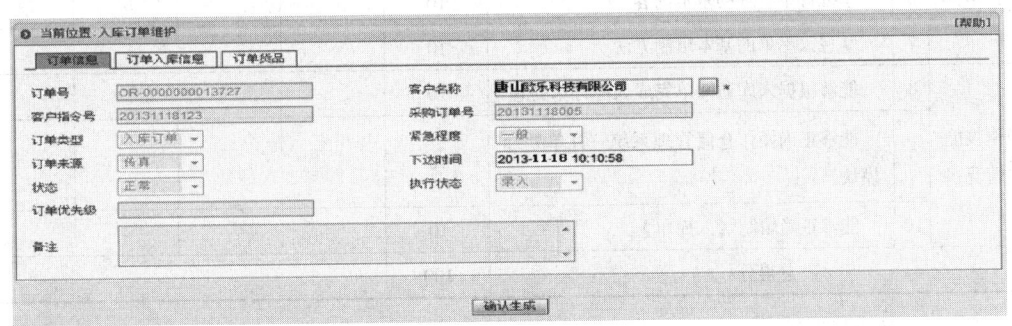

图6-9 确认生成

点击图6-9中的"确认生成",即入库订单生成作业计划操作完毕。

(四) 打印入库单

点击功能模块中的"入库单打印",在要打印的订单后的复选框中选择"打印",弹出打印窗口,如图6-10所示。

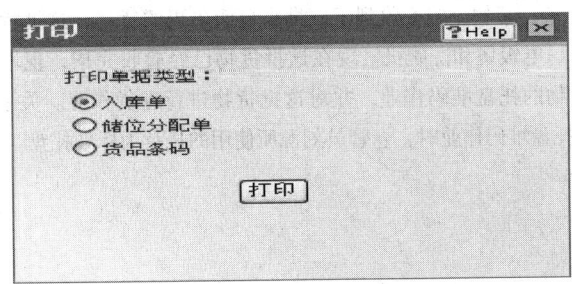

图6-10 打印单据类型

在图 6-10 中，选择打印单据类型为入库单，点击"打印"，即可打印纸质入库单。至此，入库订单处理操作完毕。

任务评价

姓名			学号		小组		
任务名称				入库订单处理			
考核内容		考核标准	参考分值（100）	学生自评	小组互评	教师评价	考核得分
职业素养	1	具有严谨的工作态度	10				
	2	具有学生互相协作的团队意识	10				
	3	具有团队合作精神、岗位意识及沟通交流能力	10				
理论知识掌握情况	4	了解货物入库的订单内容	10				
	5	掌握订单录入的流程	10				
	6	掌握订单管理的基本内容	10				
	7	掌握入库单的基本填制方法	10				
操作技能情况	8	能够根据入库通知单完成入库订单处理	10				
	9	能够正确操作仓储管理系统—订单处理模块	10				
	10	能够正确填制《入库单》	10				
		总得分	100				

技能训练三 货物入库理货

任务引入

2016 年 10 月 25 日上午，某物流中心收到了一批来自沃尔玛的货物，这批货物包括微波炉、蒸汽拖把、美的吸尘器、电熨斗、电饭煲和洗碗机。现在这批货物已经验收完毕，现堆放在收货理货区。仓管员刘源需要完成对这批货物的托盘堆码作业，并对这批货物进行理货作业。关于这批货物的相关信息如表 6-19 所示。另外，在托盘堆码作业时，仓管员刘源所使用的托盘为标准托盘。其托盘规格为 1200mm×1000mm、盘厚度为 150mm。

表 6-19 货物信息

序号	货物名称	数量（箱）	包装箱规格	层高标识（层）
1	微波炉	28	600mm×300mm×220mm	4
2	蒸汽拖把	16	475mm×345mm×390mm	4
3	美的吸尘器	30	450mm×300mm×200mm	4
4	电熨斗	50	440mm×240mm×180mm	5
5	电饭煲	28	480mm×320mm×200mm	4
6	洗碗机	24	620mm×4500mm×800mm	3

任务实施

（一）分析任务要求

（1）电饭煲和蒸汽拖把的堆码采用重叠式堆码方式，其他货物的堆码方式不能使用重叠式。

（2）分析每类货物的层高标识，即每托盘货物堆码的最高层数。而层高与堆码方式共同决定每托盘货物的数量。

（3）不同名称货物不得堆码在同一托盘上；这批货物共有6类，所以在堆码时至少要使用6个托盘。

（4）单元货物即堆码完毕的托盘货物底面长、宽最大偏差为+40mm。即要求与托盘接触的单元货物底面各边不得超出托盘各边40mm。

（5）在进行托盘货物堆码操作时，按照最优的堆码方式及方法进行规范操作。

（二）操作准备

1. 了解托盘堆码的主要方式及特点

托盘堆码一般有3种方式，即重叠式、纵横交错式、正方交错式堆码。

2. 画出每种货物奇、偶层的堆码俯视图

①电饭煲：480mm×320mm×200mm。

电饭煲采用重叠式的堆码方式，所以堆码的奇数层与偶数层的俯视图是一致的，具体如图6-11所示。

②蒸汽拖把：475mm×400mm×390mm。

同理，蒸汽拖把也采用重叠堆码方式，其奇数层与偶数层俯视图是一样的，如图6-12所示。

图6-11 电饭煲堆码俯视图

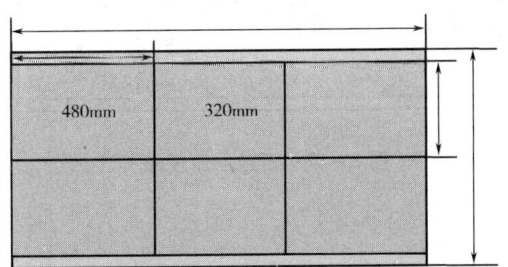

图6-12 蒸汽拖把堆码俯视图

③微波炉：600mm×300mm×220mm。

根据托盘大小和货物包装规格，可以有两种堆码方式。

第一种堆码方式：

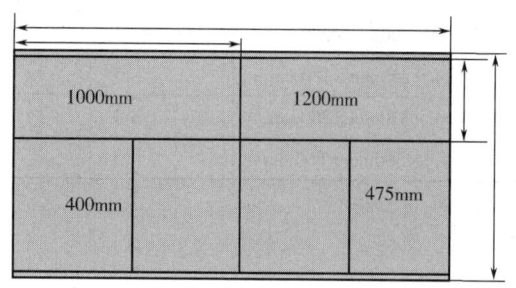

图6-13 奇数层俯视图

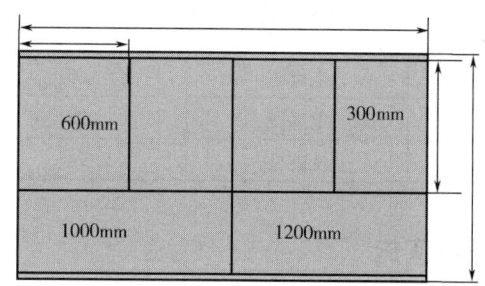

图6-14 偶数层俯视图

第二种堆码方式：

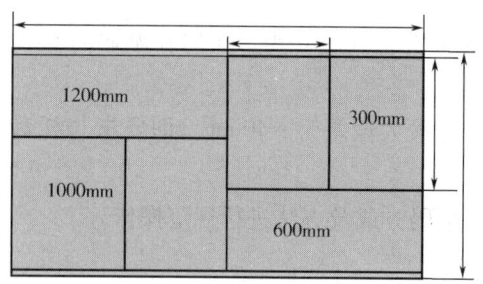

图6-15 奇数层俯视图

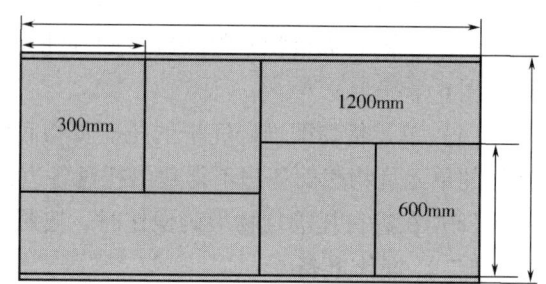

图6-16 偶数层俯视图

④美的吸尘器：450mm×300mm×200mm。

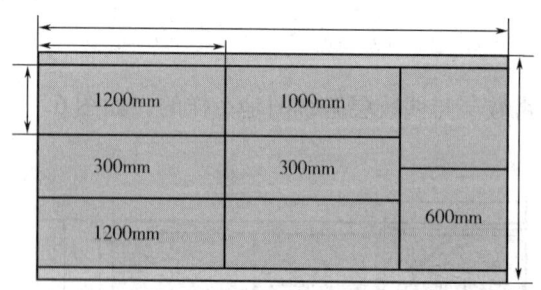

图6-17 奇数层俯视图

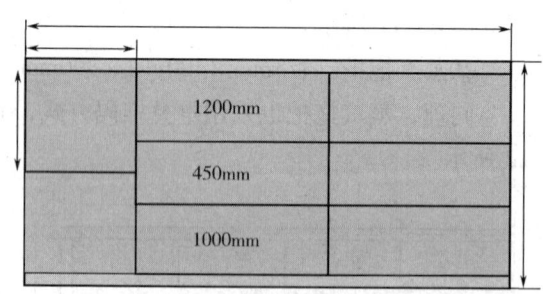

图6-18 偶数层俯视图

⑤电熨斗:440mm×240mm×180mm。

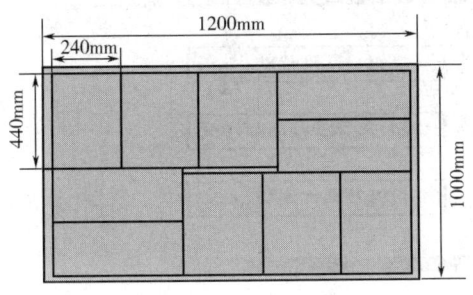

图6-19 奇数层俯视图

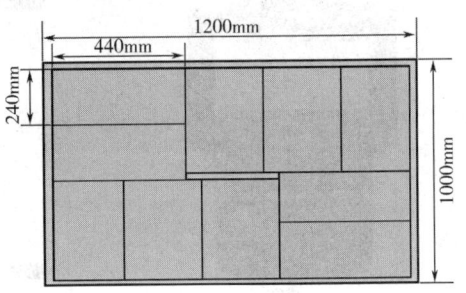

图6-20 偶数层俯视图

⑥洗碗机:700mm×300mm×800mm。

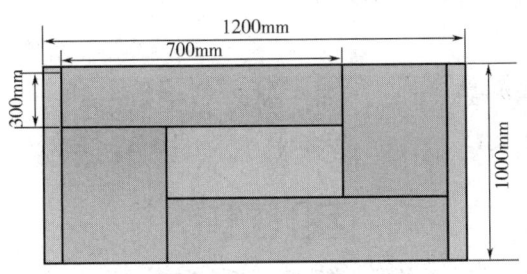

图6-21 奇数层俯视图

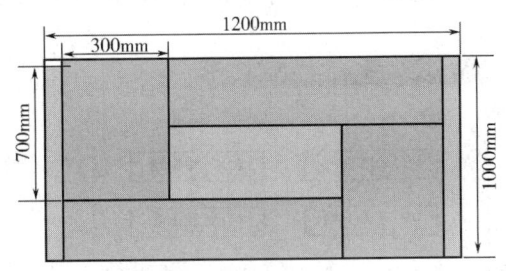

图6-22 偶数层俯视图

3. 统计每种货物的托盘使用数量

表6-20 托盘堆码数量统计

序号	货品名称	指定数量（箱）	包装箱规格	层高标识（层）	堆码方式	每层堆码数量（箱）	每托堆码数量（箱）	托盘使用数量（个）
1	电饭煲	28	480mm×320mm×200mm	4	重叠式	8	32	1
2	蒸汽拖把	16	475mm×400mm×390mm	4	重叠式	6	24	1
3	微波炉	28	600mm×300mm×220mm	4	正反交错式	6	24	2
4	美的吸尘器	30	450mm×300mm×200mm	4	正反交错式	8	32	1
5	电熨斗	50	440mm×240mm×180mm	5	正反交错式	10	50	1
6	洗碗机	24	700mm×300mm×800mm	3	正反交错式	4	12	2

（三）托盘堆码操作

请使用给定的用户名（cc）和密码（1）登录手持终端系统，选择库房名称，如图6-23所示。

登录手持终端系统后，进入应用操作主功能界面，如图6-24所示。

 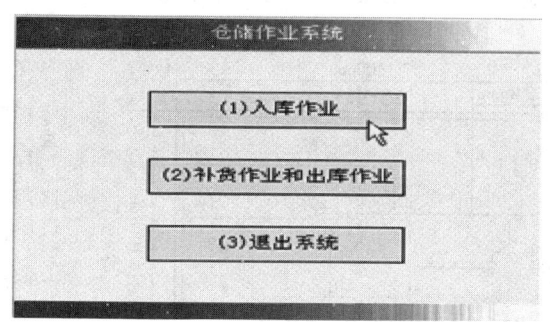

图6-23 登录手持终端系统　　　　　图6-24 手持终端主功能界面

在手持终端主功能界面点击【入库作业】，进入图6-25所示界面。

在图6-25中，点击【入库理货】，进入图6-26所示界面。

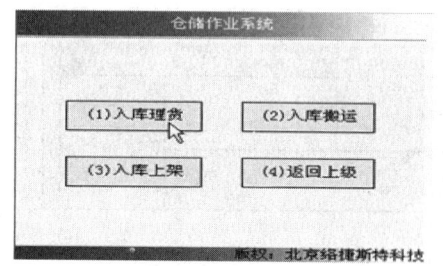 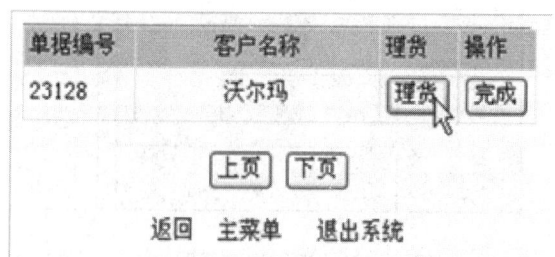

图6-25 入库作业主要功能按钮　　　图6-26 入库理货界面

在图6-26中，点击【理货】，进入图6-27所示界面。

利用手持终端采集货品条码和托盘标签信息，如图6-28所示。

图6-27 入库理货开始　　　　　　　图6-28 采集货品条码和托盘标签信息

信息采集成功后，手持终端界面，如图所6-29示。

手持终端扫描过托盘编码后，会将货品名称、规格、实收数量的信息显示出来，用户只需核对实收数量与订单入库数量是否一致即可。填写批号为：12002。

在上图中,手持终端系统建议一托盘(托盘规格:1200mm×1000mm)的合理堆码数量为24箱。因此,"实收数量"栏的默认数量显示24。理货人员可根据实际理货数量在此修改为16,如不修改,手持终端系统则按照默认数量记录。操作完成后点击"保存结果",进入图6-30所示界面。

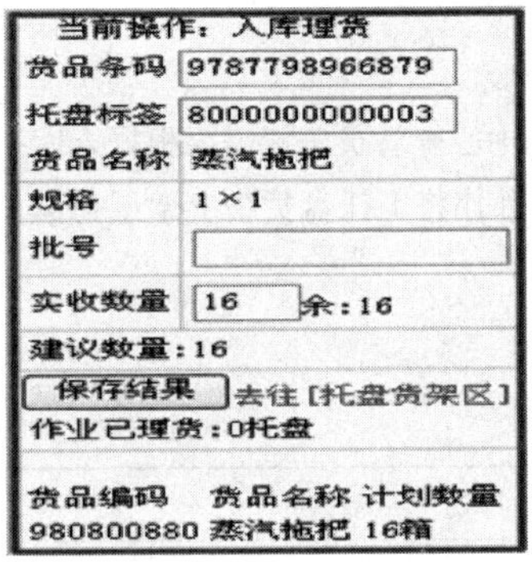

图6-29 信息采集成功界面 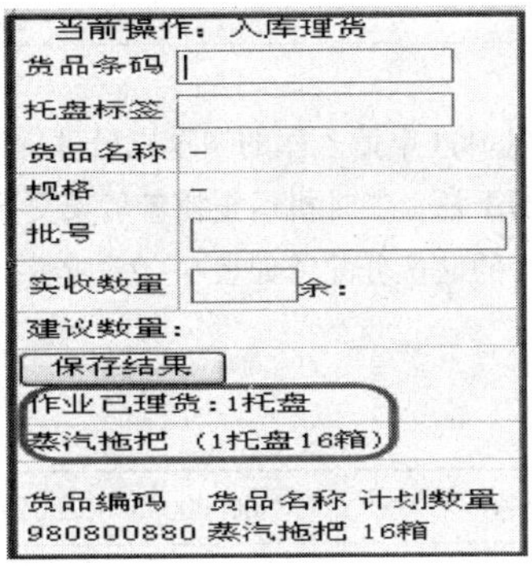　　　　图6-30 理货完毕

至此,蒸汽拖把的入库理货作业操作完毕,其他货物的理货作业可依此来完成。

任务评价

姓名		学号		小组		
任务名称		货物入库理货				
考核内容		考核标准	参考分值(100)	学生自评	小组互评	教师评价	考核得分
职业素养	1	具有严谨的工作态度	10				
	2	具有学生互相协作的团队意识	10				
	3	具有团队合作精神、岗位意识及沟通交流能力	10				
理论知识掌握情况	4	掌握货物入库理货流程	10				
	5	熟悉货物常见堆码方法	10				
	6	掌握手持终端的使用	10				
	7	掌握手持终端信息采集的方法	10				
操作技能情况	8	能够根据流程进行入库理货作业	10				
	9	能够进行正确的货物堆码	10				
	10	能够正确处理理货过程中出现的问题	10				
总得分			100				

技能训练四 货物入库确认

任务引入

Super-Market申请入库的咖啡机已理货完毕,物流仓储中心仓管员王博需要根据入库指示将入库理货区堆码好的1托盘咖啡机运至托盘货架交接区,由操作员孙伟将1托盘货物上架至托盘货架区的正确货位,打印好的储位分配单如表6-21所示。

表6-21　　　　　　　　　　　储位分配单

操作编码：0000000000046003

作业单号	0000000000023050		库房				
货品明细							
位置	货品编码	货品名称	规格	批次	应放	实放	单位	备注
C00624-A00101		咖啡机	1×1	12002	20		箱	

任务实施

（一）读取搬运信息

仓管员王博登录手持终端系统,利用其耀华物流仓储中心的用户名和密码登录,如图6-31所示。

登录手持终端系统后,进入操作主功能界面,如图6-32所示。

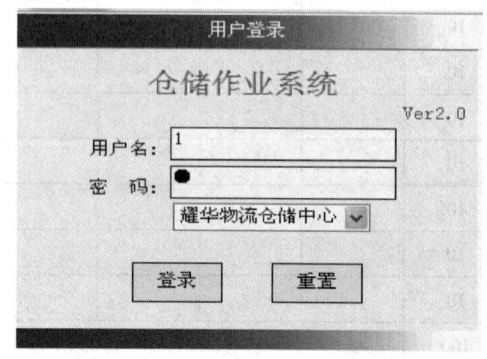

图6-31　登录手持终端系统

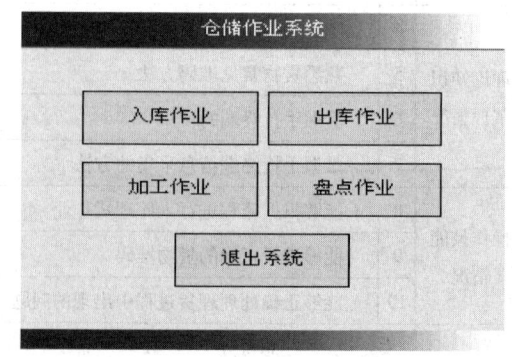

图6-32　手持终端主功能界面

在图 6-32 的界面中，点击【入库作业】，进入图 6-33 所示界面。

在图 6-33 的界面中，点击【入库搬运】，进入图 6-34 所示界面，手持终端下方提示需搬运货物的信息。

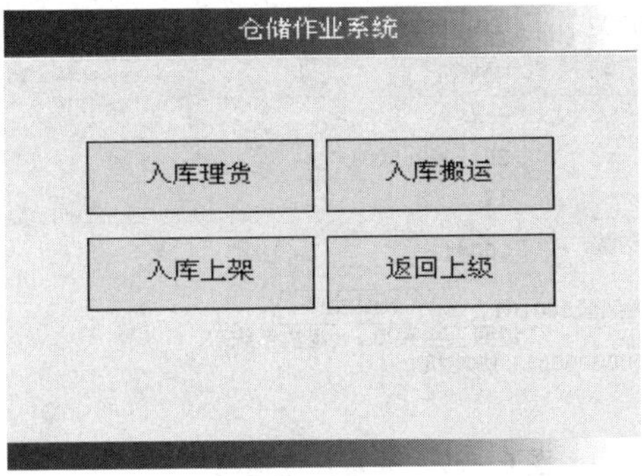

图 6-33 入库作业主要功能按钮

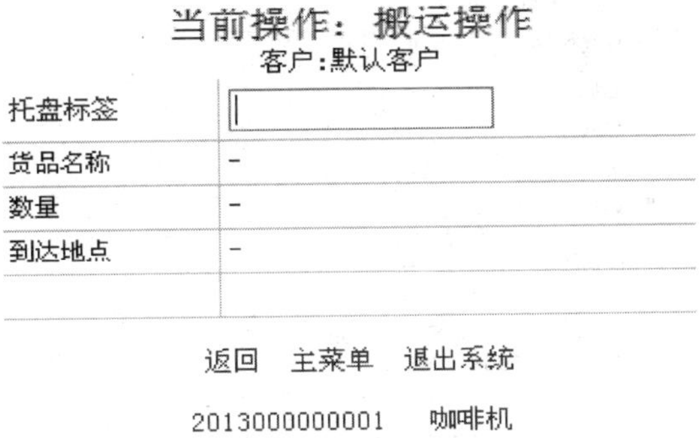

图 6-34 入库搬运

仓管员王博根据手持终端提示采集托盘标签信息，信息采集成功后，手持终端系统自动提示搬运的货品名称、货品数量及目标地点等信息，如图 6-35 所示界面。

（二）搬运操作

仓管员王博利用手动液压搬运车将托盘货物搬运至托盘货架交接区，如图 6-36 所示。

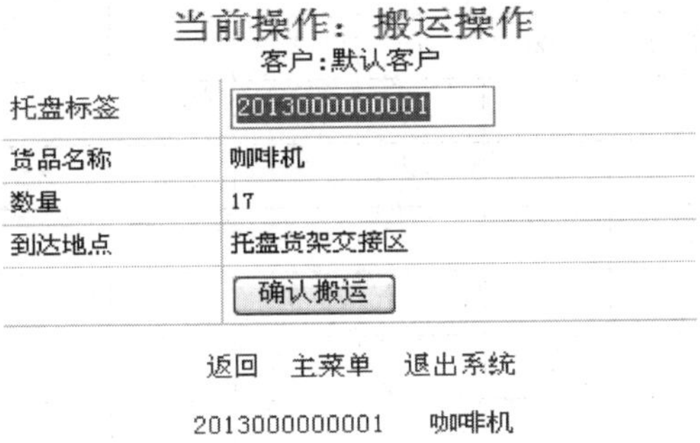

图 6-35 采集托盘信息

图 6-36 搬运操作

将货物暂存在托盘货架交接区后，在图界面点击【确认搬运】，完成货物搬运工作。

（三）读取上架信息

操作员孙伟登录手持终端系统，点击手持终端主功能界面的【入库作业】，进入图 6-37 所示界面。

在图 6-38 界面中，点击【入库上架】，进入图示界面，手持终端下方提示需上架货物的信息。

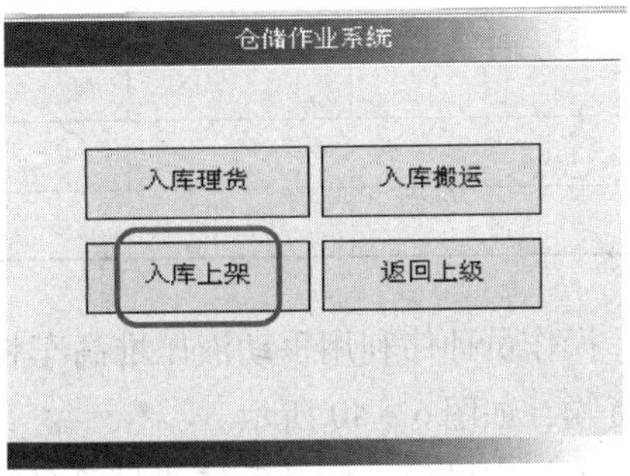

图 6-37 入库作业主要功能按钮

项目五　入库作业组织

操作员孙伟利用手持终端采集托盘标签信息，信息采集成功后，手持终端系统自动提示目标储位等信息，如图6-39所示界面。

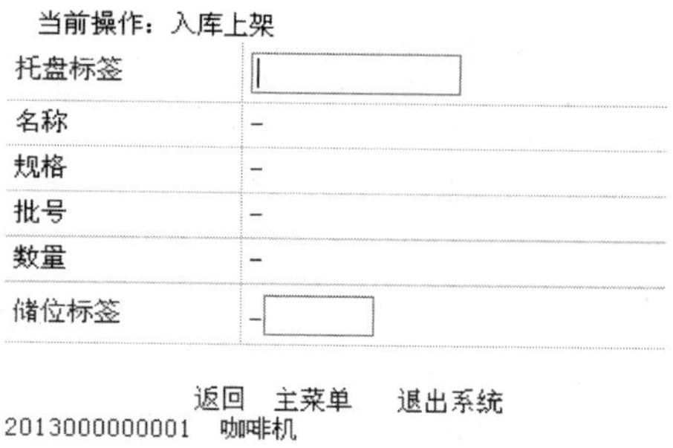

图6-38 入库上架

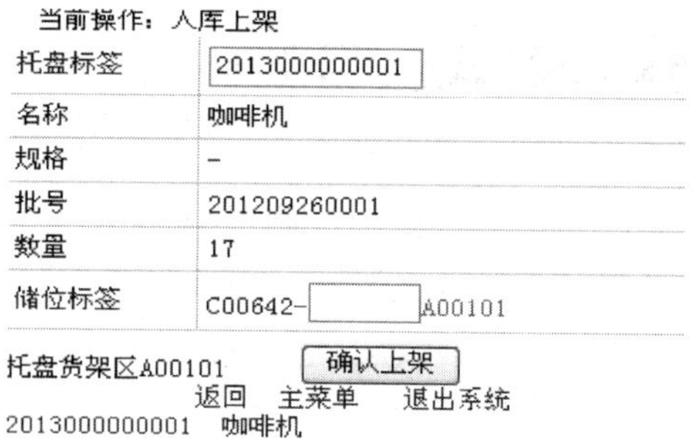

图6-39 采集托盘信息

（四）上架操作

根据储位分配单确定货品的上架位置，如表6-22所示。

表6-22　　　　　　　　　　储位分配单

操作编码：0000000000046003

作业单号	0000000000023050		库房				
货品明细							
位置	货品编码	货品名称	规格	批次	应放	实放	单位	备注
C00624-A00101		咖啡机	1×1	12002	20		箱	

操作员孙伟利用手动液压堆高车将货物从托盘货架交接区的C00011-A00300储位上架货物，如图6-40所示。

上架完成后，登录手持终端系统，利用手持终端扫描上架货物的储位标签，信息采集成功后，进入图6-41所示界面，点击【确认上架】，完成整个上架过程。

| 图6-40 上架操作 | 图6-41 确认上架 |

(五) 入库确认

操作员孙伟返回手持主菜单界面，如图6-42所示。

在图6-43界面中，点击【入库理货】，进入图示界面，点击【完成】，至此客户Super-Market的17箱咖啡机的入库作业全部操作完毕。

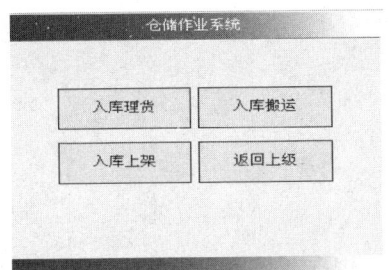

| 图6-42 入库作业主要功能按钮 | 图6-43 入库理货完成 |

任务评价

姓名			学号		小组	
任务名称			货物入库确认			
考核内容		考核标准	参考分值（100）	学生自评	小组互评	教师评价	考核得分
职业素养	1	具有严谨的工作态度	10				
	2	具有学生互相协作的团队意识	10				
	3	具有团队合作精神、岗位意识及沟通交流能力	10				
理论知识掌握情况	4	了解储位分配单的内容	10				
	5	掌握手持终端的使用	10				
	6	掌握上架过程中物流设备的使用规范	10				
	7	掌握货物入库确认流程	10				

续表

考核内容		考核标准	参考分值（100）	学生自评	小组互评	教师评价	考核得分
操作技能情况	8	能够按照上架要求和货物性质，正确使用相关的搬运设备	10				
	9	能够进行正确的货物存储	10				
	10	能够操作手持终端进行货物信息采集及反馈，从而对货物进行入库确认	10				
总得分			100				

项目六 货物在库保管

货物在库作业管理是指对在库货物进行合理的保存和经济的管理。所谓合理的保存是将货物存放在适宜的场所和位置；所谓经济的管理是对货物实体和仓储信息进行科学的管理，包括对货物进行科学的保养和维护，为货物提供良好的保管环境和条件，以及对与库存货物有关的各种技术证件、单据、凭证、账卡等进行信息化管理。

教学目标

【知识目标】

①理解和掌握货物储存的方法、原则等基本内容。
②了解库内堆码、苫垫等活动及操作技巧。
③了解货物在库期间的变化以及促使变化的因素。
④掌握货物在库保养与维护措施、加速库存货物变化的原因以及降低库存损耗的手段。
⑤掌握仓库温湿度调节方法。
⑥掌握货物储存管理合理化的途径。

【技能目标】

①能熟练进行理货，根据理货结果填写理货记录，并合理地将货物分类、编号，安排合适货位。
②能够利用仓储设备进行合理堆码、苫垫以及库内移货。
③能够掌握货物在库期间发生的变化以及发生变化的原因，利用各种货物养护手段保证货物在库期间的价值不变。
④能够监控仓库温度、湿度，根据货物性质对温湿度进行调节。

一、任务描述

某物流公司与海尔公司签订为期 2 年的家电仓储配送合同。设定相关条件如下。

相关条件	可供选择
家电种类	电冰箱、电视机、洗衣机、微波炉、空调
家电情况	外观尺寸、堆码层数要求、地坪承载能力
仓库自然状态	平仓、娄仓、立体仓库
堆码方式	地面直接堆码、货架
装卸搬运方式	托盘、单件、专用机械
装卸搬运设备	人工、叉车、专用叉车

①根据上述给定条件及家电保管要求，学生分组自己选择相关条件，选择其中一种家电产品为海尔公司设计储存保管方案。

②各组交流讨论，分组撰写商品的保管方案。

③小组演示，同学评价。

二、任务分析

（一）货物在库保管的要求

①掌握货物的堆码苫垫的要求、技术和方法；掌握货物保管与养护的原理、基本要求、技术和方法。

②掌握货物在库保管的程序，货物在库保管的内容，货物在库保管的技术及问题的处理。

③根据货物的性质特点堆码苫垫货物并进行货物的保管与养护。

④能够进行货物在库保管的各岗位的操作。

⑤严格执行各种操作规程；遵守企业的仓储管理制度；按规定的工作流程、货物在库保管技术和方法进行货物在库保管作业；各部门、各类人员协调配合；工作认真负责。

⑥严格执行安全管理规程，防火防盗。

⑦严格按5S管理要求进行现场管理，禁止野蛮作业。

⑧生产和生活垃圾分类集中存放处理，使用绿色包装。

（二）货物在库保管任务分析

货物在库保管是仓库针对货物的特性，结合仓库的具体条件，采取科学手段对货物进行养护、防止和延缓货物质量变化的行为。

①货物在库保管工作岗位和人员：仓储主管、保管员、理货员、养护员、安全管理员、搬运员。

②货物在库保管所需工具和设备：叉车（夹包机）、托盘、手动叉车（地牛）、货架、扫描仪、地磅、龙门吊车、吊车、计算机及软件、各种账表及凭证等。

（三）货物在库保管作业流程

步骤一 严格验收入库商品

要防止商品在储存期间发生各种不应有的变化，首先在商品入库时要严格验收，弄清商品及其包装的质量状况。

对以下商品应加强检查，仔细检查：

①保管性能不稳定，容易发生问题的商品。

②利用旧包装或包装有异状的商品。

③整理后重新进仓的商品。

④从外地运来的商品。

⑤商品性能不熟悉的商品。

⑥从外仓转来的商品。

⑦雨天进仓的商品。

步骤二　适当安排储存场所

在安排入库商品时，首先要考虑储存安全，根据商品性能和温湿度要求，合理选择库房，妥善安排。安排时主要考虑：

①有无挥发性气体、异味、沾染或感染其他商品。

②商品和包装所含的水分是否会影响同储商品的安全。

③与同一库房内的商品或邻近货垛的商品性能是否互抵。

④如系保管要求特别高的商品，是否需要专仓储存，以便加强养护措施。

⑤与同一库房内的商品的消防方法和养护措施是否一致。

⑥有无感染虫害的可能。

步骤三　苫垫

货物的苫垫是商品保管保养工作的一个重要环节。露天存放的物资除垫垛以后，再加以妥善的苫盖，就可以减轻物资受雨、露、潮气的侵蚀和受日光的暴晒程度。此外，合理的苫垫还能提高仓容的利用率和仓储作业效率。所以苫垫是保管保养物资的必要措施。

步骤四　在库保管

控制好仓库温湿度，防止仓储商品霉腐；仓储金属商品防除锈；防治仓库虫害。

步骤五　仓储安全管理

通常仓储中的安全工作主要有：危险品的养护、防火及防监等工作。

步骤六　搞好仓库清洁卫生

垃圾、尘土、杂草为霉菌、害虫等提供了生存空间，而霉菌、害虫的繁殖直接导致了仓储商品霉变、虫蛀、变质等。

步骤七　在库检查

做好商品在库检查对维护商品安全具有重要作用。检查在库储存商品，是为了了解和掌握商品在保管过程中的质量变化情况，发掘存在问题，便于及时采取相应措施，进行防治或处理。

步骤八　异状处理

在检查时发现的问题，要彻底地调查情况，分析原因，根据产生异状的原因，迅速采取措施，进行防治和处理。

步骤九　出库复查

商品出库时，应仔细进行复查。仓库对所有库存商品，特别是对一些储存期较长、数量较大的商品，在库时不可能翻堆倒垛、件件检查。出库时就应查看垛内垛底的包装和商品有无异状，以便及时采取措施。

三、相关知识链接

（一）进货信息处理

①收到进货信息，查验进货账卡。保证进货账卡与货物相符，如有差错及时纠正。

②熟悉物品的特性。如成分是否活跃，体积的大小，有无气味，对温湿度有无特殊要求，哪些货物可以同仓共存等。

③制定物品储存方案。储存方案设计包括货位管理，仓储器具的配置，装卸搬运器具的配置，现场管理，库存管理等内容。

（二）理货

仓库理货指仓库在接收入库货物时，根据入库单、运输单据、仓储合同和仓储规章制度，对货物进行清点数量、检查外表质量、分类分拣、数量接收的交接工作。

①清点货物件数。对于件装货物，包括有包装的货物、裸装货物、捆扎货物，根据合同约定的计数方法，点算完整货物的件数。如果合同没有约定，则仅限于点算运输包装件数（又称大数点收）。

②查验货物单重、尺寸，即查验每一运输包装的货物重量。

③查验货物重量。查验重量的方法有：衡量单件重量（总重量等于单件重量之和）；分批衡量重量（总重量等于每批重量之和）；入库车辆衡量（总重量等于总重车重量减去总空车重量）。

④检验货物表面状态。根据仓库基本质量的检验要求，确定货物有无包装破损、内容损坏、油污、散落、标志不当、结块、变形等不良状况。

⑤剔除残损。理货时如果发现货物外表状况不良，将不良货物剔出，单独存放，待理货工作结束后再进行质量确定，明确划分责任。

⑥货物分拣。原则上采取分货种、分规格、分批次的方式储存货物，保证仓储质量。对于同时运送入库的多品种、多规格货物，仓库有义务进行分拣、分类、分储。

⑦安排货位、指挥作业。由理货人员进行卸车、搬运、堆码作业指挥。根据货物质量检验的需要，指定检验货物，无须检验的货物直接确定存放货位。要求作业人员按照预定的堆垛方案堆码货物或上架。指挥作业人员按要求对货垛进行垫垛和苫盖。作业完毕，要求作业人员清扫作业现场，收集地脚货物。

⑧处理现场事故。对于在理货中发现货物残损、不能退回的，做好残损记录，并由送货人、承运人签署确认。对作业中发生的工损事故，要制作事故报告，由事故责任人签署。

⑨办理交接。由理货人员与送货人、承运人办理货物交接手续，接收随货单证、文件，填制收费单据，签署单证。

理货的方法：在运输工具现场进行理货；与送货人一起理货；按送货单或仓储合同

理货；在现场进行记录和及时签署单证。

理货单据：计数单；入库单（一式三联，送货人、仓库、记账人各执一份）；送货单、交接清单（理货人验收完毕后签署意见后收留其中一联）；现场记录。

（三）货物堆码

货物堆码是根据货物的特性、形状、规格、重量及包装质量等，综合考虑地面的负荷、储存的要求，将货物分别叠放成各种码垛。

1. 货物堆码的基本原则

（1）分类存放原则（基本要求）：根据货物的自然属性、养护措施、消防方法，将商品划分为若干类别，以便分门别类地将商品固定储存在某一货区内；

①不同类别的物品分类存放，甚至需要分区分库存放；

②不同规格、不同批次的物品也要分位、分堆存放；

③残损物品要与原货分开；

④对于需要分拣的物品，在分拣之后，应分位存放，以免混串。

此外，分类存放还包括不同流向物品、不同经营方式物品的分类分存。

（2）适当的搬运活性，摆放整齐

为了减少作业时间、次数，提高仓库物流速度，应该根据物品作业的要求，合理选择物品的搬运活性。对搬运活性高的入库存放物品，也应注意摆放整齐，以免堵塞通道，浪费仓容。

搬运活性是指货物在装卸搬运过程中从静止状态转变为装卸搬运状态的难易程度。通常的活性指数用 0、1、2、3、4 来表示，指数越高表明搬运的方便程度越高，越易于搬运。如：

①无包装的地面散放的货物　　　　　　　　　　　　指数为 0
②有包装或放在一般容器里的货物　　　　　　　　　指数为 1
③装载在托盘上或者装入集装箱的货物　　　　　　　指数为 2
④装在无蓬货车或可移动设备或工具上的货物　　　　指数为 3
⑤放置在输送线上的货物　　　　　　　　　　　　　指数为 4

长期存放搬运指数要求低，短期存放搬运指数要求高。

（3）面向通道，不围不堵

货垛以及存放物品的正面，尽可能面向通道，以便察看；另外，所有物品的货垛、货位都应有一面与通道相连，处在通道旁，以便能对物品进行直接作业。只有在所有的货位都与同道相同时，才能保证不围不堵。

（4）形状对应

依据物品形状来保管也很重要，如标准化的商品应放在托盘或货架上来保管。

2. 货物堆码的要求

（1）对堆码场地的要求

①库房内堆码地坪，要求平坦、坚固、耐摩擦，1 立方米的地面承载能力为 5~10t。堆码时货垛应在墙基线和柱基线以外，垛底须适当垫高。

②货棚内堆码地坪，应高于棚外场地，并做到平整、坚实。堆码时一般应垫高 20~40cm。

③露天堆码货场的地坪，应坚实、平坦、干燥、无积水、无杂草，四周有排水设施，堆码场地必须高出四周地面，货垛必须垫高40cm。

（2）对堆码货物的要求

①货物的名称、规格、数量、质量已全部查清；

②货物已根据物流的需要进行编码；

③货物外包装完好，标志清楚；

④堆码货物已集装单元化。

（3）堆码操作的要求

①安全。堆码的操作必须严格遵守操作规程，使用各种装卸搬运设备，严禁超载，同时防止建筑物超过安全负荷量。码垛必须不偏不斜，不歪不倒，牢固坚实，以免倒塌伤人、摔坏商品。

②合理。不同商品的性质、规格、尺寸不相同，应采用各种不同的垛形。不同品种、产地、等级、单价的商品，须分别堆码，以便收发、保管。货垛的高度要适当，不压坏底层的商品和地坪，与屋顶、照明灯保持一定距离，货垛的间距，走道的宽度，货垛与墙面、梁柱等的距离要合理、适度。

③方便。货垛行数、层数，力求成整数，便于清点、收发作业，便于装卸搬运，便于日常维护保养，便于物品保管和安全消防。

④整齐。货垛排列要整齐有序，同类物品垛形统一。货垛横成行、纵成列，物品包装上的标志一律朝外，便于查看和拣货。

⑤节约。坚持一次堆码，减少重复作业，爱护苫垫物品，节约备品用料，降低消耗，堆码科学，节省货位，提高仓容利用率。

3. 货垛的规范要求

货垛的规范要求主要是指"五距"，即垛距、墙距、柱距、顶距和灯距。堆垛时，不能倚墙、靠柱、碰顶、贴灯；不能紧挨旁边的货垛，必须留有一定的间距。

①垛距。货垛与货垛之间的距离。常以支道作为垛距。垛距要方便存取作业，其通风散热的作用，方便消防工作。库房中的垛距一般为0.5m至1m，货场中的垛距一般不少于0.7m。

②墙距。为了防止库房墙壁和货场围墙上的潮气对商品的影响，也为了开窗通风、消防工作、建筑安全、收发作业，货垛必须留有墙距。墙距分为库房墙距和货场墙距，其中，库房墙距又分为内墙距和外墙距。内墙是指墙外还有建筑物相连，因而潮气相对少些；外墙则是指墙外没有建筑物相连，所以墙上的湿度相对大些。库房的外墙距不得小于0.5m；内墙距不得小于0.3m，货场只有外墙距，一般为0.8~3m。

③柱距。为了防止库房柱子的潮气影响货物，也为了保护仓库建筑物的安全，必须留有柱距，一般为0.2~0.3m。

④顶距。货垛堆放的最大高度与库房、货棚屋顶间的距离，称为顶距。顶距能便于装卸搬运作业，能通风散热，有利于消防工作，有利于收发、查点。顶距的一般规定是：平库房不小于0.3m；人字形库房：以屋架下弦底为货垛的可堆高度；多层库房：底层与中层为0.2~0.5m，顶层须大于等于0.5m。

⑤灯距。货垛与照明灯之间的必要距离,称为灯距。为了确保储存商品的安全,防止照明灯发出的热量引起靠近商品的燃烧而发生火灾,货垛必须留有灯距。灯距严格规定不少于0.5m。

4. 商品堆码技术和方法

(1) 散堆方式

散堆方式,是指将无包装的散货在库场上堆成货堆的存入方式。这种方式特别适用于大宗散货,如煤炭、矿石、散粮和散化肥等。其堆码方式简便,便于采用现代化的大型机械设备,节省包装费用,提高仓容的利用,降低运费。因此,散堆方式是目前货物库场堆存的一种趋势。

(2) 货堆方式

货堆方式,指对包装货物或长、大件商品进行堆码。堆码方式应以增加堆高,提高仓容利用率,有利于保护商品质量为原则。为适应不同商品的性能、外形和保管的要求,货垛的形式可以各异。箱形商品的堆垛通常有以下四种基本形式。

①重叠式:商品各层排列方式、数量完全相同,层间无交叉搭接,垛形整齐。这种垛形的优点是操作简单、计数容易、收发方便,缺点是稳定性差,易倒垛,因而常采用绳子、绳网、塑料弹性薄膜等辅助材料来防塌(图7-1)。

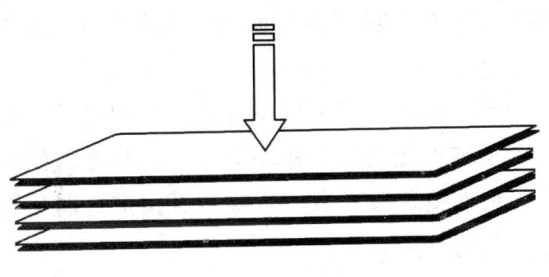

图7-1 重叠式货垛

②砌砖式。货垛上下两层排列的图谱正好旋转180°,层间互相搭接。因而稳定性较好,但是要求货物的长宽比为2:3或3:4(如图7-2b)。

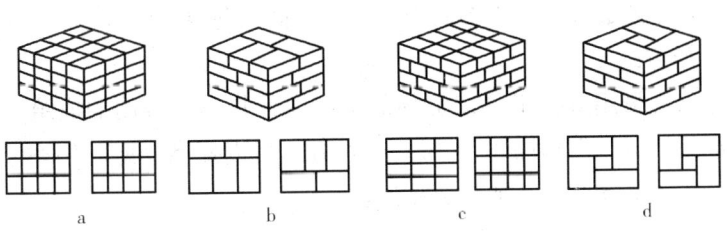

图7-2 砌砖式货垛

③纵横交错式:货垛上下两层的商品的图谱正好旋转90°,层间互相搭接,这种形式的优点是稳定性较好,缺点是只能用于正方形托盘,是机械化作业的主要垛形之一(如图7-2c和图7-3)。

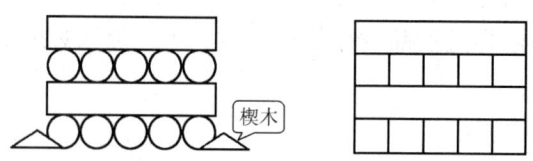

图 7-3 纵横交错式货垛

④中心留空通风式：需通风防潮的商品堆垛时，商品之间需留有一定的空隙。上下两层图谱方向对称，矩形、方形图谱均可采用。其优点是有利于通风、透气，适宜商品的保管养护，但是空间利用率较低（如图 7-2d 和图 7-4）。

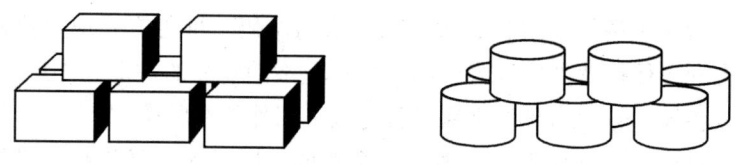

图 7-4 通风式货垛

此外，还有压缝式：货垛底层成正方形、长方形或圆形，然后在两件商品的缝间上码。以正方形、长方形为垛底的货垛纵横截面为"人"字形。适用于建筑陶瓷、阀门、桶形商品。

常见的"五五化"堆码是我国人工堆码中常用的一种科学、简便的堆码方式。以五为基本的计数单位，一个集装单元或一个货垛的商品总量是五的倍数，如梅花五、重叠五等，堆码后作业人员可根据集装单元数或货垛数直接推算商品总数，大大加快了点数的速度，并有效减少了计数的差错。

在商品堆码的实际作业中，通常是以上五种基本垛形和"五五化"堆码方法的结合运用。

（3）货架方式

货架方式，采用通用或者专用的货架进行商品堆码的方式。适合存放小件商品或不宜堆高的商品。货架能够提高仓库的利用率，减少商品存取时的差错。

（4）成组堆码方式

成组堆码方式，采用成组工具使货物的堆存单元扩大。常用的成组工具有货板、托盘和网络等。成组堆码一般每垛 3~4 层，这种方式可以提高仓库利用率，实现商品的安全搬运和堆存，提高劳动效率，加快商品流转。

5. 对某些特殊要求商品的堆码

①需要经常通风的商品堆码时，可在每件或每层的前后左右留出一定的空隙，码成通风垛，以散发商品的温度或水分，如潮湿的木板等。

②堆码怕压的商品，应根据商品承压力的大小，适当控制垛的高度。为了充分利用库容，最好利用货架摆放。

③容易渗漏的商品堆码时，为了便于检查，货垛不宜过大，适宜排列成行，行与行

之间留出适当空隙，如油漆及桶装化工产品等。

④危险品（指易燃、易爆物品等）储放场所应干燥、阴凉、通风、库内电器、照明等设备要采用防爆装置，并设有安全消防设施。堆码不宜过高。

⑤毒害品（氰化钾、氰化钠等）都应单独存放，严密保存。切忌与酸类相遇，储放场所也必须干燥、阴凉、通风。堆码不宜过高。

⑥腐蚀品（各类酸、碱等）应单独存放。避免露天存放，适宜在干燥、阴凉、通风场所，堆码不宜过高。要经常检查，防止渗漏、腐蚀、切忌水浸。

6. 商品堆码中应注意的问题

①商品应面向通道进行保管。为使商品出入库方便，容易在仓库内移动，其基本要求是将商品面向通道保管。

②尽可能地向高处码放，提高保管效率。为有效利用库内容积应尽量向高处码放；为防止破损，保证安全，应当尽量使用棚架等保管设备。

③根据出库频率选定商品堆码位置。出货和进货频率高的物品应放在靠近出入口、易于作业的地方；流动性差的商品放在距离出入口稍远的地方；季节性商品则依其季节性特性来选定放置的场所。

④同一品种应在同一地方保管。为提高作业效率和保管效率，同一商品或类似商品应放在同一地方保管，员工对库内商品放置位置的熟悉程度直接影响着出入库的时间，将类似的商品放在邻近的地方也是提高效率的重要方法。

⑤根据商品的重量安排保管位置。需要人工搬运的大型商品则以腰部的高度为基准。这对于提高效率、保证安全是一项重要的原则。

⑥依据商品形状安排保管方法。如标准化的商品应放在托盘或货架上来保管。

⑦先进先出的原则。对于易变质、易破损、易腐败、易退化、老化的商品，应尽可能按先进先出的原则，加快周转。由于商品的多样化、个性化、使用寿命普遍缩短，这一原则十分重要。

（四）货物的苫垫

货物苫垫是指用某种材料对货垛进行苫盖和铺垫的操作和方法。货物在堆码时一般都需要苫垫，即把货垛垫高，露天货物进行苫盖，只有这样才能使商品避免受潮、淋雨、暴晒等，保证储存养护商品的质量。

1. 货物苫盖

（1）苫盖目的

苫盖为了防止商品直接受到风吹、雨打、日晒、冰冻的侵蚀，因此存放在露天货场的商品一般都需苫盖。商品在堆垛时必须堆成易苫盖的垛形，如屋脊形、方形等，并选择适当的苫盖物。对于某些不怕风吹、雨淋、日晒的商品，如果货场排水性能又好，可以不进行苫盖，如生铁、石块等。

（2）苫盖材料

通常使用的苫盖材料有：塑料布、席子、油毡纸、苫布等，也可以利用一些商品的旧包装材料改制成苫盖材料。若货垛需苫盖较长时间，一般可用二层席子，中间夹一层油毡纸作为苫盖材料，这样既通风透气，又可防雨雪、日晒；若货垛只需临时苫盖，可用苫布。为了节省苫盖成本，还可以制成适当规格通用型的苫瓦，方便实用，可以反复利用。

（3）苫盖方法

①垛形苫盖法。根据货垛的形状进行适当的苫盖，适用于屋脊形货垛、方形货垛及大件包装商品的苫盖，常使用塑料布、苫布、席子等，如图7-5所示。

②鱼鳞苫盖法。用席子、苫布等苫盖材料，自下而上、层层压茬围盖的一种苫盖方法，因从外形看酷似鱼鳞，故称鱼鳞苫盖法（图7-6）。适用于怕雨淋、日晒的商品。若商品还需要通风透气的储存条件，可将席子、苫布等苫盖材料的下端反卷起来，使空气流通。

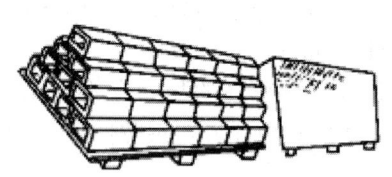

图7-5　垛形苫盖

图7-6　鱼鳞苫盖

③隔离苫盖法。用竹竿、钢管、旧苇席等，在货垛四周及垛顶隔开一定空间打起框架，进行苫盖，既能防雨，又能隔热。

④活动棚架苫盖法。根据常用的垛形制成棚架，棚架下还装有滑轮可以推动。活动棚架需要时可以拼搭，并放置在货架上，用作苫盖；不需时，则可以拆除，节省空间。

2. 货物垫垛

垫垛就是在货物堆垛前，根据货垛的形状、底面积大小、商品保管养护的需要、负载重量等要求，预先铺好货垛物的作业。

（1）垫垛目的

垫垛是为了使堆垛的商品免受地坪潮气的侵蚀，使垛底通风透气，提高储存商品的保管养护质量，是仓储保管作业中不可缺少的一个环节。

（2）垫垛材料

通常采用枕木、石墩、水泥墩、木板、防潮纸等，根据不同的储存条件，商品的不同要求，采用不同的垫垛材料。

（3）垫垛方法

①码架式：即采用若干个码架，拼成所需货垛底面积的大小和形状，以备堆垛。码架，是用垫木为脚，上面钉着木条或木板的构架，专门用于垫垛。码架规格不一，常见的有：长2m、宽1m、高0.2m或0.1m。不同储存条件所需码架的高度不同：楼上库房使用的码架，高度一般为0.1m；平库房使用的码架，高度一般为0.2m；货棚、货场使用的码架高度一般在0.3~0.5m。

②垫木式：采用规格相同的若干根枕木或垫石，按货位的大小、形状排列，作为垛垫。枕木和垫石一般都是长方体的，其宽和高相等，约为0.2m，枕木较长约2m左右，

而垫石较短约0.3m左右。这种垫垛方法最大的优点是拼拆方便，不用时节省储存空间。适用于底层库房及货棚、货场垫垛。

③防潮纸式：即在垛底铺上一张防潮纸作为垛垫。常用芦席、油毡、塑料薄膜等防潮纸，适用于地面干燥的库房，同时储存的商品对通风要求又不高时，可在垛底垫一层防潮纸防潮。

此外，若采用货架存货，或采用自动化立体仓库的高层货架存货，则货垛下面可以不用垫垛。

（五）商品的保管与养护

商品养护是商品储存和流通过程中的一项极为重要的工作，是保证商品在储存和流通期间质量安全的有力措施，它不仅是仓库管理工作的重要任务之一，而且关系到我国对外经济贸易的信誉。

所谓保管，就是对物品进行储存及对其数量、质量进行管理控制的活动。商品的保管养护就是根据商品在储存期间的质量变化规律，针对商品的不同特性，创造一个适宜商品储存的环境，控制外界因素的影响，达到防止或减弱商品的质量变化、降低商品的损耗、防止商品损失的目的。在保管养护的过程中，要结合仓库的具体条件，采取各种科学手段对物品进行保养，最大限度地减少货物的自然消耗，杜绝因保管不善而造成的货物损害，防止货物损失。

商品在储存期间，由于商品成分、结构性质的差异，受到外界因素的影响，都会发生这样那样的变化，使商品的质量和数量受到一定的损失。针对商品的性质，研究和探索各类商品在不同的外界环境下质量变化的规律，采取恰当的方法和措施，控制不利因素，保护商品质量，减少商品损耗，创造优良的储存环境，是商品保管养护工作的主要目标和任务。

1. 库存商品质量变化

商品在储存期间，由于商品本身的成分、结构和理化性质的特点，以及受到日光、温度、湿度、空气、微生物等客观外界条件的影响，就会发生各种各样的质量变化。商品质量变化的形式有很多，但归纳起来主要包括物理机械变化、化学变化、生理生化变化和生物学变化等。研究商品的质量变化，了解商品质量变化的规律及影响质量变化的因素，对确保商品安全，防止、减少商品损失有十分重要的作用。

（1）物理机械变化

物理机械变化是指仅改变商品的外部形态（如气体、液体、固体"三态"之间发生的变化），不改变其本质，在变化过程中没有新物质生成，并且可能反复进行变化的质量变化现象。商品常发生的物理机械变化有挥发、溶化、熔化、渗漏、串味、沉淀、玷污、破碎与变形等。

①挥发。液体商品的挥发不仅会降低商品的有效成分，增加商品损耗，降低商品质量，一些燃点很低的物品还可能引起燃烧或爆炸，造成大气污染；一些物品挥发的蒸汽有毒性或麻醉性，会对人体造成伤害。常见易挥发的商品有：酒精、白酒、香精、花露水。香水、化学试剂中的各种溶剂、医药中的一些试剂、部分化肥农药、杀虫剂、油漆等。

挥发速度与气温的高低、空气流动速度的快慢、液体表面接触空气面积的大小成正比关系。防止商品挥发的主要措施是加强包装的密封性，要控制库房温度。高温季节要采取降温措施，保持在适宜的温度条件下储存商品。

②溶化。易溶性商品具有吸湿性和水溶性两种性能。常见易溶化的商品有食糖、食盐、明矾、硼酸、甘草硫浸膏、氯化钙、氯化镁、尿素、硝酸铁、硫酸铵、硝酸锌及硝酸锰等。

商品溶化后，虽然商品本身的性质并没有发生变化，但由于形态改变，给储存、运输及销售部门带来很大的不方便。商品溶化与空气温度、湿度及堆码高度有密切关系。对易溶化商品应按商品性能，分区分类存放在干燥阴凉的库房里，不适合与含水分较大的商品存放在一起。在堆码时要注意底层商品的防潮和隔潮，垫底要垫的高一些，并采取吸潮和通风相结合的温湿度管理方法来防止商品吸湿溶化。

③熔化。商品的熔化，除受气温高低的影响外，与商品本身的熔点、商品中杂质种类和含量高低密切相关。熔点越低，越易熔化；杂质含量越高，越易熔化。常见易熔化的商品有百货中的香脂、发蜡、蜡烛；文化用品中的复写纸、蜡纸、打字纸、圆珠笔芯；化工商品中的松香、石蜡、粗萘、硝酸锌；医药商品中的油膏、胶囊、糖衣片等。

商品熔化，有的会造成商品流失、粘连包装、沾污其他商品；有的因产生熔解热而体积膨胀，使包装爆破；有的因商品软化而使货垛倒塌。预防商品的熔化，应根据商品熔点的高低，选择阴凉通风的库房储存。在保管过程中，一般可采取密封和隔热措施，加强仓房的温度管理，防止日光照射，尽量减少温度的影响。

④渗漏。渗漏主要是指液体商品，特别是易挥发的液体商品，由于包装容器不严密，包装质量不符合商品性能的要求，或在装卸搬运时碰撞震动破坏了包装等而发生跑、冒、滴、漏的现象。

商品的渗漏，不仅与包装材料性能、包装容器结构及包装技术的优劣有关，还与仓储温度变化有关。例如，有些属包装焊接不严，受潮锈蚀；有些包装耐腐蚀性差；有的液体商品因气温升高，体积膨胀而使包装内部压力增大胀破包装容器；有的液体商品在降温或严寒季节结冰，也会发生体积膨胀引起包装破裂而造成商品损失。因此，对液态商品应加强入库验收和在库商品检查及温湿度控制和管理。

⑤串味。串味是指吸附性较强的商品吸附其他气体、异味，从而改变本来气味的变化现象。具有吸附性易串味的商品，主要是因为它的成分中含有胶体物质，以及具有疏松、多孔性的组织结构。常见易被串味的商品有大米、面粉、木耳、食糖、饼干、茶叶、卷烟等。常见的易引起其他商品串味的商品有汽油、煤油、桐油、腌鱼、腌肉、樟脑、肥皂、化妆品以及农药等。

商品串味，与其表面状况，与异味物质接触面积的大小、接触时间的长短，以及环境中异味的浓度有关。预防商品的串味，应对易被串味的商品尽量采取密封包装，在储存运输中不得与有强烈气味的商品同车船并运或同库储存，同时还要注意运输工具和仓储环境的清洁卫生。

⑥沉淀。沉淀是指含有胶质和易挥发成分的商品，在低温或高温等因素影响下，部分物质的凝固，进而发生沉淀或膏体分离的现象。常见的易沉淀的商品有墨汁、墨水、

牙膏、化妆品等。某些饮料、酒在仓储中，也会离析出纤细絮状的物质而出现混浊沉淀的现象。

预防商品的沉淀，应根据不同商品的特点，防止阳光照射，做好商品冬季保温和夏季降温工作。

⑦玷污。玷污是指商品外表沾有其他物质，或染有其他污秽的现象。商品玷污主要是因生产、储运中卫生条件差及包装不严所致。对一些外观质量要求较高的商品，如绸缎呢绒、针织品、服装等要注意防玷污，精密仪器、仪表类商品也要特别注意。

⑧破碎与变形。破碎与变形是常见的机械变化，是指商品在外力作用下所发生的形态上的改变。商品的破碎主要发生于脆性较大或易变形商品的仓储中，如玻璃、陶瓷、搪瓷制品、铝制品等因包装不良，在搬运过程中受到碰、撞、挤、压和抛掷而破碎、掉瓷、变形等。商品的变形则通常发生于塑性较大商品的仓储中，如铝制品和皮革、塑料、橡胶等制品由于受到强烈的外力撞击或长期重压，易丧失回弹性能，从而发生形态改变。

对容易发生破碎和变形的商品，要注意妥善包装，轻拿轻放，在库堆垛高度不能超过一定的压力限度。

(2) 化学变化

商品的化学变化与物理变化有本质的区别，构成商品的物质发生化学变化后，不仅改变了商品本身的外观形态，也改变了商品的本质，并有新物质生成，且不能恢复成原状的变化现象。商品发生化学变化，严重时会使商品完全丧失使用价值。商品中常见的化学变化有化合、分解、水解、氧化、老化、聚合、裂解、风化、曝光、锈蚀等。

①化合。化合是指商品在储存期间，在外界条件的影响下，两种或两种以上的物质相互作用，而生成一种新物质的反应。化合反应通常不是单一存在于化学反应中，而是两种反应（分解、化合）依次先后发生。如果不了解这种情况，就会给保管和养护此类商品造成损失。

②分解。分解是指某些性质不稳定的商品，在光、电、热、酸、碱及潮湿空气的作用下，由一种物质生成两种或两种以上物质的变化现象。商品发生分解反应后，不仅使其数量减少、质量降低，有的还会在反应过程中产生一定的热量和可燃气体，引起事故。如化工产品中的过氧化钠，如果储存在密封性好的桶里，并在低温下与空气隔绝，其性质非常稳定。但如果遇热，就会发生分解放出氧气。电石遇到潮气，能分解成乙炔和氢氧化钙，并能放出一定的热量，而乙炔气体易于氧化而燃烧，所以要特别注意。这类物品的储存要注意包装物的密封性，库房中要保持干燥、通风。

③水解。水解是指某些商品在一定条件下，遇水所发生分解的现象。商品的品种不同，在酸或碱的催化作用下发生的水解情况也是不相同的。如肥皂在酸性溶液中，能全部水解，而在碱性溶液中却很稳定。蛋白质在碱性溶液中容易水解，在酸性溶液中却比较稳定，所以羊毛等蛋白质纤维怕碱不怕酸。

易发生水解的商品在物流过程中，要注意包装材料的酸碱性，要清楚哪些商品可以或不能同库储存，以便防止商品的人为损失。

④氧化。氧化是指商品与空气中的氧接触，发生化学变化。常见的易氧化的商品有某些化工原料、纤维制品、橡胶制品、油脂类商品等。棉、麻、丝、毛等纤维制品，长

期受阳光照射会发生变色，也是织品中的纤维被氧化的结果。

商品发生氧化，不仅会降低商品的质量，有的还会在氧化过程中产生热量、发生自燃，有的甚至会发生爆炸事故。所以此类商品要储存在干燥、通风、散热和温度比较低的库房，才能保证其质量安全。

⑤老化。老化是指含有高分子有机物成分的商品（如橡胶、塑料、合成纤维等）在储存过程中，受到光、氧、热等因素的作用，出现发粘、龟裂、变脆、强度下降等性能逐渐变坏的现象。易老化是高分子材料存在的一个严重缺陷。老化的原因主要是高分子物在外界条件作用下，分子链发生了降解和交联等变化。

容易老化的商品，在保管养护过程中，要注意防止日光照射和高温的影响，不能在阳光下曝晒。商品在堆码时不宜高，以防止在底层的商品受压变形。橡胶制品切忌同各种油脂和有机溶剂接触，以防止发生粘连现象。塑料制品要避免同各种有色织物接触，以防止由于颜色的感染，发生串色。

⑥聚合。聚合是指某些商品组成中的化学键，在外界条件的影响下，发生聚合反应，成为聚合体而变性的现象。例如，由于桐油中含有高度不饱和脂肪酸，在阳光、氧和温度的作用下，能发生聚合反应，生成桐油块，使桐油失去使用价值。

所以，储存和保管养护此类商品时，要特别注意日光和储存温度的影响，防止发生聚合反应的发生，造成商品质量的降低。

⑦裂解。裂解是指高分子有机物（如棉、麻、丝、毛、橡胶、塑料、合成纤维等）在日光、氧、高温条件的作用下，发生分子链断裂、分子量降低，从而使其强度降低，机械性能变差，产生发软、发黏等现象。例如，天然橡胶在日光、氧和一定温度的作用下，就会发软、发黏而变质。

所以，此类商品在保管养护过程中，要防止受热和日光的直接照射。

⑧风化。风化指含结晶水的商品，在一定温度和干燥空气中，失去结晶水而使晶体崩解，变成非结晶状态的无水物质的现象。

⑨曝光。曝光是指某些商品见光后，引起变质或变色的现象。例如，石炭酸（苯酚）为白色结晶体，见光即变成红色或淡红色。

这些商品在储存过程中，要特别注意防止光线照射，并要防止空气中的氧和温湿度的影响，其包装要做到密封严密。

⑩锈蚀。锈蚀是指金属或金属合金同周围的介质相接触时，相互间发生了某种反应，而逐渐遭到破坏的过程。由于金属本身不稳定，在其组成中存在着自由电子和其他杂质，受到水分和有害气体的作用就会被锈蚀。

（3）商品的生理生化变化及其他生物引起的变化

商品的生理生化变化是指有机体商品（有生命力商品）在生长发育过程中，为了维持其生命活动，其自身发生的一系列特有的变化。如呼吸作用、发芽、胚胎发育和后熟等。生物引起的变化是指商品在外界有害生物作用下受到破坏的现象，如虫蛀、鼠咬、霉变等。

①呼吸作用。呼吸作用是指有机商品在生命活动过程中，不断地进行呼吸，分解体内有机物质，产生热量，维持其本身的生命活动的现象。呼吸作用可分为有氧呼吸和无

氧呼吸两种类型。

无论是有氧呼吸还是无氧呼吸，都要消耗营养物质，降低商品的质量。有氧呼吸中呼吸热的产生和积累，往往使食品腐败变质。同时，有机体分解出来的水分，又有利于有害微生物生长繁殖，加速商品的霉变。无氧呼吸则会产生酒精积累，引起有机体细胞中毒，造成生理病害，缩短储存时间。对于一些鲜活商品，无氧呼吸往往比有氧呼吸要消耗更多的营养物质。

保持正常的呼吸作用，有机体商品本身会具有一定的抗病性和耐储性。因此，应保证鲜活商品正常而最低的呼吸，利用它们的生命活性，减少商品损耗、延长储藏时间。

②发芽。发芽指有机体商品在适宜条件下，冲破"休眠"状态，发生发芽、萌发的现象。发芽会使有机体商品的营养物质转化为可溶性物质，供给有机体本身的需要，从而降低有机体商品的质量。

发芽的菜果，由于养分的转移和消耗，使菜果变得空瘪粗老，除少数可供食用的菜薹外，一般都丧失了食用价值。在发芽萌发过程中，通常伴有发热、发霉等情况，不仅增加损耗，而且降低质量。

因此，对这类商品必须控制它们的水分，并加强温湿度管理，防止发芽、萌发现象的发生。另外也可以通过降低温度来延长菜果的休眠期，采用植物生长素或γ射线辐照等方法延长休眠期，从而抑制菜果的萌发。

③胚胎发育。胚胎发育主要指的是鲜蛋的胚胎发育。在鲜蛋的保管过程中，当温度和供氧条件适宜时，胚胎会发育成血丝蛋、血坏蛋。经过胚胎发育的禽蛋，其新鲜度和食用价值大大降低。

因此，为抑制鲜蛋的胚胎发育，应加强温湿度管理，最好是低温储藏或截止供氧。

④后熟作用。后熟是指瓜果、蔬菜等食品在脱离母株后继续其成熟过程的现象。瓜果、蔬菜等的后熟作用，能改进色、香、味以及硬脆度等食用性能。但当后熟作用完成后，则容易发生腐烂变质，难以继续储藏，甚至失去食用价值。

因此，对于这类鲜活食品，应在其成熟之前采收，并采取控制储存条件的办法，来调节其后熟过程，以达到延长储藏期、均衡上市的目的。

⑤霉腐。霉腐是商品在霉腐微生物作用下所发生的霉变和腐败现象。在气温高、湿度大的季节，如果仓库的温湿度控制不好，储存的针棉织品、皮革制品、鞋帽、纸张以及中药材等许多商品就会生霉；肉、鱼、蛋类就会腐败发臭；水果、蔬菜就会腐烂；果酒变酸，酱油生白膜。

无论哪种商品，只要发生霉腐，就会受到不同程度的破坏，严重的霉腐可使商品完全丧失价值。有些食品还会因腐败变质而产生中毒的有毒物质。对易霉腐的商品储存时必须严格控制温湿度，并做好商品防霉和除霉工作。

⑥虫蛀。商品在储存期间，常常会遭到仓库害虫的蛀蚀。仓库害虫在危害商品的过程中，不仅破坏商品的组织结构，使商品发生破碎和孔洞，而且排泄各种代谢废物污染商品，影响商品质量和外观，降低商品使用价值。因此，害虫对商品的危害性也是很大的。凡是含有有机成分的商品，都容易遭受害虫蛀蚀。

2. 影响库存商品质量变化的内外因素

商品在储存过程中发生质量变化，是由一定的因素引起的。为了保养好商品的质量，就要掌握商品质量变化的规律，明确和掌握商品变化的内因和外因。内因决定了商品变化的可能性和程度，外因是促成这些变化的条件。

（1）影响商品质量变化的内因

商品在储存期间发生各种变化，起决定作用的是商品本身的内在因素。如化学成分、结构形态、物理化学性质、机械及工艺性质等。

①化学成分。不同的化学成分及其不同的含量，既影响商品的基本性质，又影响商品抵抗外界自然因素侵蚀的能力。如普通低碳素钢中加入少量的铜和磷的成分，就能有效地提高抗腐蚀性能。

②结构形态。构成商品的原材料，其材料结构分为微观结构与宏观结构。微观结构又分为晶体结构和非晶体结构。商品的形态主要分为固态、液态和气态。不同的结构形态会产生不同形式和不同程度的变化。

③理化性质。商品的物理化学性质是由其化学成分和组织结构所决定的。物理性质主要是指挥发性、吸湿性、水溶性、导热性等；化学性质主要是指化学稳定性、燃烧性、爆炸性、腐蚀性等。这些都是商品发生变化的决定性因素。

④机械及工艺性质。商品的机械性质是指强度、硬度、韧性、脆性、弹性等。商品的工艺性质是指其加工程度（毛坯、半毛坯、成品）和加工精度等。不同的加工程度和加工精度的产品，在同等条件下，其变化的程度是不一样的。

⑤包装状况。包装虽然不是产品本身的构成部分，但它却是商品流通过程中产品的载体。大部分商品都有包装，其主要功能是保护商品，包装形式、包装材料、包装技法等，对商品的变化都会产生一定的影响。

（2）影响商品质量变化的外因

影响库存商品变化的外界因素很多，从大的方面可分为自然因素和社会因素两大类。这里主要介绍自然因素。

①温度。适当的温度是商品发生物理变化、化学变化和生物变化的必要条件。温度过高、过低或急剧变化，都会对某些商品产生不良影响，促使其发生各种变化。如易燃品、自燃品，温度过高容易引起燃烧；含有水分的物质，在低温下容易结冻失效；精密仪器仪表在温度急剧变化的情况下会影响其准确性。

②湿度。大气湿度对库存商品的变化影响最大。大部分商品怕潮湿，但也有少数商品怕干燥。过分潮湿或干燥，都会促使商品发生变化。如金属受潮后锈蚀，水泥受潮后结块硬化。而木材、竹材及其制品，在过于干燥的环境中，则容易开裂变形。

③日光。日光实际上是太阳辐射的电磁波，可分为紫外线、可见光和红外线。紫外线能量最强，对商品的影响最大，它可促使高分子材料老化、油脂酸败、着色物质褪色等。可见光与红外线能量较弱，它被物质吸收后变为热能，加速商品发生物理化学变化。

④大气。大气是由干洁空气、水汽、固体杂质所组成。空气中的氧、二氧化碳、二氧化硫等对商品都会产生不良影响，大气中的水汽会使湿度增大；大气中的固体杂质危害也很大。

⑤生物及微生物。影响商品变化的生物主要是指仓库害虫、白蚁、老鼠、鸟类等，其中以虫蚀鼠咬危害最大。微生物主要是霉菌、木腐菌、酵母菌、细菌等。如霉菌会使很多有机物质发霉，木腐菌使木材、木制品腐朽。

3. 商品保养的基本要求

对在库储存的商品管理要建立健全定期和不定期、定点和不定点、重点和一般相结合的检查制度。严格控制库内温湿度并做好卫生清洁管理。"以防为主、防治结合"是保管保养的核心，要特别重视物品损害的预防，及时发现和消除事故隐患，防止损害事故的发生。特别要预防发生爆炸、火灾、水浸、污染等恶性事故和造成大规模损害的事故。在发生、发现损害现象时，要及时采取有效措施，防止损害扩大，减少损失。

仓库保管保养的措施主要有：经常对物品进行检查测试，及时发现异常情况；合理地对物品通风；控制阳光照射；防止雨雪水湿物品，及时排水除湿；除虫灭鼠，消除虫鼠害；妥善进行湿度控制、温度控制；防止货垛倒塌；防霉除霉，剔出变质物品；对特殊物品采取针对性的保管措施。

做好防商品养护的基本要求有：

（1）严格验收入库物品

防止物品在储存期间发生各种不应有的变化，首先在物品入库时要严格验收，弄清物品及其包装的质量状况。对吸湿性物品要检测其含水量是否超过安全水平；对其他有异常情况的物品要查清原因，针对具体情况进行处理并采取救治措施。

（2）适当安排储存场所

由于不同物品性能不同，对保管条件的要求也不同，分区分类、合理安排存储场所是物品养护工作的一个重要环节。如怕潮湿和易霉变、易生锈的物品，应存放在较干燥的库房里；怕热易溶化、发粘、挥发、变质或易发生燃烧、爆炸的物品，应存放在温度较低的阴凉场所；一些既怕热、又怕冻且需要较大湿度的物品，应存放在冬暖夏凉的楼下库房或地窖里。此外，性能相互抵触或易串味的物品不能在同一库房混存，以免相互产生不良影响。尤其对于化学危险物品，要严格按照有关部门的规定分区，分类安排储存地点。

（3）科学地进行堆码苫垫

阳光、雨雪、地面潮气对物品质量影响很大，要切实做好货垛遮苫和货垛垛下苫垫隔潮工作，如利用石块、枕木、垫板、苇席、油毡或采用其他防潮措施。存放在货场的物品，货区四周要有排水沟，以防积水流入垛下，货垛周围要遮盖严密，以防雨淋日晒。

货垛的垛形与高度，应根据各种物品的性能和包装材料，结合季节气候等情况妥善堆码。含水率较高的易霉物品，热天应码通风垛；容易渗漏的物品，应码间隔式的行列垛。此外，库内物品堆码留出适当的距离，俗称"五距"，即：

顶距：平顶楼库顶距为 50cm 以上，人字形屋顶以不超过横梁为准；

灯距：照明灯要安装防爆灯，灯头与物品的平行距离不少于 50cm；

墙距：外墙 50cm，内墙 30cm；

柱距：一般留 10~20cm；

垛距：通常留 10m。对易燃物品还应适当留出防火距离。

（4）控制好仓库温湿度

应根据库存物品的保管保养要求，适时采取密封、通风、吸潮和其他控制与调节温湿度的办法，力求把仓库温湿度保持在适应物品储存的范围内。

（5）定期进行物品在库检查

由于仓库中保管的物品性质各异、品种繁多、规格型号复杂、进出库业务活动每天都在进行，而每一次物品进出库业务都要检斤计量或清点件数，加之物品受周围环境因素的影响，使物品可能发生数量或质量上的损失，对库存物品和仓储工作进行定期或不定期的盘点和检查非常必要。

①检查。检查工作主要包括：检查物品保管条件是否满足要求；检查物品质量的变化动态；检查各种安全防护措施是否落实、消防设备是否正常。检查应特别注意物品温度、水分、气味、包装物的外观、货垛状态是否有异常。

②盘点。盘点是检查账、卡、物是否相符，把握库存物数量和质量动态的手段。

（6）搞好仓库清洁卫生

储存环境不清洁，易引起微生物、虫类寄生繁殖，危害物品。因此，对仓库内外环境应经常清扫，彻底铲除仓库周围的杂草、垃圾等物，必要时使用药剂杀灭微生物和潜伏的害虫。对容易遭受虫蛀、鼠咬的物品，要根据物品性能和虫、鼠生活习性及危害途径，及时采取有效的防治措施。

（六）控制好仓库温湿度

1. 温湿度

（1）温度

温度是表示物质冷热程度的物理量，具体指温标上的标度。目前工作中都采用1968年的国际实用温标，即摄氏度。

空气温度是指空气的冷热程度，简称气温。气温是影响商品质量变化的重要因素。温度能直接影响物质微粒的运动速度：一般商品在常温或常温以下，都比较稳定；高温能够促进商品的挥发、渗漏、熔化等各种物理变化及化学变化的发生；而低温又容易引起某些商品的冻结、沉淀等变化；温度忽高忽低，会影响到商品质量的稳定性。此外，温度适宜时会给微生物和仓虫的生长繁殖创造有利条件，加速商品腐败变质和虫蛀。因此，控制和调节仓储商品的温度是商品养护的重要工作内容之一。

测定气温的仪器种类很多，常见的有普通温度表、最高温度表和最低温度表、电子温度计等。

最高温度表可用来测定一定时间内空气的最高温度，这种温度表是一种水银温度表，与普遍温度表的区别是在它的球部附近的毛细管较为狭窄。最低温度表是一种酒精温度表，可用于测定一定时间内空气的最低温度，它的球部是圆柱形或双叉形的，在温度表毛细管的酒精柱中，有一根深色的玻璃小指标，指标的两端带有小的球形头。

（2）湿度

湿度是表示大气干湿程度的物理量，常用绝对湿度、饱和湿度、相对湿度和露点等方法来衡量。

①绝对湿度。绝对湿度是指单位容积的空气里实际所含的水汽量，一般用"g/m^3"

来表示。温度对绝对湿度有着直接影响。在通常情况下，温度越高，水汽蒸发得越多，绝对湿度就越大；相反，绝对湿度就越小。

②饱和湿度。饱和湿度是表示在一定的温度下，单位容积空气中所能容纳的水汽量的最大限度。如果越过这个限度，多余的水蒸气就会凝结，变成水滴，此时的空气湿度称为饱和湿度。

空气的饱和湿度不是固定不变的，它随着温度的变化而变化。温度越高，单位容积空气中所容纳的水蒸气量就越多，饱和湿度也就越大，有常压下饱和水汽压表可查。

③相对湿度。空气中实际含有的水蒸气量（绝对湿度）距离饱和状态（饱和湿度）程度的百分比叫作相对湿度。也就是说，在一定温度下，绝对湿度占饱和湿度的百分比，其公式为：

$$相对湿度 = 绝对湿度/饱和湿度 \times 100\%$$

相对湿度越大，表示空气越潮湿；相对湿度越小，表示空气越干燥。空气的绝对湿度、饱和湿度、相对湿度与温度之间有着一定的内在联系，温度如果发生了变化，则各种湿度也随之发生变化。

④露点。含有一定量水蒸气（绝对湿度）的空气，当温度下降到一定程度时，所含水蒸气就会达到饱和状态（饱和湿度），并开始液化成水，这种现象叫作结露。水蒸气开始液化成水时的温度叫作"露点温度"，简称"露点"。如果温度继续下降到露点以下，空气中超饱和的水蒸气，就会在商品或其包装物表面凝结成水滴，此现象称为"水淞"，俗称商品"出汗"。

此外，风与空气中的温湿度有密切关系，也是影响空气温湿度变化的重要因素之一。

2. 温湿度对商品质量的影响

商品在贮存过程中，能引起商品质量变化的外界因素很多，有温度、湿度、空气中的氧、日光、微生物、害虫等，其中最主要的是空气温度和湿度。商品在储存期间发生的霉变、锈蚀、虫蛀、溶化、挥发、燃爆等损失，都与温湿度有关。例如：食糖受潮溶化、洗衣粉受潮结块。空气潮湿、闷热，会引起微生物和霉菌的生长繁殖，如茶叶、烟霉变；温度过高或过低，也会引起商品质量的变化，如蜡制品遇热发粘或熔化，福尔马林受冻聚合沉淀等。

商品在贮存期间，需要适宜的温度、湿度，才能保证其质量的稳定，而仓库温湿度的变化，直接受到库外自然气候变化的影响。因此，我们不仅要熟悉各种商品的特性，还必须掌握自然气候的变化规律，以及其对仓库温湿度的影响，以便适当地控制仓库的温湿度，改善商品储存环境，确保商品质量的安全。所谓仓库温湿度管理就是按照自然气候和仓库温湿度变化的规律，根据商品的自然属性或特征，科学地运用密封、通风与吸湿等相结合的方法，合理地调节仓库的温湿度，以达到安全贮存商品的目的。

表7-1　　　　　　　　　　　几种商品的温湿度要求

种类	温度/℃	相对湿度/%	种类	温度/℃	相对湿度/%
金属及制品	5~30	≤75	重质油、润滑油	5~35	≤75
碎末合金	0~30	≤75	轮胎	5~35	45~65

续表

种类	温度/℃	相对湿度/%	种类	温度/℃	相对湿度/%
塑料制品	5~30	50~70	布电线	0~30	45~60
压层纤维塑料	0~35	45~75	工具	10~25	50~60
树脂、油漆	0~30	≤75	仪表、电器	10~30	70
汽油、煤油、轻油	≤30	≤75	轴承、钢珠、滚针	5~35	60

3. 温湿度的调节与控制

不同的商品，它们的性能也不一致，有的怕潮，有的怕干，有的怕热，有的怕冻。各种商品，一般都具有与大气相适应的性能，即按其各自的特性，都有一个适宜的温湿度范围。而仓库内部温湿度的变化，直接受到仓库外部自然气候变化的影响。因此，要搞好商品养护，不但要熟悉各种商品的特性，还必须了解自然气候变化的规律和气候对不同仓库温湿度的影响，以便积极采取措施，适当地控制和调节库内温湿度，创造一个适宜于商品储存的温湿度条件，以确保商品质量的完好。所以，加强仓库的温湿度管理，对搞好商品养护具有极为重要的意义。

控制库房温湿度方法很多，如人工吸潮、排潮、加热、降温和密封库房等，特别是利用自然通风办法调节库内温湿度，对仓库货物的保管更具有经常和普遍的应用价值。

（1）通风

通风是根据大气自然流动的规律，有计划、有目的地组织库内外空气的对流与交换的重要手段，是调节库内温湿度、净化库内空气的有效措施。利用干燥空气的大量流通，能降低货物的含水量；利用低温空气降低货物温度；通风还具有消除货物散发出的有害气体的作用，如造成货物窒息的二氧化碳、使金属生锈的二氧化硫、酸气等；通风还能增加空气养分的含量。但通风同时也会将空气中的水分、尘埃、海边空气的盐分等带入仓库，影响货物。

仓库通风按通风动力可分为自然通风和强迫通风两种方式。

①自然通风。自然通风是利用库内外空气的压力差，实现库内外空气交流置换的一种通风方式。这种通风方式不需要任何通风设备，因而也就不消耗任何能源，而且通风换气量比较大，是一种最简便、最经济的通风方式。自然通风按通风原理可分为风压通风和热压通风。

风压通风是利用风的作用来实现库内外空气的交换。当库房的一侧受到风的作用时，气流首先冲击库房的迎风面，然后折转绕过库房，经过一段距离后，又恢复到原来的状态。在库房的迎风面，由于气流直接受到库房一侧的阻挡，动压降低，而静压增高。若设气流未受到干扰前的压强为零，则库房迎风面的压强为正值，形成正压区。气流受阻后一部分通过库房迎风面的门窗或其他孔洞进入仓库，而大部分则是绕过库房（从库房的两端和上部），由于库房占据了空间的一部分断面，使得气流流动的断面缩小，从而导致风速提高，空气的动压增加，静压相应地减少。这时在库房的两端和背风面的压强为负值，形成负压区，对库内产生一种吸引的力量，使库内空气通过库房两端的背风面的门窗或其他孔洞流出库外。

热压通风是利用库内外空气的温度差所形成的压力差实现的。因为空气的体积质量与空气的温度成反比关系，温度越高空气的体积质量越小，温度越低空气的体积质量越大。当库内外温度不同时，库内外空气的体积质量也不一样，库内外截面积相同、高度相等的两个空气柱所形成的压力也不等。例如，当库内空气温度高于库外时，库内空气的体积质量小于库外。在库房空间的下部，库外空气柱所形成的压力要比库内空气柱形成的压力大，库内外存在着一定的压力差。这时如果打开门窗，库外温度较低而体积质量比较大的冷空气就从库房下部的门窗或通风孔进入库内。同时库内温度较高、体积质量较小的热空气就会从库房的上部窗口或通风孔排出库外，于是便形成了库内外空气的自然交换。

在实际情况中，仓库通风通常是在风压和热压同时作用下进行的，有时是以风压通风为主，有时则以热压通风为主。

为了更有效地利用自然通风，库房建筑本身应为自然通风提供良好的条件。例如，库房的主要进风面，一般应与本地区的夏季主导风向成60°~90°角，最小不宜小于45°角；库房的门窗应对称设置，并保证足够的进风口面积；库房的进风口应尽量低，排风口应尽量高，或设天窗等。

②强迫通风。强迫通风又称机械通风或人工通风，它利用通风机械所产生的压力或吸引力，即正压或负压，使库内外空气形成压力差，从而强迫库内空气发生循环、交换和排除，达到通风的目的。强迫通风又可分为三种方式，即排出式、吸入式和混合式。

排出式通风是在库房墙壁的上部或库房顶部安装排风机械，利用机械产生的推压力，将库内空气经库房上方的通风孔道压迫到库外，从而使库内气压降低，库外空气便从库房下部乘虚而入，形成库内外空气的对流与循环。

吸入式通风是在仓库墙壁的下部安装抽风机械，利用其产生的负压区，将库外空气吸入库内，充塞仓库的下部空间，压迫库内空气上升，经库房上部的排气口排出，形成库内外空气的对流和交换。

混合式通风则是将上述两种方式结合起来运用，安装排风和抽风机械，同时吸入库外空气并排出库内空气，对库内空气起到一拉一推的作用，使通风的速度更快效果更好。

仓库通风必须选择最适宜的时机，如果通风时机不当，不但不能达到通风的预期目的，而且有时甚至会出现相反的结果。例如，想通过通风降低库内湿度，但由于通风时机不对可能反而会造成库内湿度的增大。因此，须根据通风的目的确定有利的通风时机。

总之，库房通风方式的选择与运用，取决于库存材料的性质所要求的温湿度；取决于库房条件，如库房大小、门窗、通风洞的数量，以及地坪的结构等；同时还取决于地理环境和气象条件，如库房位于城市、乡村、高原、平地或江、河、湖和海畔等。因此必须根据不同地区，不同季节和不同库房条件等，从物品安全角度出发，选择通风方式，正确地掌握与运用库房通风这一手段，以达到确保库存物品的质量完好。

（2）密封

密封是将储存物品在一定空间内，使用密封材料尽可能严密地封闭起来，使之与周围大气隔离，防止或减弱自然因素对物品的不良影响，创造适宜的保管条件。

密封的目的主要是为了防潮，但同时也能起到防锈蚀、防霉、防虫、防热、防冻、防老化等综合效果。密封是相对的，不可能达到绝对严密的程度。密封可用不同的介质在不同的范围内进行。

由于介质不同，密封可以分为大气密封、干燥空气密封、充氮密封和去氧密封等：

①大气密封。大气密封就是将封存的物品，直接在大气中密封，其间隙中充满大气，密封后基本保持密封时的大气湿度。

②干燥空气密封。干燥空气密封是在密封空间内充入干燥空气或放置吸湿剂，使空气干燥，防止物品受潮。干燥空气的相对湿度应在40%～50%。

③充氮密封。充氮密封是在密封空间内充入干燥的氮气，造成缺氧的环境，减少氧的危害。

④去氧密封。去氧密封是在密闭空间内，放入还原剂，如亚硝酸钠，吸收空气中的氧，造成缺氧的气氛，为封存物品提供更有利的储存条件。

密封储存应注意以下问题：

①选择好密封时机。在一般情况下进行的密封，多为以大气为介质的密封。因此，密封时必须首先选择好密封时机。在进行以防潮为主要目的的密封时，最有利的时机是在春末夏初，潮湿季节到来之前，空气比较干燥的时节。在一日之内，也应选择绝对湿度最低的时刻。对整库密封来说，不但要选择好适宜的密封时间，而且要选择好有利的启封时间。过早地密封，将会失去宝贵的自然通风机会，过晚密封则可能使库内湿度上升。一般选择在库外绝对湿度大于库内绝对湿度，而库内相对湿度较低的情况下进行密封。启封时间应选择在库外温湿度下降、绝对湿度低于库内的时刻。

②做好密封前的检查。物品封存前，应进行一次全面的检查，看其是否有锈蚀、发霉、生虫、变质、发热、潮湿等异常情况，检查其包装是否良好，容器有无渗漏。如发现异常情况，应及时采取救治措施，待一切正常后，方可密封。

③合理选用密封材料。由于密封方式不同，所需要的密封材料也不同。按其作用可分为两大类：一是主体材料，包括油毛毡、防潮纸、牛皮纸、塑料薄膜等；二是涂敷粘结材料、如沥青、胶粘剂等。在选用上述材料时应注意其是否性能良好、料源充足、使用方便、价格低廉。

④密封必须同通风和吸湿相结合。密封储存不能孤立地进行，为了达到防潮的目的，必须与通风和吸湿结合运用。一般情况下，应尽可能利用通风防潮，当不适合通风时，才进行密封，利用吸湿剂吸湿。密封能保持通风和吸湿的效果，吸湿为密封创造适宜的环境。

⑤做好密封后的观察。因为一切密封都是相对的，不可能达到绝对严密。密封后，外界因素对封存物品自然会产生一定的影响，仍有发生变异的可能。因此，必须经常注意观察密封空间的温湿度变化情况及出现的某种异状，及时发现问题，分析原因，并采取相应的措施进行处理。

（3）除湿

空气除湿是利用物理或化学的方法，将空气中的水分除去，以降低空气湿度的一种有效方法。除湿的方法主要有：利用冷却方法使水汽在露点温度下凝结分离；利用压缩法提高水汽压，使之超过饱和点，成为水滴而被分离；使用吸附剂吸收空气中的水分。

冷却法除湿：这种方法是利用制冷的原理，将潮湿空气冷却到露点温度以下，使水气凝结成水滴分离排出，从而使空气干燥的一种方法，也称为露点法。通常采用的是直接蒸发盘管式冷却除湿法。其原理是在冷却盘管中，直接减压蒸发来自压缩制冷机的高压液体冷媒，以冷却通过盘管侧的空气，使之冷却到所要求的露点以下，水汽凝结成水被除去。冷却除湿装置，主要由压缩机、冷凝器、膨胀阀、冷却盘管等组成。

吸湿剂吸湿：这种除湿方法是最常用的方法之一，可分为静态吸湿和动态吸湿。

①静态吸湿。这种方法是将固体吸湿剂，静止放置在被吸湿的空间内，使其自然与空气接触，吸收空气中的水分，达到降低空气湿度的目的。常用的吸湿剂的特征分述如下：

氧化钙（CaO）：即生石灰，有很强的吸湿性，它吸收空气中的水分后，发生化学变化，生成氢氧化钙。其化学反应方程式为：

$$CaO + H_2O \longrightarrow Ca(OH)_2 + Q（热量）$$

从方程式可以看出，一分子的 CaO 能吸收一分子的 H_2O，其吸湿能力的理论值为 32%。但由于生石灰在储运过程中已吸收了一定量的水分，实际上每公斤生石灰可吸收水分 0.25kg 左右，而且吸湿速度较快。另外，生石灰料源充足，价格便宜，使用方便。其缺点是在吸湿过程中放出热量，生成具有腐蚀的碱性物质，对库存物有不良影响。当库存物品中有毛丝织品和皮革制品等时，不能使用。生石灰吸湿后必须及时更换，否则生成的 $Ca(OH)_2$ 会从空气中吸收 CO_2，而放出水分。

氯化钙（$CaCl_2$）：分为工业无水氯化钙和含有结晶水的氯化钙。前者为白色多孔无定型晶体，呈块粒状，吸湿能力很强，每公斤无水氯化钙能吸收 1~1.2kg 的水分；后者为白色半透明结晶体，吸湿性略差，每公斤吸湿 0.7~0.8kg。氯化钙吸湿后即溶化为液体，但经加热处理后，仍可还原为固体，供继续使用。其缺点是对金属有较强的腐蚀性，吸湿后还原处理比较困难，价格较高。

硅胶（$mSiO_2 \cdot nH_2O$）：又称矽胶、硅酸凝胶，分为原色硅胶和变色硅胶两种。原色硅胶为无色透明或乳白色粒状或不规则的固体，变色硅胶是原色硅胶经氯化钴和溴化铜等处理，呈蓝绿色、深蓝色、黑褐色或赭黄色。吸湿后视其颜色的变化，判断是否达到饱和程度。硅胶每公斤可吸收水分 0.4~0.5kg。吸湿后仍为固体，不溶化、不污染、也无腐蚀性，而且吸湿后处理比较容易，可反复使用。其缺点是价格高，不宜在大的空间中使用。

木炭：具有多孔性毛细管结构，有很强的表面吸附性能，若精制成活性炭，还可以大大提高其吸湿性能。普通木炭的吸湿能力不如上述几种吸湿剂。但因其性能稳定，吸湿后不粉化、不液化、不放热、无污染、无腐蚀性。吸湿后经干燥可反复使用，而且价格比较便宜，所以仍有一定的实用价值。

静态吸湿的最大特点是简便易行，不需要任何设备，也不消耗能源，一般仓库都可采用，是目前应用最广泛的除湿方法。它的缺点是吸湿比较缓慢，吸湿效果不够明显。

②动态吸湿。这种方法是利用吸湿机械强迫空气通过吸湿剂进行吸湿。通常是将吸湿剂（$CaCl_2$）装入特制的箱体内，箱体有进风口和排风口，在排风机械的作用下，将空气吸入箱体内，通过吸湿剂吸收空气中的水分，从排风口排出比较干燥的空气。这样反

复循环吸湿可将空气干燥到一定的程度。这种吸湿方法的吸湿效果比较好，但需要不断补充 $CaCl_2$，吸湿后的 $CaCl_2$ 需要及时得到脱水处理。比较理想的情况是设置两个吸湿箱体，每个箱体内都有脱水装置。一个箱体利用干燥的吸湿剂吸收空气中的水分，而另一个箱体内的饱和状态的吸湿剂进行脱水再生。两个箱体交互吸湿，达到吸湿的连续性。这种连续式的吸湿方法只需花费较少的运转费，就能进行大容积的库内吸湿，4~8小时即可使吸湿剂再生一次，因此需要的吸湿剂量较少。两个箱体可实现自动切换，不需要人工操作，但这种设备的结构相对比较复杂，成本比较高。

吸潮剂用量是根据库房内空间总含水量和所使用的吸潮剂的单位重量的最大吸水量确定的。

（4）空气调节自动化

空气调节自动化，简称空调自动化。它是借助于自动化装置，使空气调节过程在不同程度上自动地进行，其中包括空调系统中若干参数的自动测量、自动报警和自动调节等。自动调节装置是由敏感元件、调节器、执行及调节机构等，按照一定的连接方式组合起来的。

敏感元件是具有一定物理特性的一系列元件的总称，它能测量各种热工参数，并变成特定的信号。调节器根据敏感元件送来的信号与空气调节要求的参数相比较，测出差值，然后按照设计好的运算规律算出结果，并将此结果用特定的信号发送出去。执行机构接受传送来的信号，去改变调节机构的位移，改变进入系统的冷热能量，实现空气的自动调节。

为了保证保管质量，除了温度、湿度、通风控制外，仓库应根据物品的特性采取相应的保管措施。如对物品进行油漆、涂刷保护涂料、除锈、加固、封包、密封等，发现虫害及时杀虫，释放防霉药剂等针对性保护措施。必要时采取转仓处理，将物品转入具有特殊保护条件的仓库，如冷藏。

（七）防止仓库货物霉腐

1. 霉腐的原因

霉腐是仓储商品的主要质量变化形式，但并非任何商品在任何情况下都能发生霉变。霉腐的产生有三个必要条件，缺一不可。它们是：商品受到霉腐微生物污染；商品中含有可供霉腐微生物利用的营养成分（如有机物构成的商品）；商品处在适合霉腐微生物生长繁殖的环境条件下。微生物体积微小，繁殖迅速，种类繁多。能危害商品的主要是霉菌、酵母菌和细菌。其中霉菌对一些复杂的有机物均有较强的分解能力，因而对商品的危害最严重，细菌则次之。糖类、蛋白质、油脂和有机酸等物质是微生物生长繁殖所必需的营养物质。碳水化合物主要存在于粮食类、棉麻类商品以及木材、纸张及其制品中；蛋白质主要存在于肉、蛋、鱼、乳及其制品，天然丝毛及其制品，皮革类、毛皮类商品中；脂肪主要存在于动物内脏、油料作物的种子和种仁、食用油和奶油等商品中。此外，果蔬类、茶叶、烟草、中药材类等都是以碳水化合物为主，多种营养成分并存的商品。因此，在环境条件适宜微生物生长繁殖的情况下，微生物将在含有这些营养物质的商品上迅速地生长繁殖，造成商品的霉变。凡是含有这些有机成分的商品都称易霉腐商品。

商品储存期间，发生质量变化的内因是商品的成分、结构及性质，外因是大气的温度、湿度、日光、氧气、微生物、虫鼠等。商品通常发生的质量变化有霉变、虫蛀、锈蚀、老化、溶化、干裂、褪色、挥发、后熟、僵直、成熟和自溶等。其中霉变、锈蚀、虫蛀、老化、呼吸和后熟是商品储存中最易发生的质量变化。

商品霉变是由于微生物的作用引起的商品变化，其结果会使商品的使用价值受到不同程度的破坏，因此，商品储存中的防霉变是商品养护工作的重要内容之一。

商品霉变是由于霉菌在商品上生长繁殖而导致的商品变质现象。霉菌是一种低等植物，无叶绿素，菌体为丝状，主要靠孢子进行无性繁殖。空气中含有很多肉眼看不到的霉菌孢子，商品在生产、储运过程中，它们落在商品表面，一旦外界温度、湿度适合其生长，商品上又有它们需要的营养物质，就会生长菌丝。其中一部分浮在商品表面或深入商品内部，有吸取营养物质排泄代谢产物的功能，称为营养菌丝；另一部分菌丝竖立于商品表面，在顶端形成子实体或产生孢子，称为全生菌丝。菌丝集合体的形成过程，就是商品出现"长毛"或有霉味的变质现象。

霉菌大约有3万多种，对商品危害较大的除毛霉外，还有根霉、曲霉和青菌。霉菌在它的生长和繁殖中所需的营养物质有水分、碳源、氮源和无机盐等。水分是霉菌机体的重要组成成分，是其吸收其他营养物质的载体，水分占霉菌体重的75%～85%。碳源即含碳物质，如糖类、有机酸、纤维素、醇类和酯类等，它是构成霉菌细胞和代谢产物中碳素来源的营养物质，也是霉菌能量的主要来源。氮源指含氮物质，如蛋白质、氨基酸、铵盐、硝酸等，它是构成霉菌细胞和代谢产物中氮素来源的营养物质，也是合成霉菌原生质和细胞结构的原件。无机盐是霉菌所需的灰分营养，即为霉菌提供其生命活动所必需的硫、磷、钾、镁、钙、铁等元素。而具有上述营养物质的商品种类很多，如粮食加工制品、水果、蔬菜及干制品、茶叶、酒类、皮革制品、纺织品、鞋帽、卷烟等，所以它们非常容易发生霉变。

霉菌能在商品体上生长、繁殖，除商品上有它们需要的营养物质外，还与水分、温度、日照、酸碱度有关。多数霉菌是中湿性的，最适生长温度为20～30℃，属耗氧型微生物，适宜在酸性环境中生长，光对霉菌的影响也很大，霉菌在日光下大多会死亡。

商品霉变的实质是霉菌在商品上吸取营养物质与排泄物的结果，不但会导致商品变糟、发脆或强度下降等变质现象，还会产生霉斑、霉味及毒素。

常见的易霉腐的商品有：含纤维素较多的商品，如棉麻织品、纸张及其制品、部分橡胶、塑料和化纤制品等；含蛋白质较多的非食品商品，如丝毛织品、毛皮及皮革制品等；含蛋白质较多的食品商品，如肉、鱼、蛋及乳制品等；含多种有机物质的商品，如水果、蔬菜、干果干菜、卷烟、茶叶、罐头及含糖较多的食品等。

2. 常规防霉腐

所谓常规防霉变，就是采取常用的方法，消除适于霉菌滋生发育的条件，使库内温湿度控制在一定标准，以达到防霉变的目的，通常采用的措施有：

（1）加强商品的入库验收

每批商品入库时，都应严格验收，首先要认真检查商品是否已经有霉变现象，其次是检查商品含水量是否过高，包装有无破损或受潮现象。如有发热，表明商品已经开始霉变。对已经开始生霉和含水量较高或包装受潮的，应暂时另行存放，并及时采取拆件及通风晾晒等措施进行处理。

（2）选择合理的储存场所

容易生霉的商品应选择干燥密封条件较好的库房进行存放。在码垛时应采取隔潮措施，以防止地潮对商品的直接影响。

梅雨季节应码通风垛。这样商品表面可不断接触流动的空气，就会抑制霉菌的生长。

（3）坚持在库检查

对储存中易霉商品，应建立并严格地执行在库检查制度。要随时观察并及时发现商品霉变的迹象，以免造成商品的严重损失。

在检查站中，应根据库房结构与建筑条件，着重检查潮湿、高温的部位，其他部位可以抽查对比。

（4）加强仓库的温湿度管理

搞好仓库温湿度管理，是对易霉商品的外因进行限制的手段。当霉菌得不到生长发育的必要条件时，商品就不会霉变了。

在梅雨季节，普通库房的防霉工作主要是控制库内的相对湿度。如果把库内相对湿度控制在75%以下，多数商品在这种条件下就可以安全储存。

3. 防霉腐的方法

商品的成分结构和环境因素，是霉变微生物生长繁殖的营养来源和生活的环境条件。因此，商品的防霉工作，必须根据微生物的生理特性，采取适宜的措施进行防治。首先立足于改善商品组成、结构和储运的环境条件，使它不利于微生物的生理活动，从而达到抑制或杀灭微生物的目的。

环境条件对商品霉腐的发生发展有重要影响。最适生长温度为25～37℃，在相对湿度75%以上可以正常发育。霉菌和酵母菌适应弱酸性环境（pH值为4～6），细菌多适应弱碱性环境（pH值7～8）。霉菌生长繁殖需要有充足的氧气，而细菌和酵母菌则不论在有氧还是无氧的环境中都能生存。

了解霉腐微生物的生长规律和易霉腐商品的特点，对于采取有效措施防治商品霉腐具有指导作用。商品霉腐的预防可以采取加强管理和药物预防相结合的方法。其中温湿度管理是重要的一环，还可以采用气调防霉腐法、气相防霉法和低温防霉腐法等。

（1）化学药剂防霉腐

有些商品可采用药剂防霉，在生产过程中把防霉剂加入到商品中，或把防霉剂喷洒在商品体和包装物上，或喷散在仓库内，可达到防霉的目的。防霉剂能使菌体蛋白质变性，破坏其细胞机能；能抑制酶的活性，破坏菌体正常的新陈代谢；降低菌体细胞表面张力，改变细胞膜的通透性，导致细胞的破裂或分解，即可抑制酶体的生长。例如：苯甲酸及其钠盐对人体无害，是国家标准规定的食品防腐剂。托布津对水果、蔬菜有明显的防腐保鲜作用。

化学药剂防霉的基本原理：是使微生物菌体蛋白凝固、沉淀、变性；或破坏酶系统使酶失活，影响细胞呼吸和代谢；或改变细胞膜的通透性，使细胞破裂、解体。低浓度防霉腐剂能抑制霉腐微生物，高浓度防霉腐剂就会使其死亡。有实际应用价值的防霉腐剂需具有低毒、广谱、高效、长效、使用方便和价格低廉等特点。

防霉腐剂的使用方法主要有：

①加法：将一定比例的药剂直接加入到材料或制品中去；

②渍法：将制品在一定温度和一定浓度的防霉剂溶液中浸渍一定时间后晾干；

③涂布法：将一定浓度的防霉剂溶液用刷子等工具涂布在制品表面；

④喷雾法：将一定浓度的防霉剂溶液用喷雾器均匀地喷洒在材料或制品表面；

⑤熏蒸法：将挥发性防霉剂粉末或片剂置于密封包装内，通过防腐剂的挥发成分防止商品的霉腐。

例如，在食品生产和贮运过程中使用化学制品（化学添加剂或食品添加剂）来提高食品的耐藏性和尽量保持其原有品质的措施。其优点是：只需在食品中添加化学制品如化学防腐剂、生物代谢物或抗氧剂等，就能在室温下延缓食品的霉腐变质，与罐藏、冷冻保藏、干藏等相比具有简便而又经济的特点。食品采用化学保藏所用的防腐剂或添加剂必须对人体无毒害。这些化学制剂可分为抗菌剂和生物代谢产物。

用于易腐食品处理的化学制剂主要有：

①二氧化硫。强力的还原剂，可以减少植物组织中氧的含量，抑制氧化酶和微生物的活动，从而能阻止食品变质变色和维生素C的损耗。

②山梨酸及其钾盐。能有效地控制肉类中常见的霉菌，作为防腐剂可用于鱼肉制品、鱼贝干燥品、果酱及甜酸渍制品，也可用于新鲜果蔬的贮前处理。

③苯甲酸和苯甲酸钠。是有效的杀菌防腐剂，常用于保藏高酸性果汁、果酱、饮料糖浆及其他酸性食品，并常和低温配合使用。以其处理后的食品如与冷藏相结合，则食品的贮藏期将大大延长。

④抗菌素。某些微生物在新陈代谢中能产生一种对其他微生物有杀害作用的物质，称为抗菌素。例如，金霉素、氯霉素和土霉素、枯草菌素、乳酸链球菌素等。其抗菌效能是普通化学防腐剂的 100～1000 倍，但其抗菌效能是有选择性的。抗菌素可通过浸泡法、喷洒法、抗菌素冰块保藏法等应用于食品保藏。

⑤植物杀菌素。它是各种植物中都含有的抗菌物质。杀菌素只能取自新鲜的植物，当它们从刚被破碎或磨碎的植物中取得时其杀菌作用最强。目前已经研究过芥菜籽（油）、辣根及生姜汁等用于食品的防腐保鲜。

（2）气调防腐

有些商品还可以采用气调防霉方法，即在密封条件下，采用缺氧的方法，抑制霉腐微生物的生命活动，从而达到防腐的目的。气调防霉腐主要有真空充氮防霉腐和二氧化碳防腐两种方法。气调防霉腐对好气性微生物的杀灭具有较理想的效果。真空充氮防霉腐是把商品的货垛或包装用厚度不少于 0.25～0.3mm 的塑料薄膜进行密封，用气泵先将货垛或包装中的空气抽到一定的真空程度，再将氮气充入。二氧化碳防霉，不必将密封货垛抽成真空或少量抽出一些空气，直接充入二氧化碳，当二氧化碳气体的浓度达到 50% 时，即可对霉腐微生物产生强烈的抑制和杀灭作用。

例如：果蔬在贮藏期间的呼吸作用是使果蔬衰老、品质下降的一个主要原因。近年来，气调贮藏技术得到了广泛重视。气调贮藏是通过改变库内气体成分的含量，利用比正常空气的氧含量低、二氧化碳和氮的含量高的气体环境，配合适宜的温度，来显著地抑制果蔬的呼吸作用和延缓变软、变质及其他衰老过程，从而延长果蔬的贮藏期限，减少干耗和腐烂，保持鲜活质量。气调方法主要有：

①自发或自然气调法。将果蔬贮于一个密封的库房或容器内，由于果蔬本身的呼吸作用不断消耗库房和容器内的氧而放出二氧化碳，因此在一定时间后，氧逐渐减少，二氧化碳逐渐增加，当这两者达到一定的比例时，即会造成一个抑制果蔬本身呼吸作用的气体环境，从而达到延长果蔬贮藏期的目的。

②人工气调法。人为地使封闭的空间内的氧迅速降低二氧化碳升高，几分钟至几小时内就进入稳定期。人工气调法有：充氮法，封闭后抽出贮藏室内大部分空气，充入氮稀释剩余空气中的氧，使其浓度达到所规定的指标，有时充入适量二氧化碳也可使之立即达到要求的浓度；气流法，把预先由人工按要求的指标配制好的气体输入专用的贮藏室，以代替其中的全部空气，在以后的整个贮藏期间，始终连续不断地排出部分内部气体，充入人工配制的气体，使内部气体组成稳定在规定的指标范围内。

③混合法或半自然降氧法。实践表明，采用快速降氧法（即充氮法）把氧含量从21%降到10%比较容易，而从10%降到5%就要耗费较前者约多两倍的氮气。为了降低成本，可开始先充氮，把氧迅速降到10%左右，然后依靠果蔬本身的呼吸作用来消耗氧气，直至降到规定的空气组成指标范围后，再根据气体成分的变化来调节控制。

（3）低温冷藏防霉腐

利用各种制冷剂降低温度，以保持仓库中所需的一定低温，来抑制微生物的生理活动，达到防霉腐目的。

（4）干燥防霉腐

通过降低仓库环境中的水分和商品本身的水分，达到防霉的目的。干燥法，一方面对仓库进行通风除湿；另一方面可以采用晾晒、烘干等方法降低商品中所含的水分。

（5）电离辐射防霉腐包装技术

能量通过空间传递称为辐射，射线使被照射的物质产生电离作用，称为电离辐射。电离辐射的直接作用是当辐射线通过微生物时能使微生物内部成分分解而引起诱变或死亡。

电离辐射防霉腐包装目前主要应用β射线与γ射线，商品包装经过电离辐射后即完成消毒灭菌，配合冷藏，能延长保存期。

食品辐射保藏就是利用射线的辐射能量，对新鲜肉类及其制品、水产品及其制品、蛋及其制品、粮食、水果、蔬菜、调味料，以及其他加工产品进行杀菌、杀虫、抑制发芽、延迟后熟等处理，使其在一定期限内不发芽、不腐败变质，不发生品质和风味的变化，以增加食品的供应量和延长保藏期，从而可以最大限度地减少食品的损失。

辐射保藏食品与其他保藏方法相比有其独特的优点：和化学药物保藏法相比，它无化学残留物质；和加热处理法相比，它能较好地保持食品的原有新鲜品质；和食品冷冻保藏法相比，能节约能源。所以辐射是一种较好的保藏食品的物理方法之一。

（6）紫外线、微波、远红外线和高频电场处理

紫外线是日光杀菌的主要因素。但其穿透力很弱，所以只能杀死商品表面的霉腐微生物。此外，含有脂肪或蛋白质的食品不宜用紫外线照射杀菌。

紫外线一般用来处理包装容器（或材料）以及非食品类的被包装物品。

微波的杀菌机理是微生物吸收微波能量后，一方面转变为热量而杀菌，另一方面菌体的水分和脂肪等物质受到微波的作用，其分子间发生振动摩擦而使细胞内部受损而产生热能，促使菌体死亡。微波产生的热能在内部，所以热能利用率高，加热时间短，加热均匀。

远红外线的作用与微波相似。

高频电场的杀菌机理是含水分高的商品和微生物能"吸收"高频电能转变为热能而杀菌。只要商品和商品上的微生物有足够的水分，同时又有一定强度的高频电场，消毒瞬间即可完成。

商品防霉腐除以上较常用的方法外，还有蒸汽法、自然冷却法、盐渍法。目前在食品防霉腐中采用的射线防霉腐，越来越受到广泛的重视。

（八）防止仓库害虫

1. 商品害虫的种类及易虫蛀商品

仓库害虫对于商品的储存具有很大危害性，它们不仅是某些商品损耗的直接原因，而且还可能污染商品，甚至传播病菌。

仓虫大部分属于昆虫，也包括螨类微小动物。由于仓虫种类很多，食性杂，传播途径广，所以在一般仓库中都可能有仓虫存在。仓虫的主要来源如下：

①商品入库前已有害虫潜伏在商品之中，随商品一起进入仓库；

②商品包装物中有害虫隐藏；

③运输工具的带入；

④仓库内本身隐藏有害虫；

⑤环境卫生不清洁，有害虫的滋生；

⑥邻近仓间或邻近货垛储存的生虫商品的感染；

⑦农业害虫的侵入。

对商品危害较大的仓虫主要有甲虫类、蛾类、蟑螂类和螨类。仓虫与其他动物不同，一般都具有较强的适应性，在恶劣环境下仍能生存，并且食性杂，繁殖力强，繁殖期长，对温度、光线、化学药剂等外界环境的刺激有一定的趋向性，正是由于仓虫的这些习性，对商品储存造成了极大危害。

容易虫蛀的商品，主要是一些有营养成分含量较高的动植物原料加工制成的商品。主要有：

①纺织品，特别是毛丝织品。

②毛皮、皮制品，包括皮革及其制品、毛皮及其制品等。

③竹藤制品。

④纸张及纸制品，包括纸张及其制品和很多商品的纸质包装物。

⑤木材及其制品。

2. 防治害虫的方法

储运中害虫的防治工作应贯彻"以防为主，防治结合"的方法。对某些易生虫的商品和原材料，必须积极地向厂方提出建议和要求，在生产过程中，对原材料采取杀虫措施,如竹、木、藤原料,可采取沸水烫煮、汽蒸、火烤等方法,杀灭隐藏的害虫。对某些易遭虫蛀的商品,在其包装或货架内投入驱避药剂,如天然樟脑或合成樟脑等。此外,储运中害虫的防治还常采用化学、物理、生物等方法,杀灭害虫或使其不育,以维护储运商品的质量。

仓库害虫防治的方法主要有:

(1) 杜绝仓库害虫来源

要杜绝仓库害虫的来源和传播,必须做好以下几点。

①商品原材料、商品包装物的杀虫、防虫处理;

②入库商品的虫害检查和处理;

③仓库的环境卫生及备用工具的卫生消毒。

(2) 药物防治

使用各种化学杀虫剂,通过胃毒、触杀或熏蒸等作用杀灭害虫,是当前防治仓库害虫的主要措施。常用的防虫、杀虫药剂有以下几种:

①驱避剂。驱避剂的驱虫作用是利用易挥发并具有特殊气味和毒性的固体药物,使挥发出来的气体在商品周围经常保持一定的浓度,从而达到驱避害虫的目的。

②化学药剂杀虫。化学药剂杀虫法是利用化学药剂来防治害虫的方法。在实施时,应考虑害虫、药剂和环境三者之间的关系。例如,针对害虫的生活习性,要选择其抵抗力最弱的虫期施药,药剂应低毒、高效和低残毒,且对环境无污染。在环境温度较高时施药,可获得满意的杀虫效果。化学杀虫按其作用于害虫的方式,主要有触杀杀虫和喂毒杀虫三种。触杀剂和胃毒剂很多,常用于仓库及环境消毒的有敌敌畏、敌百虫等。

③熏蒸剂。杀虫剂的蒸气通过害虫的气门及气管进入体内,而引起中毒死亡,叫熏蒸作用。具有熏蒸作用的杀虫剂称熏蒸剂。用熏蒸的方法杀虫有成本低,效率高等优点。

(3) 物理杀虫法

物理杀虫法是利用各种物理因素,如热、光、射线等破坏储运商品上害虫的生理活动和机体结构,使其不能生存或繁殖的方法。其主要方法有:高、低温杀虫法;射线杀虫与射线不育法;远红外线与微波杀虫法和充氮降氧杀虫法等。

此外,还可采用生物防治,即利用害虫的天敌(寄生物、捕食者、病原微生物)来防治害虫,以及利用昆虫的性引诱剂来诱集害虫或干扰成虫的交配繁殖等,都属于生物防治方法。

(九) 金属物品防除锈

1. 锈蚀

金属商品与周围环境(主要是空气)发生化学反应或电化反应所引起的破坏现象,即为金属锈蚀。由于金属所处环境的差异,所引起的化学反应也不相同,主要有化学锈蚀和电化学锈蚀。

在干燥的环境中或无电解质存在的条件下,金属制品遇到空气中的氧而引起氧化反应,叫化学锈蚀。化学锈蚀的结果是在其表面形成一层薄薄的氧化膜,它可使金属表面变暗。有些金属氧化膜,对金属还能起保护作用,如铝制品表面的氧化膜。化学锈蚀占腐蚀总量的 10% ~20%。

在潮湿的环境中，金属制品表面通过表面吸附毛细管凝聚，特别是结露作用，水蒸气可在金属表面形成水膜，水膜溶解表面的水溶性沾附物或沉淀物（多为盐类）和空气中的二氧化碳、二氧化硫等可溶性气体，最终成为一种具有导电性的电解液。金属制品接触这种电解液后，电位较低的金属成分成为负极（阳极），电位较高的杂质或其他金属成分成为正极（阴极），从而引起电化学反应，反应中金属以离子形式不断进入电解液而被溶解，这种锈蚀称为电化学锈蚀。电化学锈蚀的结果是使金属制品表面出现凹陷、斑点等现象，然后使破坏掉的金属转变成金属氧化物或氢氧化物而附于金属表面，最后或快或慢地往里深入，最终成片往下脱落。锈蚀严重的，使商品内部结构松弛，机械强度降低，甚至完全失去使用价值，所以电化学锈蚀是金属商品的主要破坏形式。电化学锈蚀取决于金属电位的高低，电位愈低的金属愈容易发生锈蚀。另外，环境因素中最主要的是湿度、温度和氧，同时还与金属表面附着的灰尘、污物和空气中的二氧化碳、二氧化硫等气体有关。

2. 防锈蚀的方法

金属商品的电化学锈蚀是造成商品损失的重要因素之一，所以做好金属商品的防锈蚀工作非常重要，也是仓储过程中商品养护的一项重要任务。金属商品的电化学锈蚀除内在因素如金属及其制品本身的组成成分、电位高低、表面状况外，还主要取决于金属表面电解液膜的存在。因此，在防止金属商品电化学锈蚀的方法中，相当多的方法是围绕防止金属表面生成水膜而进行的。在生产部门，为了提高金属的耐锈蚀性能，最常采用的方法是在金属表面涂盖防护层，例如喷漆、搪瓷涂层、电镀等，把金属与促使金属锈蚀的外界条件隔离开来，从而达到防锈蚀的目的。在仓储过程中使用的主要防锈蚀方法是改善仓储条件、涂油防锈、气相防锈和可剥性塑料封存等。

（1）涂油防锈

涂油防锈是商品流通中常用的一种简便有效的防锈方法。它是在金属表面涂覆一层油脂薄膜，在一定程度上使大气中的氧、水分以及其他有害气体与金属表面隔离，从而达到防止或减缓金属制品生锈的方法。此法属于短期的防锈法，随着时间的推移，防锈油会逐渐消耗，或由于防锈油的变质，而使金属商品又有重新生锈的危险。根据防锈油形成膜的性质，可分为软膏防锈油、硬膜防锈油、油膜防锈油三类。除防锈油外，凡士林、黄蜡油、机油等也可作防锈油脂。

（2）气相防锈

气相防锈是利用挥发性气相防锈剂在金属制品周围挥发出缓蚀气体，来阻隔空气中的氧、水分等有害因素的锈蚀作用以达到防锈目的的一种方法。这是一种较新的防锈方法，具有使用方便、封存期较长、使用范围广泛的特点。它适用于结构复杂，不易为其他防锈涂层所保护的金属制品的防锈。常用的气相防锈剂有亚硝酸二环己胺、肉桂酸二环己胺、肉桂酸、福尔马林等。

（3）可剥性塑料封存

可剥性塑料是用高分子合成树脂为基础原料，加入矿物油、增塑剂、防锈剂、稳定剂以及防腐剂等，加热溶解后制成的。这种塑料液喷涂于金属制品表面，能形成可以剥落的一层特殊的塑料薄膜，像给金属制品穿上一件密不透风的外衣，它有阻隔锈蚀介质对金属制品的作用,以达到防锈目的。可剥性塑料中,常用的树脂有乙基纤维素、醋酸丁酸纤维素、聚氯乙烯树脂、过氧乙烯树脂和改性酚醛树脂等。

3. 金属商品的除锈

金属商品的养护,应贯彻以防为主的方针,不主张金属商品生锈后再去进行除锈处理,因为金属商品一旦生锈就总是要受到一定损失,特别是精度较高的商品,而且除锈往往还要比防锈花费更多的人力和物力。但是常常出现商品在进入储存环节前或经过一段时间储存之后发生了锈蚀,这时候为了防止锈蚀的继续发展,必须进行防锈处理,对生锈的金属制品必须在防锈处理前进行除锈。

(1) 锈蚀程度的鉴别

金属商品严重生锈时,可根据各种金属的锈蚀特征鉴别,但轻微生锈与表面污染在外观上往往没有明显的差别,必要时可用其他方法(如化学定性、酸溶解、金相等)加以鉴别。关于锈蚀程度,除从表面上锈的厚度与金属锈蚀深度上看外,主要是看锈蚀面积。国外有的用金属总表面与锈蚀面积的比来表示锈蚀程度。例如,钢铁锈蚀程度分为五个级别(见表7-2)。

表7-2　　　　　　　　　　钢铁锈蚀程度表

级别	生锈面积比值/%
A级	0
B级	1~10
C级	11~25
D级	26~50
E级	51~100

(2) 物理机械除锈法

按作用原理,除锈方法可分为物理机械除锈法和化学除锈法。物理机械除锈法又分为人工除锈法和机械除锈法。

人工除锈法,它是指用钢刷、铁锤、铲(刮刀)、纱布、砂纸等除去铁锈的方法。此法简便,但不适用于小型及大量产品除锈。

①钢刷法。用直径为0.3mm钢丝制作的钢刷,刷除金属制品表面的黑皮与红锈。该法比较费力,但方法简便,适用于结构简单、个体较大、数量不多的钢铁制品。

②铁锤刮刀并用法。这种方法适用于结构致密较厚的黑皮与赤锈,或表面附着非锈异物的钢铁制品。刮除后再用钢刷刷锈效果较好。

③砂纸或砂布打磨除锈法。对于表面精度要求不高或非加工面可用砂纸、砂布打磨。使用砂纸或砂布的标号可根据要求选择。

机械除锈法

①喷射法。它是将砂粒等强力喷射在金属表面,借其冲击与摩擦的作用将锈除掉的方法。

按喷射材料,可分为喷砂法(用海砂、河砂、石粒为喷射材料)、钢粒喷射法(以小钢弹或碎钢粒为喷射材料）、软粒子喷射法（以植物种子或塑料颗粒为喷射材料）。

按喷射的方式，可分为动力喷射法（将干燥的喷射材料用高压空气喷射的方法）、湿式喷射法（将细砂粒与水混拌成泥浆状用高压空气喷射的方法）以及真空喷射法等。

喷射法适用于大型制品或金属材料的除锈，需要喷射机械，用湿式喷射法时还需在水中加入水溶性缓蚀剂。其优点是除锈效率高，成本低。

②砂轮与布轮除锈法。砂轮只能对非加工面使用；对于表面镀层或表面光洁要求较高的钢铁或有色金属制品都可以采用布轮除锈法。此法只适用于表面平整的商品。

此外，国外利用氧化皮与金属材料热胀系数的不同，采取加热后骤冷使氧化皮脱离金属表面的方法对大型钢板等表面氧化皮进行清除，加热是用特制的氧炔或氢氧燃烧器。

（3）化学除锈法

化学除锈法包括酸洗、碱除锈（碱液电解、碱还原、碱液煮沸等）以及电解酸洗等。应用最为广泛的化学除锈法是酸洗法。酸洗法是将金属制品浸渍在各种酸的溶液中，把金属锈蚀产物化学溶去的方法。酸洗法与物理机械法比较，主要优点是不引起金属材料变形、处理的表面不粗糙，操作简便，效率高，金属制品各个角落的锈都可以除去，适用于大量小型制品的除锈，而且不需要专用设备，成本较低。

（4）电化学除锈法

电化学除锈法，是指被除锈的金属制品在电解液中接在外接电源上，通过电化学作用除去锈蚀产物的方法。电化学除锈主要用于较大的钢铁制品。电化学除锈法包括阳极法和阴极法。阳极法是以金属制品为阳极度，通电后借金属溶解及在阳极度上产生的氧气的机械力分离锈层。此法在除锈过程中腐蚀很难避免，所以一般不用，主要应用于金属制品的电抛光。阴极法是以金属制品为阴极，通电后在阴极度上产生氢气还原氧化铁，并以氢气的机械作用剥离锈层。此法对金属制品具有保护作用，所以是常用的电化学除锈法。

（十）在库货物安全管理

安全对于现代仓库来说具有特殊的重要意义，因为，仓库是商品重要的集散地，也是储藏和保管商品的场所，其价值和使用价值均很高。一旦发生火灾或爆炸等严重灾害，不仅仓库的一切设施可能被毁坏，而且客户存放在仓库中的所有商品也全部变成一堆废品，其损失之大，远远超过一般厂房的火灾。因此，应将安全工作置于一切管理工作的首位，必须警钟长鸣，做好防范工作。

现代仓库的安全管理主要包括现代仓库设施、设备、仓库商品等物质的安全管理和仓库保管人员的人身安全管理两大方面。现代仓库不安全的因素很多，如水灾、火灾、爆炸、盗窃、破坏等，此外，还有放射性物品、腐蚀性物品、有毒物品等均会造成对现代仓库管理人员人身安全的威胁，会影响生产的正常进行，也会给企业和国家造成巨大的经济损失。我们只有努力克服和预防这些不安全的因素，才能保证现代仓库的安全，也才能使仓库的生产活动得以正常进行。做好物资在库养护工作，确保物资安全，是仓库职工的光荣职责，做好仓库的安全工作，是仓库工作中的头等大事，也是每个仓库工作人员的重要任务。

仓库火灾是仓库的灾难性事故，不仅损害仓库货物，还损坏仓库设施，燃烧和燃烧产生的有毒气体直接危及人的生命安全。仓库储存大量的物品，物品存放密集，电气设备、机械的大量使用，管理人员相对较少，有造成火灾的危险。仓库安全消防工作是仓库安全管理的重中之重，是长期的、细致的、不能疏忽的工作。

1. 火灾产生的条件

仓库火灾是由于人的不安全行为和物的不安全状态相互作用而引起，并危及人们生命和财产的失控燃烧。

2. 火势蔓延的方式

一般仓库内火势蔓延均经历初起、成长、极盛和衰减（熄灭）四个阶段。

①初起阶段。一般是电火花、未熄灭烟头等将室内易燃、可燃物点着，经过一段时间引燃而变成明火，但范围很小。此时室内温度极不平衡，空气对流加剧，使燃烧温度缓慢升高。这一阶段持续一般在几分钟到十几分钟，若能及时发现火情，很容易将火险扑灭在萌芽阶段。

②成长阶段。此时可燃物的燃烧面积迅速扩大，室内温度上升很快，在短时间内室内燃烧由量变转化为质变而形成轰燃。轰燃是指可燃物受热分解出的可燃气体增多，其余空气混合达到轰燃点时，引发室内全部可燃物在瞬间全面燃烧。出现轰燃是成长阶段的重要特性。

③极盛阶段。室内火势猛烈，处于全面燃烧阶段，温度迅速上升。此时室内极大温度可达1000℃左右，室内温度出现极大值是这一阶段的重要特征。在这一阶段烈火冲出房门袭入通道，大火将席卷整幢建筑。极盛阶段持续时间长短主要取决于可燃物的数量、通风情况及围护结构材料的传热性能等。

④衰减阶段。此时，室内约80%的可燃物已燃尽，热量大量向四周散失，室内温度开始下降。当可燃物已烧尽，室内温度降到200～300℃并较长时间保持这一温度范围，直到火势熄灭之后。

3. 仓库的安全消防工作要点

①仓库的安全消防工作要依法办事，根据企业法人是第一责任人的规定，遵循"谁主管谁负责"的原则，成立安全消防委员会（领导小组），全面负责仓库的消防安全工作。

②建立以岗位责任制为中心的三级防火责任制，把安全消防工作具体落实到各级组织和责任人。

③建立健全各工种的安全操作制度和安全操作规程，特别是各种用电设备的安全作业规程，经常进行安全教育，坚持做到职工考核合格持证上岗的制度。

④定期开展防火灭火的消防安全检查，消除各种火灾隐患，落实各项消防措施，及时处理各类事故。

4. 消防设施

仓库的消防管理应执行消防工作"以防为主，消防结合"的方针，采取积极有效的措施，加强防范，消除火险的隐患，杜绝可能引发火灾的条件，万一发生火灾要迅速扑灭，将损失减少到最低限度。通过采用一些消防设施来控制火灾的发生和蔓延。消防设施一般是指一些固定的、特殊的建筑物或构筑物。当仓库的某一部分由于不慎引起火灾，这些特殊的建筑物或构筑物可将火势限制在一定的范围内、不使其蔓延危及整个仓库。消防设施主要有以下几种。

①防火墙。防火墙是在建造仓库库房时设计的。防火墙直接建筑在房屋的基础上，其厚度一般要考虑到发生火灾时的烘烤时间，其高度应超出屋顶。如果顶棚是采用可燃材料建筑的，则防火墙高出顶棚的高度应不少于70cm；若顶棚是难燃材料或不燃材料构筑的，则防火墙只需高出顶棚40cm。

②防火隔离带。仓库的防火隔离带有两种，一种是在建筑时就考虑的，比如在用可燃材料建筑的屋顶中间，建筑宽度不小于5m的有耐火屋顶的地段，其高度略高出屋顶；另一种是在库房、料棚和货场内以及它们之间留出足够的防火隔离带，尤其是储存可燃性材料和设备，其防火隔离带必须保证。

③防火门。防火门是用耐火材料制成，万一库房起火，扑救不及，可以关闭防火密封门，不使火势蔓延到另一间库房。

5. 常见的火灾隐患

（1）仓库火灾的火源

①明火与火星。生产、生活活动中所使用的灯火、炉火，气焊气割的乙炔火，打火机、火柴火焰；未熄灭的烟头，内燃机械、车辆的排烟管火星，以及飘落的未熄火的爆竹火星等。

②自燃。自燃是指物资自身的温度升高，在到达一定条件下，即使没有外界火源也能发生燃烧的现象。容易发生自燃的物质有：粮食谷物、煤炭、化纤、棉花、部分化肥、油污的棉纱等。

③雷电与静电。雷电是带有不同电荷的云团接近时瞬间发生放电现象而形成的电弧，电弧的高能量能造成易燃物的燃烧。静电则是因为感应、摩擦使物体表面集结大量电子，向外以电弧的方式传导的现象，同样也能使易燃物燃烧。液体容器、传输液体的管道、工作的电器、高压电器、运转的输送带、强无线电波等都会发生静电现象。

④电火。由于用电超负荷，电线短路、漏电引起的电路电火花，设备的电火花、电气设备升温也会引起燃烧。

⑤化学和爆炸性火灾。由于一些化学反应会释放较多的热，有时甚至直接燃烧，从而引起火灾，如活泼轻金属遇水的反应和燃烧，硫化亚铁碱化燃烧、高锰酸钾与甘油混合燃烧等引起的火灾；有爆炸性的物品在遇到冲击、撞击发生爆炸而引起的火灾；一定浓度的易燃气体、易燃物的粉尘，遇到火源也有可能引发爆炸。

⑥聚光。太阳光的直接照射会使物体表面温度升高，如果将太阳光聚合，形成强烈的光束会导致温度升高而引起易燃物燃烧。镜面的反射、玻璃的折射光都可能造成聚光现象。

⑦撞击和摩擦。金属或者其他坚硬的非金属在撞击时会引发火花，引起接近的易燃物品的燃烧。物体长时间摩擦也可能升温导致燃烧。

⑧人为破坏。人为恶意将火源引入仓库而引起火灾。人为故意引火是一种犯罪行为，纵火人要受到刑事惩罚。

（2）常见的火灾隐患

对常见的火灾隐患进行分类是为了有效地防止火灾和灭火。防火工作对火源的分类非常重视，一般将火源分为直接火源和间接火源两种，如明火源、化学火源、电火源、自燃等。也可从灭火的方法角度对火灾进行分类。

①普通火灾。普通可燃固体所发生的火灾，如木料、化纤、棉花、煤炭等。虽然普通火灾燃烧扩散较慢，但会深入燃烧物内部，灭火后重燃的可能性极高，普通火灾应使用水进行灭火。

②电气火灾。电器、供电系统漏电所引起的火灾，以及具有供电系统的仓库发生火灾，有可能使员工触电；另外，由于供电系统的传导，还会在电路的其他地方产生电火源。因此在发生火灾时，要迅速地切断供电，采用其他安全方式照明。

③油类火灾。各种油类、油脂发生燃烧引起的火灾。油类属于易燃品，且具有流动性、快着火的油会迅速扩大着火范围。油类轻于水，会漂浮在水面，随水流动，因此不能用水灭火，只能采用干粉、泡沫等灭火手段。

④爆炸性火灾。容易引发爆炸的货物或者火场内有爆炸性物品，如可发生化学爆炸的危险品、物理爆炸的密闭容器等都可造成爆炸性火灾。爆炸不仅会加剧火势，扩大燃烧范围，更危险的是直接危害人身安全。发生这类火灾的首要工作是保证人身安全，迅速撤离人员。

6. 报警与灭火

（1）防火方法

燃烧三要素中的可燃物、助燃物、着火源（温度）共同作用才能燃烧，缺少一个要素都不能形成火灾。防火工作就是使三者分离，不会互相发生作用。

①控制可燃物。减少或者不使用可燃物、将可燃物质进行难燃处理。如仓库建筑采用不燃材料建设，使用难燃电气材料，易燃货物使用难燃包装，用难燃材料覆盖可燃物。通过通风的方式使可燃气体及时排除，洒水减少可燃物扬尘等措施。

②隔绝助燃物。对于易燃品采取封闭、抽真空、充惰性气体、浸泡的方法，用不燃涂料喷易燃品的方式使易燃物不与空气直接接触来防止燃烧。

③消除着火源。使发生火灾的着火源不在仓库内出现。由于仓库无法避免储藏可燃物，隔绝空气需要较高的成本，仓库防火的核心就是消除着火源。消除着火源也是灭火的基本方法。

（2）火灾报警

通常情况下，发生火灾后的报警与救火应当同时进行。早一分钟报警，消防车早到一分钟，就能把火灾扑灭在初起阶段；耽误了时间，小火就可能变成大火，小灾就可能变成大灾。

当发生火灾，现场只有一个人时应该一边呼救，一边进行处理。如果你有能力，有把握将初起火灾扑灭，而且灭火器就地可取，并懂得使用，那就应该立即把火扑灭；如果认为无能力扑灭这次火灾，就应该赶快报警，并在报警的路上边喊边跑，以便取得群众的帮助。

报警时应沉着、准确地讲清起火所在地区、街道、房屋门牌号码或起火单位，燃烧物是什么，火势大小，报警人姓名以及所用的电话号码。

为了及时、准确地报警，每个单位平时应指定一名口齿清楚、机警镇静的人员，在发生火灾时，专门负责报警。在报警后，还应派出人员，在路口接应和引导消防车进入火场。所在单位负责人应主动向消防队介绍起火的有关情况，以缩短火情侦察时间，减少火灾造成的损失。

（3）灭火方法

灭火是可燃物已发生燃烧时采取终止燃烧的措施。

①冷却法。将燃烧物的温度降低到燃点以下，使其不能气化，从而阻止燃烧。常用冷却法是使用大量冷水、干冰等降温。

②窒息法。将火源附近的氧气含量减少，使燃烧不能继续。窒息法有封闭窒息法，如将燃烧间密闭；充注不燃气体窒息法，如二氧化碳、水蒸气等；不燃物遮盖窒息法，如用黄沙、惰性泡沫、湿棉被等覆盖着火物灭火。

③隔绝法。将可燃物减少、隔离的方法。当发生燃烧时，将未着火的货物撤离，从而避免火势扩大。隔绝法是灭火的基本原则，一方面减少受损货物，另一方面控制火势。当发生火灾时，首要的工作就是将火场附近的可燃物撤离或者用难燃材料将其隔离。

④化学抑制法。通过多种化学物质在燃烧物上的化学反应，产生降温、隔绝氧气等效果消除燃烧。

⑤综合灭火法。火灾的危害性极大，而且当火势迅猛时，基本无法控制。发生火灾时要各种灭火方法共同使用，不能依赖单一的方法。如采取封闭库房和库外喷水降温同时进行，货物搬离附近火场的隔绝法和释放灭火剂同时进行。

在共同使用多种灭火方法时，要注意避免所采用的手段互相干扰，降低灭火效果。如采用泡沫灭火时，不能用水冲，除非有大量的水源能够代替不足的泡沫。酸性灭火剂不能与碱性灭火剂共同使用。

7. 消防设施和灭火器

（1）消防设施

库房内应设置消防给水，同一库房内应采用统一规格的消防栓、水枪和水带，水带长度不应超过25m。四层以上的仓库建筑应设置水泵接合器。对于面积超过$1000m^2$的储存纤维及其制品的仓库，应设置闭式自动喷水灭火系统。消防水可以由消防水池、水管网、天然水源供给，但水压及供水量必须满足要求。寒冷季节，要采取必要的防冻措施防止消防水系统损坏。

（2）灭火器和灭火剂

灭火器是一些轻便的容器，里面装有灭火剂。发生火灾时，使用灭火器内的灭火剂扑灭火源。灭火器应布置在仓库的各个出入口附近的指定位置，是应急灭火的最重要的器材。

灭火器以内装灭火剂的名称不同，分为泡沫灭火器、清水灭火器、二氧化碳灭火器、1211灭火器、干粉灭火器等。必须有针对性地使用灭火器，才能达到有效灭火的目的。

①水是最常用的灭火剂，能起到隔绝空气、降温冷却、冲击火焰的灭火作用。除了由电气、油、碱金属引起的火灾外，其他火灾都能用水扑灭。

②泡沫灭火器，又分为空气泡沫和化学泡沫。由于泡沫较轻，在可燃物的表面覆盖，起着阻隔空气的作用，使燃烧停止。泡沫灭火器主要用于油类火灾，也可以用于普通火

灾的灭火。

③二氧化碳灭火器，又称为干冰灭火器。利用液态的二氧化碳在气化时大量吸热，造成降温冷却，同时二氧化碳本身具有窒息作用可以用来灭火。二氧化碳最适用于电气设备、气体燃烧引发的火灾，以及办公地点、封闭仓室火灾的灭火。二氧化碳灭火的优点是它可以及时气化、不留痕迹，不会损坏未燃烧的物品。但二氧化碳对人体同样具有窒息作用，在使用时要注意防止对人体造成的伤害。

④干粉灭火器，如碳酸氢钠粉是干燥、易流动、不燃、不结块的粉末，主要有覆盖窒息的作用，还能阻止燃着的液体的流动。

⑤"1211"即二氟一氯一溴甲烷，是一种无色透明的不燃绝缘液体。1211灭火器通过高压液化存储在高压钢瓶内。灭火时对着着火物释放，通过降温、隔绝空气、形成不燃覆盖层灭火。其灭火的效率，比二氧化碳高3～4倍，适合于油类火灾、电气火灾的扑灭。

⑥沙土，对于小面积火灾，使用沙土覆盖灭火是一种有效的手段。由于沙土本身惰性、不燃，并且重量较大，具有较好的覆盖镇压能力，适合氧化剂、酸碱性物质、遇水燃烧物质的灭火，同时，沙土能吸收液体，阻止流动，也是扑灭液体火灾的主要材料。

四、任务实施

①学生的前期准备工作。

学生在教师讲解货物在库保管的知识及技术、程序和应注意的问题的基础上，根据设定的在库保管货物，在现有实训条件下，设计货物在库保管工作方案。在教师的指导下，学生分成4组：核查组，搬运组，堆垛组，信息组。每组设组长一名，记录员一名。

②学生分组扮演不同的角色，在教师的导演下进行货物在库保管作业。

首先，学生要掌握货物在库保管工作管理制度，掌握各种操作规程。

其次，学生要具有团队精神，具有沟通与合作的能力。

再次，学生要学会独立处理问题，把知识运用到实践中去，并取得一定的经验。

最后，教师要做好指导工作，做好观察和记录工作。

五、相关项目链接

技能训练一　仓储安全工作

任务引入

物流公司为了确保仓库内储存货物在保管中不会出现各种受损情况，将提高仓库的防盗、防火、防水、防电能力，改善仓库的安全作业水平，你作为库房的保管人员，将如何开展仓储的安全工作呢？

任务实施

（一）检查并改善仓库防盗能力

①仓管员对出入仓库人员的身份进行确认，做好记录；外部人员进入仓库，需要开立证明，防止危险人物混入；

②物资出库作业时，仓管员应注意现场作业情况，观察作业人员举动，防止作业人员将物资夹带出去；

③严格执行各类物资的入库、领用、借用、归还、清退、交换、核对制度；

④严格执行仓库出入检验制度，出入货物上应注明品名、规格、数量，单物相符后方可放行；

⑤检查仓库的防盗设施设备情况，检查完毕后填写"仓库防盗设备情况一览表"；如有损坏，及时修缮。

⑥每天下班后，将所有门窗关闭。

（二）检查并改善仓库防火能力

1. 日常检查

仓管员从电气设备、器械、火源、存储规范等四个方面进行检查，确认是否存在火灾隐患，对易燃物资、电线线路等重点检查，具体情况如表7-3所示。

表7-3　　　　　　　　　　仓库防火检查一览表

序号	防火检查项目	具体检查内容	相关文件
1	电气设备	检查用电负荷、电线等	电气设备位置图
2	器械	叉车进入库区是否有防护罩、是否存在易产生火花的工具；器械是否在库房内修理等	器械检查记录、器械使用规范
3	火源	易燃物是否及时清理；库区是否使用明火等	火源检查记录
4	存储规范	易燃物资是否被隔离；易燃物资是否出现跑、冒、滴、漏等现象；灯具与物资的距离是否适宜；是否检查通风散热状况等	存储检查记录

2. 隐患处理

仓管员发现仓库某处有火灾隐患时，应立即进行处理，并上报上级。

3. 检查仓库的消防设置情况

认真检查本仓库的消防设施设备情况，保证设备完好、数量足够，检查完毕后填写仓库消防设备情况一览表，如表7-3所示；及时更换损坏或过期的消防设施设备。

4. 采取积极的预防措施

仓管员在货物入库前，确定无火种隐患后，方准入库；将使用过的油棉纱、油手套等纤维物品和可燃包装存放在安全地点，及时处理；冬季供暖时，散热器、供暖管道与存储货物的距离大于0.3m；清理库区的消防通道和仓库的安全出口，保证没有堆放物品。

（三）检查并改善仓库防水能力

仓管员要积极进行仓库防水工作，防止货物受潮或受水浸泡，具体检查内容如表7-4所示。

表7-4　　　　　　　　　　仓库防水检查一览表

序号	防水检查项目	具体检查内容
1	地面	地面是否存在积水现象；供水管道是否存在漏水现象；下水管道是否存在堵塞情况等
2	墙壁	墙壁防水材料是否脱落；墙壁是否有水珠出现等
3	顶棚	顶棚防水漆是否脱落；防雨布是否破损；顶棚是否有漏洞等

（四）检查并改善仓库防电能力

仓管员要在日常进行电器检查、电路检查工作，确保线路正常运行。

1. 日常检查

具体检查内容如表7-5所示。

表7-5　　　　　　　　　　仓库防水检查一览表

序号	防电检查项目	具体检查内容
1	线路	插座与线头接口是否牢固；线路更新是否及时；临时线路设施是否合理；保险装置是否有效；电闸箱是否完好等
2	灯具	白炽灯使用寿命是否良好；应急灯状态是否良好等
3	电路的设置	主电路设置是否合理；作业设备的电路设置是否符合要求；照明设备的电路设置是否合理；风扇的电路设置是否正确；预警线路连接是否正确；备用线路状态是否良好等
4	开关	主闸设置是否合理；区域电闸的设置是否合理；单个开关设置是否合理等
5	防静电作业	每日工作前是否接受静电检查；每日工作时是否佩戴防静电腕带；进入工作室时是否穿防静电服；易产生静电的地方是否粘贴、悬挂防静电标志；车辆打火时是否到指定区域进行；车辆作业时是否悬挂导地铁链；地面是否安装防静电体；作业时是否使用非金属材料工具；作业前是否消电、消磁等

2. 防电管理预防

对燃点较低的货物，不准使用碘钨灯和超过60W以上的灯具高温照明，不准用可燃材料做灯罩；

库房内不能设置移动式照明灯具；

照明灯具垂直下方与储存物品水平间距离不得小于0.5m；

库房内铺设的配电线路，需穿金属管或用非燃硬塑料管保护；

库房内不准使用电炉、电烙铁、电熨斗等电热器具和电视机、电冰箱等家用电器；

制定防雷设施规范，设置防雷装置，并定期检测，保证有效；

仓库的电器设备，必须由持上岗证的电工进行安装、检查、维修和保养。

（五）检查并改善仓库安全作业水平

1. 检查仓库的安全作业情况

认真检查本仓库的安全作业情况，并通过对仓库日常入库、储存、包装、装卸、移位、出库等操作的安全方面进行指引和规定，以保证仓库日常工作的有序和安全地进行。

2. 认真执行安全作业管理

①健全各种安全管理制度。

②加强劳动安全保护。

③加强对职工的安全培训。

④执行机械作业安全规定。

⑤执行危险品作业安全规定。

⑥加强电器设备作业安全。

任务评价

姓名			学号		小组			
任务名称				货品保管与养护				
考核内容		考核标准	参考分值（100）	学生自评	小组互评	教师评价	考核得分	
职业素养	1	具有严谨的工作态度	10					
	2	具有学生互相协作的团队意识	10					
	3	具有团队合作精神、岗位意识、安全意识及成本意识	10					
理论知识掌握情况	4	掌握仓储安全工作内容	10					
	5	掌握防盗、防火、防水和防电知识	10					
	6	掌握防盗、防火、防水和防电的检查方法	10					
	7	了解仓库安全作业水平的改善办法和措施	10					
操作技能情况	8	能够正确采取相应安全措施	10					
	9	能够检查并改善仓库安全作业水平	10					
	10	可以熟练开展仓储安全工作并且能够综合性的处理安全隐患	10					
		总得分	100					

技能训练二 货品保管与养护

任务引入

春节放假期间,仓储中心主要存储的货物有陶瓷、设备、家用电器等,存储条件对货物的保管起到很重要的作用。为了提高仓库的服务质量和保障在库商品的安全,除日常仓库管理外,利用节假日期间对仓库安全、仓库卫生、仓库温湿度等各方面进行全面的检查和整改。

仓库主管王新、仓管员李鸣、理货员张海、质检员孙阳4人负责这次的检查和整改。仓库的布置如图7-7所示。

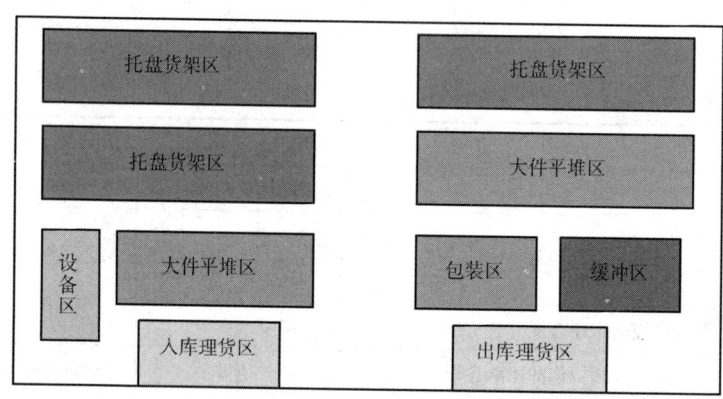

图 7-7

任务实施

(一)检查在库商品质量

为了了解和掌握商品在保管过程中的质量变化情况,仓管员和理货员重点对以下商品进行检查:入库时已发现问题的商品;性能不稳定或不够熟悉的商品;已有轻微异状尚未处理的商品;储存时间较长的商品;包装发生破漏或霉变的商品。检查完毕后填写仓库检查记录表。

检查商品时要从最易发生问题的地方入手,如近窗、沿墙、垛底、垛心等处,特别注意商品温度、水分、气味、包装物外观、货垛状况是否有异。

表 7-6   商品检查记录表

序号	检查项目	日期	备注
		检查结果	
1	商品名称		
2	生产日期		

续表

序号	检查项目	日期	备注
		检查结果	
3	储存货位		
4	商品温度		
5	商品包装		
6	商品堆放		
7	商品外观		
15	安全防护		
检查人签字			

在检查过程中发现大件平堆区中有三台空调的外包装底部进水，仓管员李鸣发现此问题后立即查明原因，经仔细检查，发现这三台空调下面是下水道口，由于冬天过冷，下水道的水管出现裂缝，渗流出来的水导致空调的外包装进水。

仓管员李鸣和理货员张海对所有货物的外包装进行了彻查，除一台电视机的外包装破损外，其他均包装完好。经检查，功能没有受到影响，但是电视机外壳有磨损，影响后期的销售。

仓库主管王新通过与客户联系，双方同意下次送货时，将此台电视机带回返修。王新将三台空调外包装进水的事情告知客户，客户通知仓库将这三台空调与电视机一并带回，进行全面的质量检验。

仓库主管王新通知仓管员李鸣将外包装破损的电视机和外包装进水的3台空调放入货物缓冲区，下次客户送货时将此货物带回。李鸣将货物放入缓冲区后，填写商品异状情况表。

表7-7　　　　　　　　　　　　　商品异状情况表

时间：　　年　　月　　日

序号	商品编码	商品名称	异状情况	处理结果
1	6900003521632	中央空调	3台外包装进水，由于下水道渗水所致	暂时放在缓冲区，已经和客户协商好，下次送货时带回
2	6900368796536	电视机	1台外包装破损，其外壳磨损，搬运所致	暂时放在缓冲区，已经和客户协商好，下次送货时带回

仓管员：李鸣　　　　　　　　　　　　　　　　　　　　　　　　　　质检员：孙阳

（二）检查安全和消防设备

仓库的安全工作做得非常认真，除有专人每天巡逻外，还安装了防盗报警系统（图7-8），仓管员李鸣对报警系统进行了检查和测试，测试后发现系统运行良好，对于非正常进入仓库能及时报警。

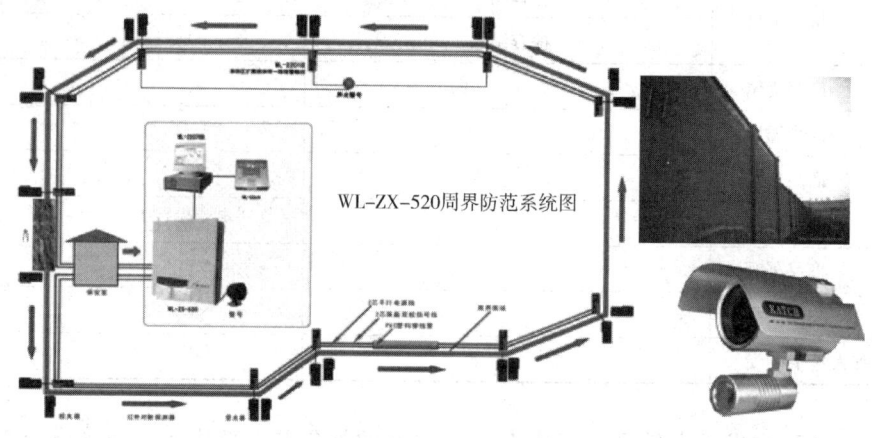

图7-8 防盗报警设备

仓库安装火灾自动报警设备（图7-9），经测试设备良好，对火源能进行有效的探测和报警。

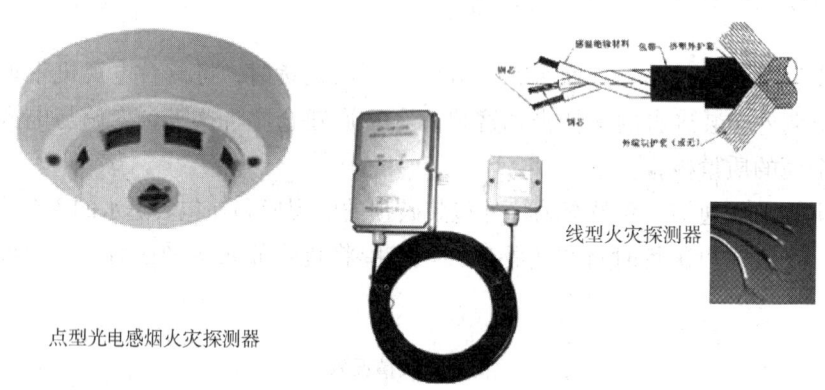

图7-9 火灾自动报警设备

由于仓库中存储的货物是家用电器，价值高，为了防止火灾，仓库中除了备用充足的二氧化碳灭火器外，还安装了自动喷水灭火系统。

仓管员李鸣将超过使用期限的灭火器进行报废处理，对自动喷水灭火系统进行了检测，确定灭火器和系统均能正常工作。

仓库消防主通道宽度一般不得少于2m，通道保持畅通。库区的消防车道和仓库的安全出口、疏散楼梯等处严禁堆放物品。李鸣对仓库的消防通道一一进行了排查，确保没有堆放货物。

（三）控制仓库的温湿度

仓库中温湿度测量和控制仪器有温度仪、测潮仪、空气调节器、风幕、抽风机、去湿机、烘干机等。

表 7-8　　　　　　　　　　　部分货品的安全温度和安全相对湿度表

货品名称	安全温度/℃	安全相对湿度/%	货品名称	安全温度/℃	安全相对湿度/%
金属制品	5~30	75 以下	仪表电器	10~30	70
玻璃制品	35 以下	80 以下	汽油煤油	30 以下	75 以下
橡胶制品	25 以下	80 以下	树脂油漆	0~30	75 以下
皮革制品	5~15	60~75	卷烟	25 以下	55~70
塑料制品	5~30	50~70	食糖	30 以下	70 以下
棉织品	20~25	55~65	干电池	-5~25	80 以下
纸制品	35 以下	75 以下	洗衣粉	35 以下	75 以下

为防止家用电器发生质量变化，应保持库房干燥、凉爽、通风；温度控制在 30℃ 以下，相对湿度在 75% 以下这样更有利于货品的储存。为了达到要求的温湿度，李鸣每天都如实填写仓库温湿度记录表。

表 7-9　　　　　　　　　　　仓库温湿度记录表

库号：　　　　　　　　　　　　　　　　　　　　　　　　　　　储存货品：家用电器

时间	天气	上午				下午				备注
		温度/℃		相对湿度/%		温度/℃		相对湿度/%		
					调节措施				调节措施	
		库内	库外	库内	库外	库内	库外	库内	库外	

冬季华北地区干燥寒冷，仓库的相对湿度在 30% 左右，温度 -5~5℃，均符合仓储要求。

（四）清扫仓库

仓库地面清扫采用清扫车，对于货架底部和角落等难以清扫的位置，仓库人员采用拖把和扫帚进行清扫，同时对墙面和屋顶的虫网和灰尘进行全面的清扫。

（五）实施防霉、防虫和防鼠措施

仓库在阳光充足的天气进行通风，对于潮湿库区进行烘干处理。若货物出现霉变，立即采取措施，进行翻垛挑选，与正常货物进行隔离，采用并根据霉腐情况、货物性质、设备条件等，采取熏蒸、晾晒、烘烤、加热消毒或紫外线灭菌等方式进行处理。

仓库防治害虫的主要措施是使用各种化学杀虫剂，通过喂毒、触杀或熏蒸等作用杀灭害虫。在夏季多虫季节，用灭虫灯辅助灭虫。

老鼠是仓库重点防治的对象，仓库定时定点投放老鼠药，在一些重点防鼠区，还会放置老鼠笼和老鼠夹。

任务评价

姓名		学号		小组			
任务名称			货品保管与养护				
考核内容		考核标准	参考分值（100）	学生自评	小组互评	教师评价	考核得分
职业素养	1	具有严谨的工作态度	10				
	2	具有学生互相协作的团队意识	10				
	3	具有团队合作精神、岗位意识、安全意识及成本意识	10				
理论知识掌握情况	4	了解影响仓储货物质量变化的因素	10				
	5	熟悉货物储存保管的基本要求	10				
	6	掌握货物保管和养护的基本技术和方法	10				
	7	掌握具体的实施方法和实施流程	10				
操作技能情况	8	能够控制和调节仓库的温湿度	10				
	9	能对商品霉变、虫害和锈蚀进行处理	10				
	10	能根据货物类型判断仓储环境是否适宜	10				
		总得分	100				

技能训练三 货品堆码与苫垫

任务引入

物流中心为了提高仓库的利用率，对平堆区的货物进行整理。平堆区有480箱毛毯和480箱羽绒被无规则散放，占用了很大的面积，仓管员周亮和理货员王军负责将这些货物进行重新堆码处理。

由于毛毯和羽绒被要防潮，所以在堆码前首先要进行垫垛。毛毯和羽绒被的包装是销售包装，为了防尘，保持包装的干净整洁，在堆垛后要求进行苫盖。

表7-10　　　　　　　　　　货物信息

货品	包装规格	重量	数量（箱）	层数
毛毯	60cm×50cm×30cm	4.5kg	480	5
羽绒被	60cm×40cm×35cm	3.0kg	480	4

任务实施

(一) 堆码准备

在货物正式堆码前,理货员王军首先清点和检查货物,将货物的名称、规格、数量和质量填入理货单。通过检查,货物的外包装完好、清洁、标志清楚。

表7-11 理货单

理货原因	整理仓库,重新堆码		理货时间		2016.8.16
货品	包装规格	重量	数量(箱)	层数	备注
毛毯	60cm×50cm×30cm	4.5kg	480	5	外包装完好、清洁、标志清楚,无质量问题
羽绒被	60cm×40cm×35cm	3.0kg	480	4	外包装完好、清洁、标志清楚,无质量问题

理货员:王军　　　　　　　　　　　　　　　　　　　　　　　　　　仓管员:周亮

仓管员周亮按照货物的数量、体积、重量和形状计算占地面积与堆高,结合仓库情形和时间要求,计划垛型。考虑到取货方便,已经确定了堆垛的层数,周亮通过计算,得到:

毛毯每层:480÷5=96(箱)

羽绒被每层:480÷4=120(箱)

仓库平堆区长25m,宽14m,为了通风和操作方便,每排间隔1m,两端各留出1m,周亮将货物做如图7-10放置。

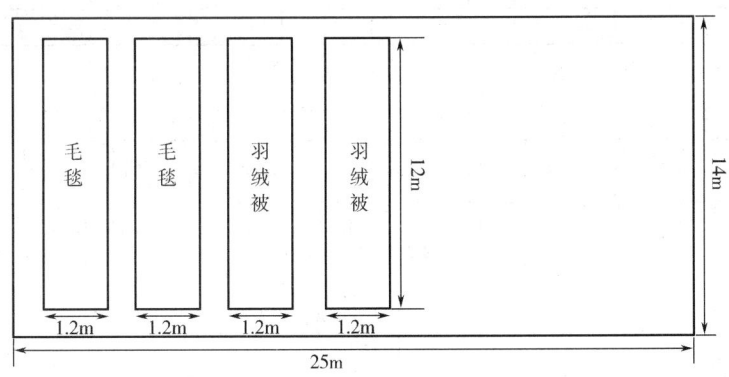

图7-10

(二) 选择垫垛和苫盖的材料

为了防潮和雨水浸泡,堆码前要先进行垫垛,仓库垫垛经常采用枕木或垫石进行垫垛,枕木的承重大,但是本身占用空间,所以一般仓库的枕木储备有限,而且专门用来垫垛重大货物,唐山海华物流中心仓库中没有垫石,周军考虑到需要堆码的货物重量轻,而且仓库中闲置着大量的木托盘,所以垫垛的材料采用木托盘,苫盖的材料采用彩条布,绑扎采用尼龙绳。

(三) 货品堆码

托盘尺寸：1200mm×1000mm，毛毯包装箱尺寸：60cm×50cm×30cm，羽绒被包装箱尺寸：60cm×40cm×35cm，周亮通过计算比较，毛毯采用重叠式堆码，羽绒被采用纵横交错式堆码。

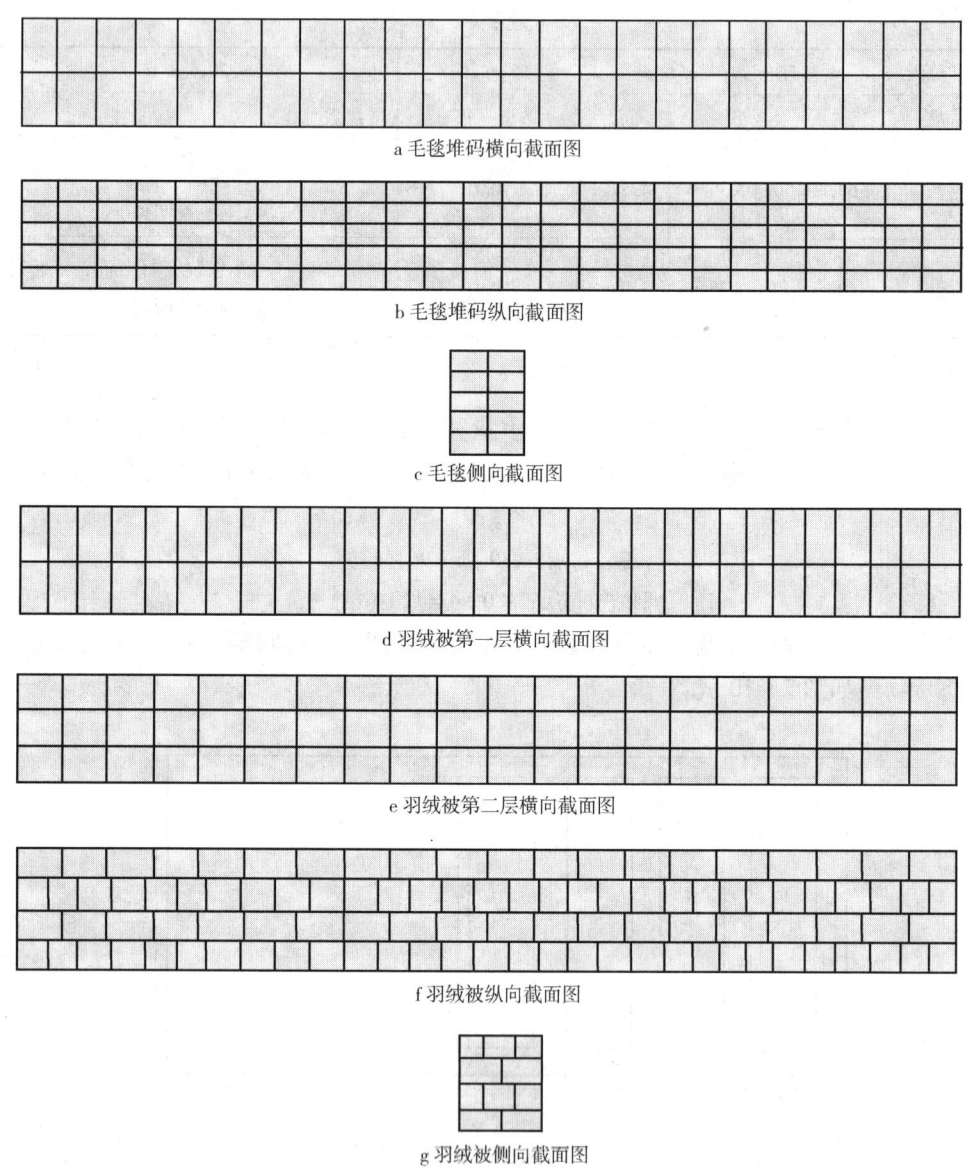

图7-11 货物堆码截面图

(四) 货品苫盖

堆码完成后，对货品进行苫盖。通过计算，需要长16m，宽5m的彩条布。苫盖时，先将彩条布放置在过道中，沿纵向展开，然后再沿横向展开，两人在两端同时将彩条布一边越过垛顶拉至另一侧，两侧拉均匀后，用绳子在垛底离地面20cm处转一圈，对彩条布进行绑扎固定，然后将两侧余留的彩条布折叠，向上塞进绳子内侧。

任务评价

姓名			学号		小组	
任务名称			货品堆码与苫垫			
考核内容		考核标准	参考分值（100）	学生自评	小组互评	教师评价	考核得分

考核内容		考核标准	参考分值（100）	学生自评	小组互评	教师评价	考核得分
职业素养	1	具有严谨的工作态度	10				
	2	具有学生互相协作的团队意识	10				
	3	具有团队合作精神、岗位意识、安全意识及成本意识	10				
理论知识掌握情况	4	熟练掌握货物的堆码方式	10				
	5	熟练掌握货物的苫垫方式	10				
	6	掌握堆码和苫垫的要求	10				
	7	熟悉掌握堆码和苫垫的原则	10				
操作技能情况	8	能根据货物选择合适的垛形	10				
	9	能熟练对货物进行堆码和苫垫操作	10				
	10	操作中能够节约材料，操作高效	10				
总得分			100				

技能训练四　移库作业

任务引入

仓库管理员张楠需定期进行货位的管理，进行货位优化。在货位管理过程中，张楠需对货位货物进行 ABC 管理，将货物的进货量和出货量进行统计，将出入库频率较高的货物储存在离仓库出入口较近的货位上。

2016 年 8 月，张楠对仓库的储存货物重新进行了出入库量统计，发现托盘货架区 B00306 货位上的显示器出入库频率较高，为了提高出入库作业效率，优化货位管理，经过对仓库货位分析，张楠决定将货位为 B00306 的显示器移至托盘货架 B00406 货位上。2016 年 8 月 10 日，张楠制定了对于显示器的移库单，并将移库单交由作业人员程大功进行移库作业，移库单如表 7 – 12 所示。

表7-12　　　　　　　　　　　　　　　移库单

单号：L000012111　　　　　　　　　　　　　　　　　　　　　移库日期：2016年8月10日

货物名称	条形码	原库位	数量	单位	目的库位	备注
显示器	985000880	托盘货架区B00306	20	箱	托盘货架区B00406	
	总计		20			

制单人：张楠　　　　　　　　　　作业员：　　　　　　　　　　仓库主管：

任务实施

（一）移库作业单处理

使用用户名和密码登录仓储管理系统。进入仓储管理系统，选择移库作业，进入移库作业列表见图7-12。

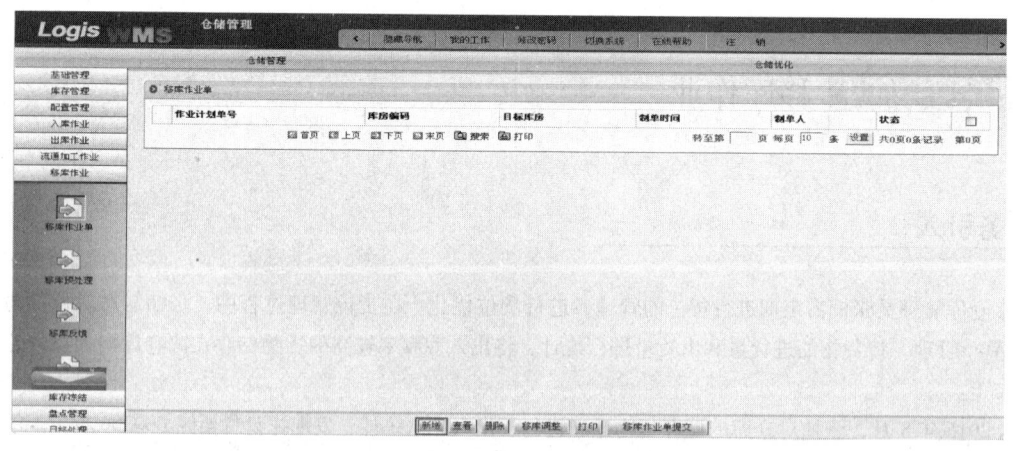

图7-12　移库作业列表

点击图7-12下方的"新增"按钮，然后选择正确的"区编码"和"储位编码"，点击"查询库存"，系统就会按查询条件过滤出可以移动的库存货品。

根据库存货品的库存量确定移库量，点击要移库的货品右侧的上移箭头↑见图7-13，将货品移动到移库条目区域。

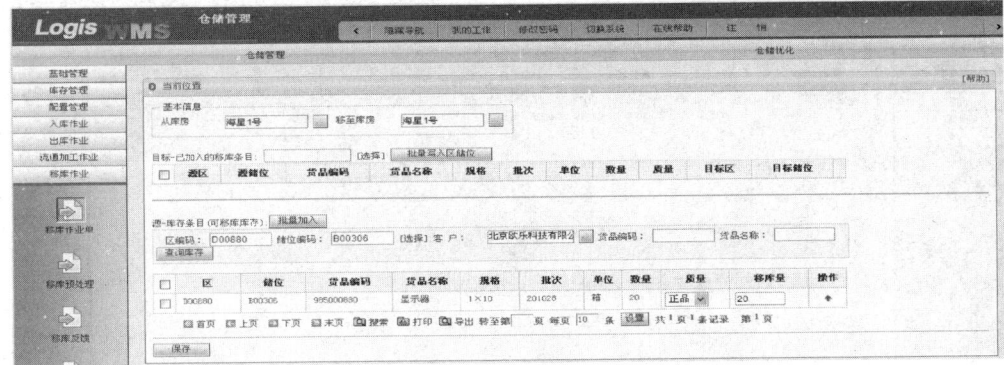

图 7-13 查询库存

在移库目标区域，选择目标储位信息，如图 7-14 所示。

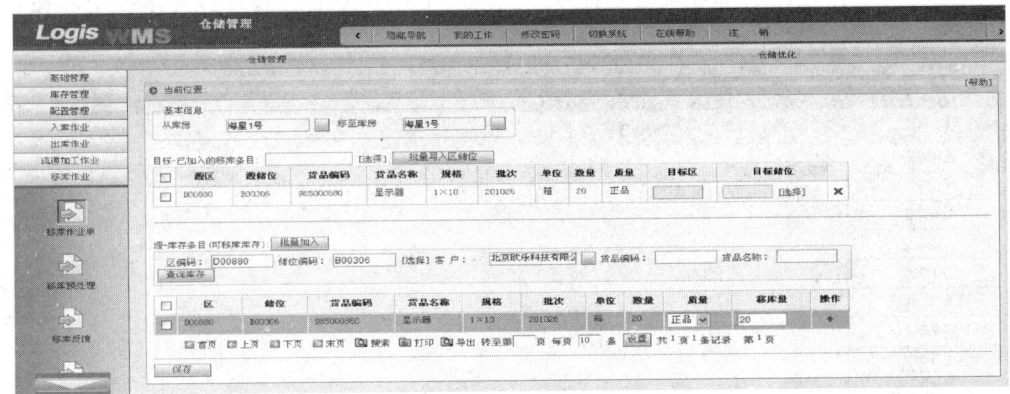

图 7-14 移库列表

确定移库的目标区域后，点击图 7-15 "保存" 按钮，进入图 7-16 所示界面。

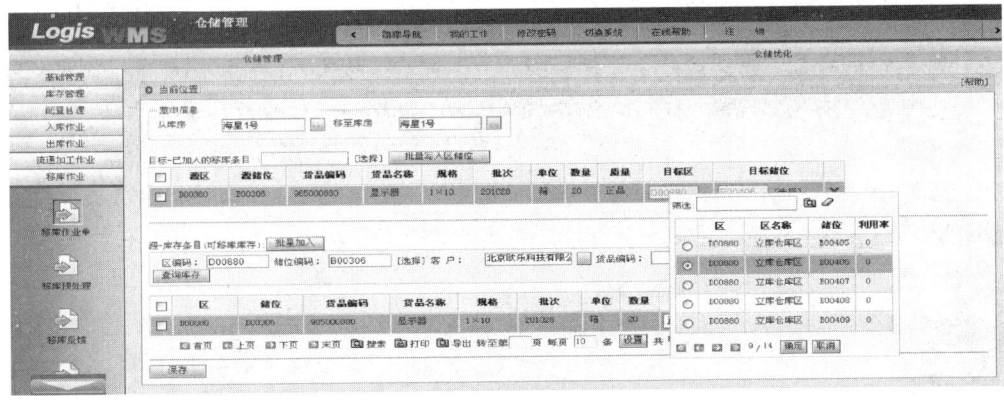

图 7-15 选择移库目标区域

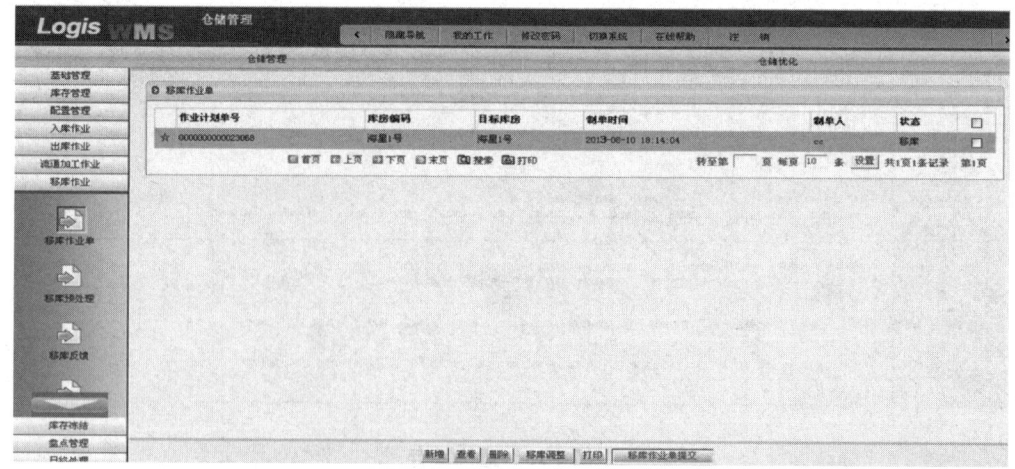

图7-16　生成移库作业单

勾选正确的作业计划单号对应的订单,点击图7-16中的"移库作业单提交"按钮。

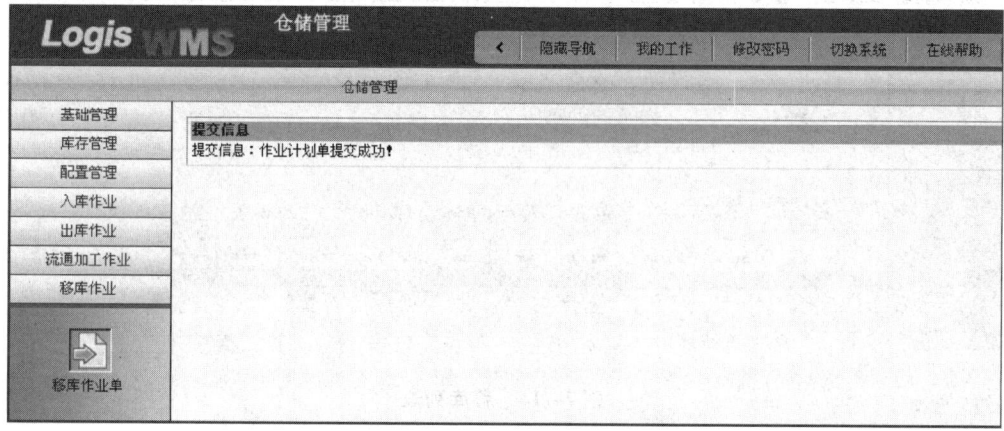

图7-17　提交移库作业单

返回移库作业列表,在移库作业任务中选择"移库预处理",如图7-18所示。

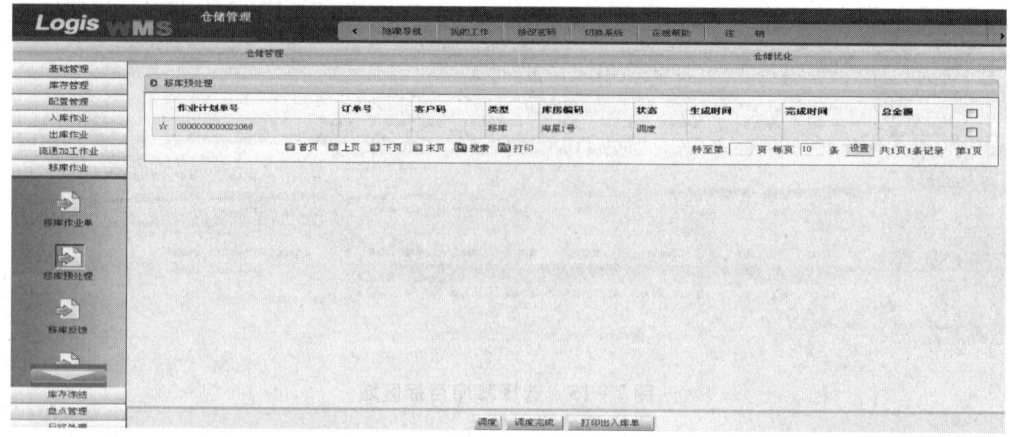

图7-18　移库预处理

勾选正确的作业计划单号对应的订单,点击图7-18中的"调度"按钮。

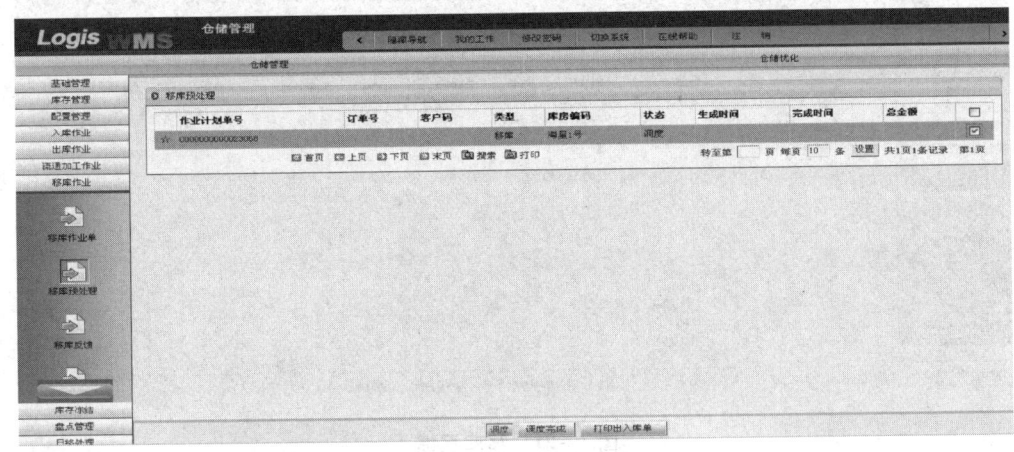

图7-19 移库调度

进入移库调度界面,在基本信息中查看移库作业的源区域和目标区域是否设定正确,见图7-20。

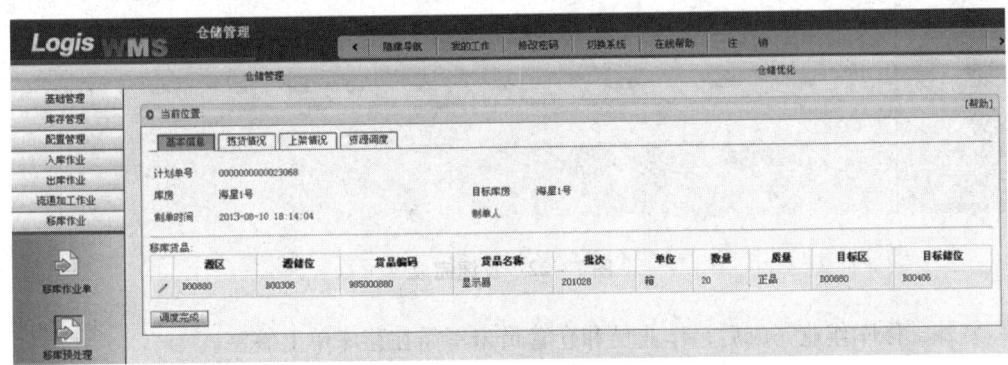

图7-20 移库基本信息

查看并确认移库单的基本信息、拣货情况、上架情况和资源调度后,点击"调度完成"按钮。

(二) 移库操作

作业员程大功利用叉车插取托盘货架区-B00306货位的货物并下架,然后将货物搬运至待上架货位前,将托盘货物上架至托盘货架区-B00406货位。

(三) 移库反馈

进入"仓储管理"—"移库作业"—"移库反馈",如图7-21所示。

勾选正确的作业计划单号对应的订单,点击图7-21中的"作业计划单反馈"按钮。

在图7-22中,查看并确认移库单的基本信息、拣货情况、上架情况和资源调度后,点击"反馈完成"按钮。

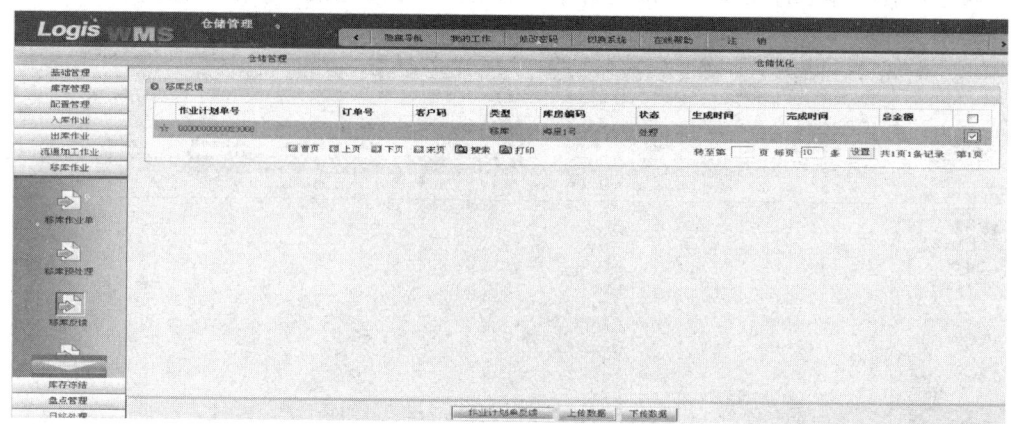

图 7-21 移库反馈

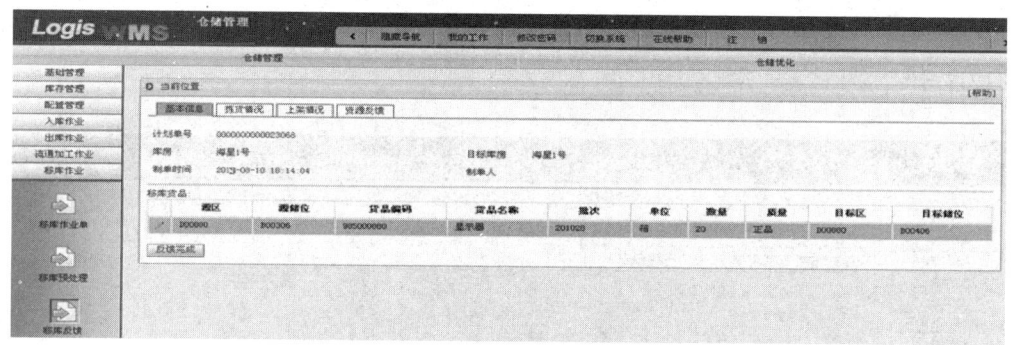

图 7-22 反馈完成

另外，移库作业完成后，作业员和仓管员朱军需在移库单上签字。

表 7-13 移库单

单号：L000012111　　　　　　　　　　　　　　　　　　　　　　移库日期：2016 年 8 月 10 日

货物名称	条形码	原库位	数量	单位	目的库位	备注
显示器	985000880	托盘货架区 B00306	20	箱	托盘货架区 B00406	
		总计	20			

制单人：张楠　　　　　　　　　作业员：程大功　　　　　　　　　仓库主管：朱军

至此，移库作业完成。

任务评价

姓名			学号		小组		
任务名称				移库作业			
考核内容		考核标准	参考分值（100）	学生自评	小组互评	教师评价	考核得分
职业素养	1	具有严谨的工作态度	10				
	2	具有学生互相协作的团队意识	10				
	3	具有团队合作精神、岗位意识、安全意识及成本意识	10				
理论知识掌握情况	4	掌握储位管理的内容	10				
	5	掌握移库的作业内容	10				
	6	掌握 ABC 管理内容	10				
	7	掌握移库的作业流程	10				
操作技能情况	8	能根据移库单选择合适的设备进行移库作业	10				
	9	能够使用仓储管理系统，完成移库作业流程	10				
	10	对此流程掌握的熟练程度	10				
		总得分	100				

技能训练五　补货作业

任务引入

2016 年 9 月 3 日上午，某物流公司仓储中心仓管员在巡视电子拣选区物品存量时，发现 AvrilLavigne –《Goodbye Lullaby》– CD、Taylor Swift –《Red》– CD 的存量已低于安全库存。仓管员将信息上报仓库主管，仓库主管下达补货作业，补货的具体内容如表 7 – 14 所示。仓管员需要根据要求完成本次补货任务。

表 7 – 14　　　　中国远洋物流有限公司仓储中心补货单

补货单号：20160903001
源区编码：C00754 – 托盘货架区补货区　　　　　　　　　　　　　时间：2016 年 9 月 3 日
补货区编码：C00754 – 流动货架区

货品编码	货品名称	单位	数量	目标储位	原储位
9787885163471	AvrilLavigne《Goodbye Lullaby》– CD	箱	11	C00754 – J00001	C00754 – 00001

续表

货品编码	货品名称	单位	数量	目标储位	原储位
9787885160371	Taylor Swift《Red》- CD	箱	12	C00754 - J00002	C00754 - 00002

制单人：×××

任务实施

（一）生成补货作业单

1. 登录信息系统

使用用户名和密码登录仓储管理系统。订单处理主要操作功能按钮如图7-23所示。

图7-23 订单处理主要功能按钮

2. 生成补货作业单

点击图7-23中的【补货单】，进入图7-24所示界面。

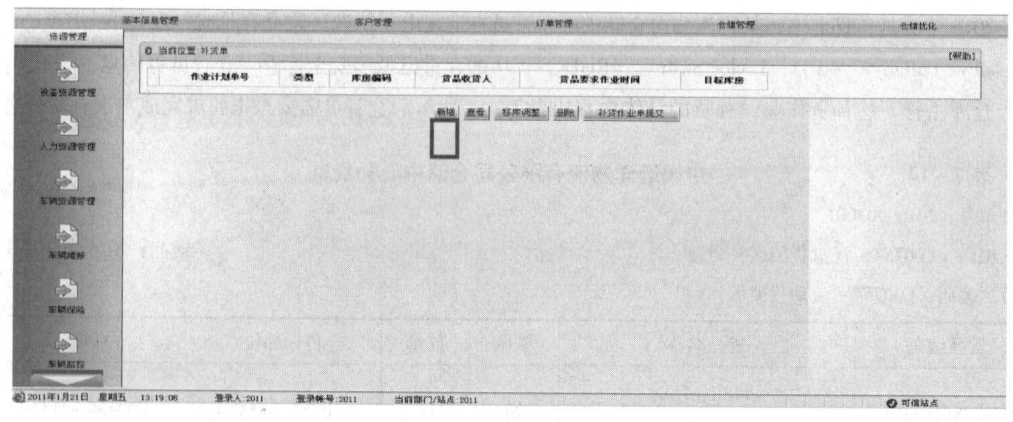

图7-24 新增补货指令

点击图7-24中的【新增】,进入补货指令录入界面。如图7-25所示。

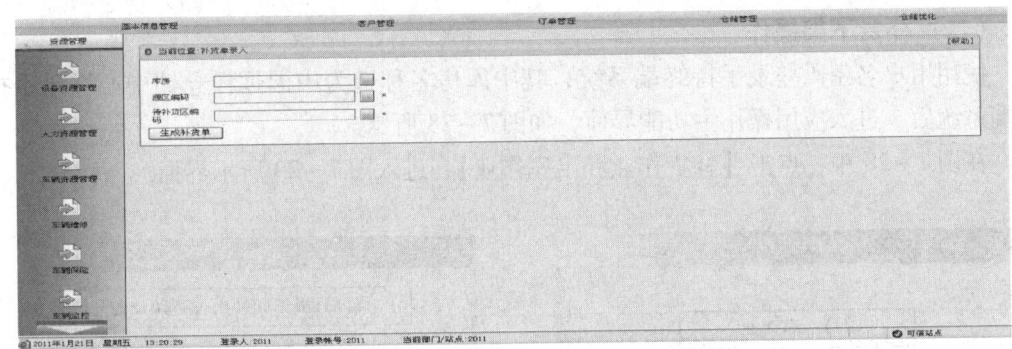

图7-25 补货指令待录入

根据补货指令录入系统,如图7-26所示。

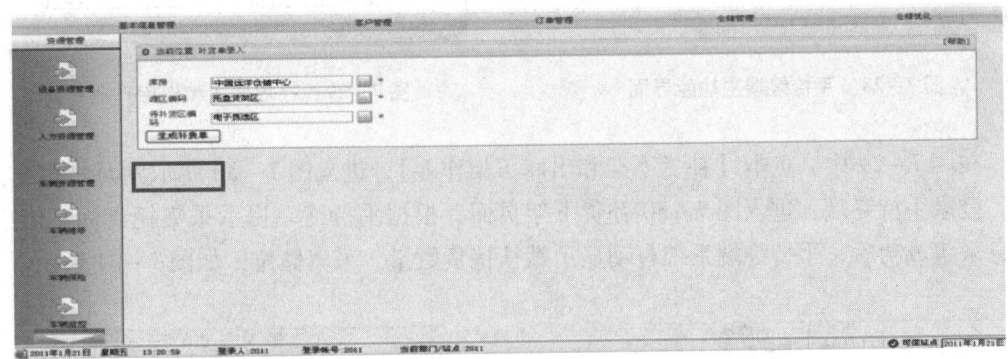

图7-26 预生成补货单

补货指令录入完毕后点击【生成补货单】,即补货指令已生成。

3. 提交补货作业单

生成补货单后,进入图7-27所示界面。

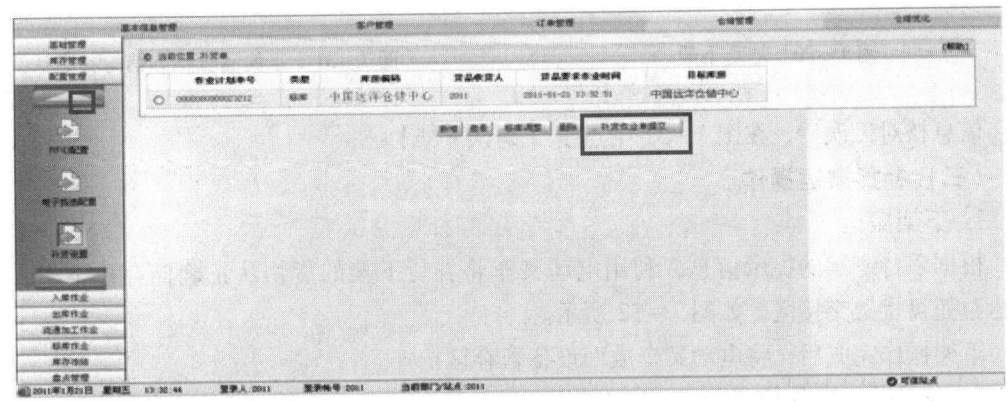

图7-27 生成作业计划

在图 7-27 中，勾选已录入完毕的补货单，然后点击【补货作业单提交】，即补货指令处理完毕。

（二）补货下架操作

使用用户名密码登录手持终端系统，其中库房名称选为中国远洋仓储中心登录手持终端系统后，进入应用操作主功能界面，如图 7-28 所示。

在图 7-28 中，点击【补货作业和出库作业】，进入图 7-29 所示界面。

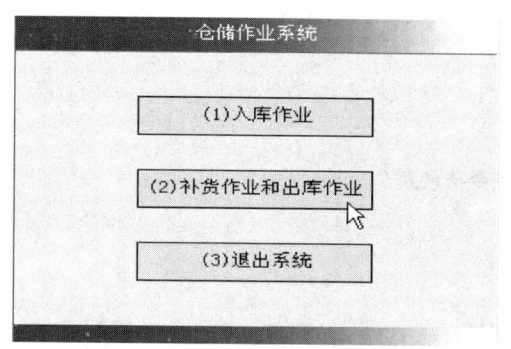

图 7-28　手持终端主功能界面

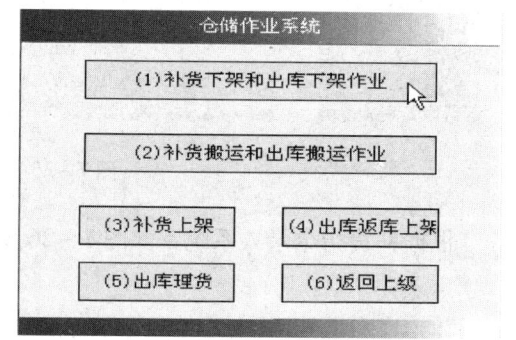

图 7-29　补货作业和出库作业界面

在图 7-29 中，点击【补货下架和出库下架作业】，进入图 7-30 所示界面。

登录手持终端，进入图 7-30 补货下架页面。根据手持终端提示采集托盘标签信息，信息采集成功后，手持终端系统自动显示默认拣货数量、采集储位，如图 7-31 所示。

图 7-30　补货下架　　　　　　　图 7-31　采集储位标签信息并确认

信息核对无误后，在图 7-31 中点击【确认下架】。

（三）补货搬运操作

1. 下架搬运

根据手持终端的提示信息，利用电动叉车将补货下架的货物从正确储存位下架，并搬运至托盘货架交接区，如图 7-32 所示。

下架操作完成后，将电动叉车放回设备暂存区。

2. 查看搬运操作信息

登录手持终端补货作业和出库作业界面，如图 7-33 所示。

图7-32 补货下架 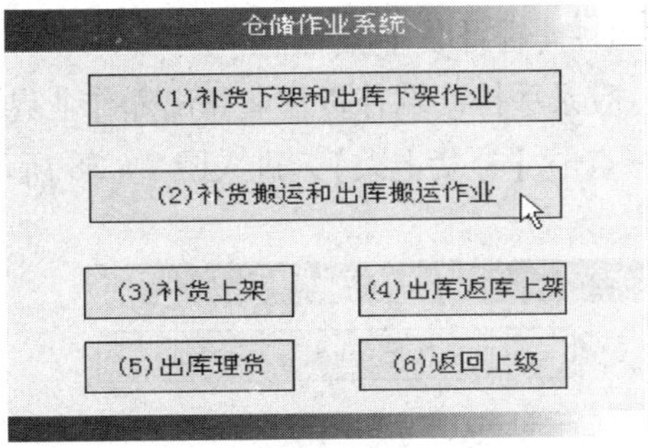　　　　　　图7-33 补货作业和出库作业界面

在上图中，点击【补货搬运和出库搬运作业】，进入图7-34所示界面。

根据手持终端提示，采集托盘标签信息。信息采集成功后，手持终端系统自动显示货品名称、货品数量和到达地点等信息。如图7-35所示。

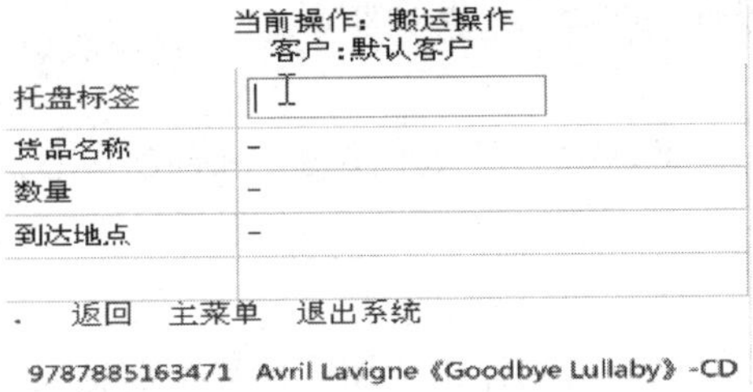

图7-34 补货搬运 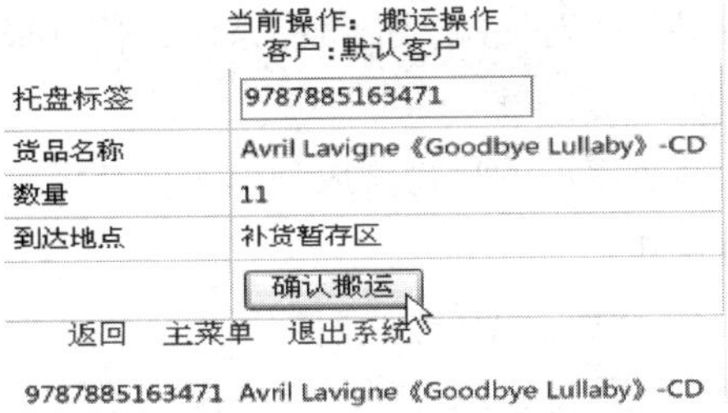　　　　　　图7-35 采集托盘标签信息并确认

在图7-35中，点击【确认搬运】。

3. 搬运操作

从设备暂存区取出电动搬运车，行驶至托盘货架交接区。根据手持终端提示信息，将托盘货架交接区的货物搬运至补货暂存区。如图7-36所示。

图7-36 搬运操作

项目六　货物在库保管

(四) 补货上架操作

1. 查看补货上架信息

登录手持终端补货作业和出库作业界面，如图 7-37 所示。

点击【补货上架】，进入图 7-38 所示界面。

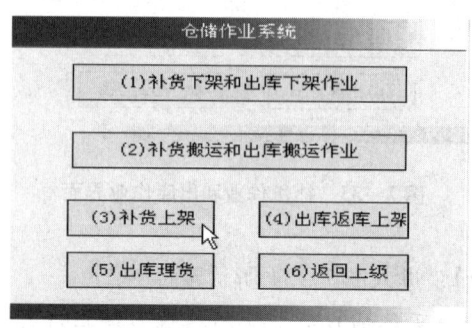

图 7-37　补货作业和出库作业界面　　　　图 7-38　补货上架

利用手持终端扫描货品条码，信息采集成功后，如图 7-39 所示。

2. 上架操作

将拆零后的货物摆放到电子货架区（C00754-J00001）正确储位上。摆放时须正确、规范操作。

3. 补货上架信息确认

进入手持终端补货上架界面，如图 7-39 所示。扫描已补货的储位标签，信息采集成功后如图 7-40 所示。

图 7-39　采集货品条码信息　　　　图 7-40　确认补货

在图 7-40 中，确认补货信息后，点击【确认补货】。

4. 设备归位

将补货作业过程中使用过的并未归位的设备进行归位。

任务评价

姓名		学号		小组		
任务名称			补货作业			
考核内容		考核标准	参考分值（100）	学生自评	小组互评	教师评价	考核得分

考核内容		考核标准	参考分值（100）	学生自评	小组互评	教师评价	考核得分
职业素养	1	具有严谨的工作态度	10				
	2	具有学生互相协作的团队意识	10				
	3	具有团队合作精神、岗位意识、安全意识及成本意识	10				
理论知识掌握情况	4	掌握在库的补货作业流程	10				
	5	了解补货作业的概念及作用	10				
	6	掌握补货作业方式等内容	10				
	7	能够独立完成在库的补货作业流程	10				
操作技能情况	8	根据补货单，能够准确完成货物在库的补货操作	10				
	9	能够使用仓储管理系统，完成补货作业流程	10				
	10	对此流程掌握的熟练程度	10				
总得分			100				

项目七 出库作业组织

货物出库时仓储经营人根据存货人或仓单持有人多持有的仓单，按其所列物品的编号、名称、规格、型号、数量等项目，组织物品出库的一系列活动。对物品出库，要求发货准确、及时，保质保量地交给仓单持有人；出库的物品必须包装完整、标记清楚、数量准确。

教学目标

【知识目标】

①掌握货物出库的要求和形式。
②掌握货物出库业务的流程以及流程各环节的工作内容。
③了解拣货作业的重要性、影响因素及要点。
④了解拣货方式和策略。
⑤熟悉出库准备工作。
⑥掌握播种式配货和摘果式配货的特点。
⑦掌握出库单证的流转及账务处理。
⑧熟悉出库时发生问题的处理。

【技能目标】

①能够遵循货物出库基本要求，根据不同情况按照不同方式进行出库作业。
②能独立进行订单处理和缮制各种出库单据。
③能够根据不同订单情况采取相应的方式完成分拣配货作业。
④能够识别并处理出库作业过程中存在的问题。

一、任务描述

北方物流有限公司2016年6月8日收到客户A的出库通知单，要在仓库提取其存储的61台计算机，具体名称和数量见表8-1。这些计算机分别送给5个外地客户，客户的需求情况见表8-2，出库方式为送货上门。怎样进行出库作业组织？

表 8-1　　　　　　　　　　　　出库货物信息表

序号	商品	规格	数量	包装
1	宏基	2420-200512C	12	纸箱装
2	华硕	ASU20-20041C	15	纸箱装
3	东芝	PSL20-QS04	18	纸箱装
4	惠普	HPR61	16	纸箱装

表 8-2　　　　　　　　　　　客户计算机需求情况一览表

客户名称	需求品种及数量			
	宏基	华硕	东芝	惠普
甲	3	2	3	1
乙	2	3	3	3
丙	1	4	4	5
丁	3	3	4	4
戊	3	3	4	3

二、任务分析

（一）出库作业组织的要求

①出库作业组织要求将货物按仓储配送计划分拣出库；分清货物问题的责任；办好交接手续；做好出库信息处理。

②会进行出库作业的各岗位的操作。

③掌握出库作业的程序，出库作业的内容，出库作业的技术及问题的处理。

④严格执行各种操作规程；遵守企业的出库管理制度；按规定的工作流程、出库技术和方法组织出库作业；各部门、各类人员协调配合；工作认真负责。

⑤严格执行安全管理规程，防火防盗。

⑥严格按5S管理要求进行现场管理；禁止野蛮作业。

⑦生产和生活垃圾分类集中存放处理；使用绿色包装。

（二）出库作业组织的任务分析

出库业务是保管工作的结束，既涉及仓库同货主以及承运部门的经营联系，又涉及仓库各有关业务部门的作业活动。为了能以合理的物流成本保证出库货物按质、按量、及时、安全地发给用户，满足生产经营的需要，仓库应主动跟货主联系，由货主提供出库计划，这是仓库出库作业的依据，特别是供应异地的和大批量出库的货物更应提前发出通知，以便仓库及时办理运输计划，完成出库任务。

仓库必须建立严格的出库和发运程序，严格遵守"先进先出，推陈储新"的原则，尽量一次完成，防止差错。

1. 货物出库业务工作岗位和人员

仓储主管，出库管理员，保管员，搬运员。

2. 任务分析

①首先,仓管员要弄清货物是仓储企业送货还是由用户或收货人自提。如果是自提,提货车辆什么时间到达必须掌握清楚,以便提前做好出库准备。如果是送货,要提前与运输部门联系好,什么时间装车,提前做好准备。

②做好出库设备、工具、单证、包装、人员等的准备工作。做好出库验收的准备工作。

③做好货物的分拣。如果库存不足,还要备货。

④出库过程中,做好点交、验收工作,分清责任。

3. 方案制定

方案一:人工出库作业

①仓库保管员按照出库计划,准备手动叉车 2 部,装卸搬运人员 10 人。对货物原件进行包装整理,将零散货物进行组配、分装。

②仓管员接到出库凭证审核无误后,按其所列项目内容和凭证上的批注,与编号货位对货合适后进行配货。

③装卸搬运人员按操作规程,分成两组进行搬运装车。

④仓库保管员进行电冰箱的交接清点及登账处理。

方案二:机械化入库作业

①仓库保管员按照出库计划准备夹包叉车 1 部,叉车司机 1 名,装卸工 1 名。

②仓管员接到出库凭证审核无误后,按其所列项目内容和凭证上的批注,与编号货位对货合适后进行配货。

③叉车司机按操作规程,用夹包叉车将电冰箱搬运装车。

④仓库保管员进行电冰箱的交接清点及登账处理。

4. 出库所需工具和设备

叉车(夹包机),托盘,手动叉车(地牛),扫描仪,计算机及软件,各种账表及凭证等。

(三)出库作业的工作流程

步骤一 出库前的准备工作

①对货物原件的包装整理。货物经多次装卸、堆码、翻仓和拆检,会使部分包装受损,不符合运输要求。因此,仓库必须视情况事先进行整理、加固或改换包装。

②零星货物的组配、分装。根据货主需要,有些货物需要拆零后出库,仓库应为此事先做好准备,备足零散货物,以免因临时拆零而延误发货时间;有些货物则需要进行拼箱,为此,应做好挑选、分类、整理和配套等准备工作。

③包装材料、工具、用品的准备。对从事装、拼箱或改装业务的仓库,在发货前应根据性质和运输部门的要求,准备各种包装材料及相应的衬垫物,以及刷写包装标志的用具、标签、颜料和钉箱、打包等工具。

④待运货物的仓容及装卸机具的安排调配。商品出库时,应留出必要的理货场地,并准备必要的装卸搬运设备,以便运输人员的提货发运或装箱送箱,及时装载货物,加快发送速度。

⑤发货作业的合理组织。发货作业是一项涉及人员较多，处理时间较紧，工作量较大的工作，进行合理的人员组织和机械协调安排是完成发货的必要保证。

由于出库作业比较细致复杂，工作量也大，事先对出库作业合理加以组织，安排好作业人员和机械，保证各个环节的紧密衔接。

步骤二　核对出库凭证

物资出库凭证，不论是领（发）料单或调拨单，均应由主管分配的业务部门签章。出库凭证应包括：收货单位名称（用料单位名称），发货方式（自提、送料、代运），物资名称、规格、数量、单价、总价、用途或调拨原因，调拨单编号，有关部门和人员签章，付款方式及银行账号。

仓库接到出库凭证后，由业务部门审核证件上的印鉴是否齐全相符，有无涂改。审核无误后，按照出库单证上所列的物资品名规格、数量与仓库料账再做全面核对。无误后，在料账上填写预拨数后，将出库凭证移交给仓库保管人员。保管员复核料卡无误后，即可做物资出库的准备工作，包括准备随货出库的物资技术证件、合格证、使用说明书、质量检验证书等。

凡在证件核对中，有物资名称、规格型号不对的，印鉴不齐全、数量有涂改、手续不符合要求的，均不能发货出库。

步骤三　备货

保管员对商品会计转来的货物出库凭证复核无误后，按其所列项目内容和凭证上的批注，与编号的货位对货，核实后进行配货。

①销卡。大多数仓库的货卡悬挂在货垛上，但也有集中保管的，在货物出库时应先销卡、后付货。

②理单。根据出库单的货位，按出库单顺序排列，以便迅速找位付货。

③核对。按照货位找到应付货物时，要"以单对卡，以卡对货"，进行单、卡、货三核对。

④点数。要仔细点清应付的数量，防止差错。

⑤批注地区代号。在多批货物同时发货需要理货时，为方便下道作业环节，保管员在货物的外包装上还必须批注地区代号。

⑥签单。应付货物按单付讫后，保管员逐笔在出库凭证上签名和批注结存数，前者以明责任，后者供账务员（业务会计）登账时进行账目实数的核对。

步骤四　理货

理货是针对实行送货制的出库货物，将货物按地区代号搬运到备货区号，再进行核对、置唛、复核和待运装车等。

1. 核对

理货员根据货物场地的大小、车辆到库的班次，对到场货物按照车辆配载、地区到站编配分堆，然后对场地分堆的货物进行单货核对，核对工作必须逐车、逐批地进行，以确保单货数量、品唛、去向完全相符。

2. 置唛

搞好理货工作，必须准确置唛。实行送货制的出库货物，为方便收货方的收转，理货员必须在应发货物的外包装上刷置"收货单位"简称。置唛应在货物外包装两头，字迹清楚，不错不漏；复用旧包装，必须刷除原有标志；粘贴标签必须牢固，便于收货方收转。

3. 待运装车

车辆到库装载待运货物时，理货员要亲自在现场监督装载全过程。要按地区到站逐批装车，防止错装、漏装，对于实际装车件数，必须与随车人员一起点交清楚，再将送货通知单和随货同行单证交付随车人员一起送达车站码头。

步骤五　全面复核查对

货物备好后，为了避免和防止备货过程中可能出现的差错，工作人员应按照出库凭证上所列的内容进行项复核。

①怕震怕潮等物资，衬垫是否稳妥，密封是否严密。

②每件包装是否有装箱单，装箱单上所列各项目是否和实物、凭证等相符合。

③收货人、到站、箱号、危险品或防震防潮等标志是否正确、明显。

④是否便于装卸搬运作业。

⑤能否承受装载物的重量，能否保证在物资运输装卸中不致破损，保障物资的完整。

物资出库的复核查对可以由保管员自行复核，也可以由保管员相互复核，还可以设专职出库物资复核员进行复核或由其他人员复核等。

如经反复核对确实不符时，应立即调换，并将原错备物品上刷的标记除掉，退回原库房；复核结余物品数量或重量是否与保管账目、商品保管卡片结余数相符，发现不符应立即查明原因，及时更正。

步骤六　登账

仓库发货业务中，有先登账后付货和先付货后登账两种做法。

先登账后付货的仓库，核单和登账的环节连在一起，由账务员一次连续完成。这种登账方法，可以配合下道保管员的付货工作，起到预先把关作用。因为，根据出库单登账时，除了必须认真核单之外，还可根据货账（仓储账页），在出库单上批注账面结存数，配合保管员付货后核对余数；对于移动货位货物，需随即更正货位，方便保管员按位找货。

先付货后登账的仓库，在保管员付货后，还要经过复核、放行才能登账。它要求账务员必须做好出库单、出门证的全面控制和回笼销号工作，防止单证遗失。在登账时，逐单核对保管员批注的结存数，如与账面结存数不符时，应立即通知保管员，直至查明原因。发现回笼单证中有关人员未曾签章的，应将原单退回补办签章手续，再作账务记载。虽然保管员付货之前缺少预先把关的机会，但是，对于发货频繁、出库单较多的仓库，为了提高服务质量、缩短零星客户提货等候时间和充分发挥运输能力等，采用这种做法也是可以的。

步骤七　交接清点

备货出库货物，经过全面复核查对无误之后，即可办理清点交接手续。

如果是用户自提方式，即将货物和证件向提货人当面点清，办理交接手续。

如果是代运方式，则应办理内部交接手续。即由货物保管人员向运输人员或包装部门的人员点清交接，由接收人签章，以划清责任。

运输人员根据货物的性质、重量、包装、收货人地址和其他情况选择运输方式后，应将箱件清点，做好标记，整理好发货凭证、装箱等运输资料，向承运单位办理委托代运手续。对于超高、超长、超宽和超重的货物，必须在委托前说明，以便承运部门计划安排。

承运单位同意承运后，运输人员应及时组织力量，将货物从仓库安全无误地点交给承运单位，并办理结算手续。运输人员应向承运部门提供发货凭证样本、装箱单，以便和运单一起交收货人。运单总体应由运输人员交财务部门作货物结算资料。

如果是专用线装车，运输人员应于装车后检查装车质量，并向车站监装人员作为交接手续。

货物点交出库发运之后，该货物的仓库保管业务即告结束，仓库保管人员应做好清理工作，及时注销账目、料卡，调整货位上的吊牌，以保持货物的账、卡、物一致，及时准确地反映物资的进出、存取的动态。

三、相关知识链接

（一）货物出库作业的要求

货物出库要做到"三不、三核、五检查"，"三不"即未接单据不翻账，未经审单不备货，未经复核不出库；"三核"即在发货时，要核对凭证、核对账卡、核对实物；"五检查"即对单据和实物要进行品名检查、规格检查、包装检查、数量检查、重量检查。

货物出库要求严格执行各项规章制度，杜绝差错事故，提高服务质量，让用户满意。

1. 按程序作业，手续必须完备

货物出库必须按规定程序进行，领料单、仓单等提货凭证必须符合要求，货物出库时，必须有正式凭证，保管员根据凭证所列品种和数量发货。

2. "先出"原则

在保证库存货物的价值和使用价值的前提下，坚持"先进先出"的原则。同时要做到有保管期限的先出；保管条件差的先出；容易变质的先出；接近失效期的先出；包装简易的先出；回收复用的先出。目的在于避免货物因库存时间过长而发生变质或影响其价值和使用价值。

3. 做好发放准备

为使货物及时流通、合理使用，必须快速、及时、准确地发放。为此必须做好发放的各项准备工作。如"化整为零"、集装单元化、备好包装、复印资料、组织搬运人力、准备好出库的各种设施设备及工具等。

4. 发货和记账要及时

保管员接到发货凭证后，应及时发货，不压票；货物发出后，应立即在货物保管账上核销，并保存好发料凭证，同时调整货垛牌或料卡。

5. 保证安全

货物出库作业要注意安全操作，防止损坏包装，震坏、压坏、摔坏货物。同时，还要保证运输安全，做到货物包装完整，捆扎牢固，标志清楚正确，性能不相互抵触和影响，保障货物质量安全。保管员必须注意检查货物的安全保管期限，对已变质、已过期失效、已失去原使用价值的货物不允许出库。

6. 无差错

保管员发货时，应按照发货凭证上列明的货物品名、产地、规格、型号、价格、数量、质量准确发货，当面点清数量和检验质量。确保出库货物数量准确、质量完好、包装牢固、标识正确、发运及时安全。

（二）货物出库的方式

1. 送货

仓库根据货主预先送来的出库通知或出库请求，凭仓单通过发货作业，把应发货物交由运输部门送达收货人或使用仓库自有车辆把货物运送到收货地点的发货形式。仓库送货，要划清交接责任。仓储部门与运输部门的交接手续一般在仓储现场办理完毕。运输部门与收货人的交接手续，是根据货主与收货人签订的协议，一般在收货人制定的到货地点办理。

送货具有"预先付货、按车排货、发货等车"的特点。具有多方面的好处：仓库可以预先安排作业，缩短发货时间；收货人可以避免因人力、车辆等不便而发生的取货困难；在运输上可合理使用运输工具，减少运输费用。

2. 收货人自提

是由收货人或其代理人持仓单直接到仓库提取货物，仓库凭仓单发货，具有"提单到库、随到随发、自提自运"的特点。为划清交接责任，仓库发货人与提货人在仓库现场，对出库货物当面交接并办理签收手续。

3. 过户

是一种就地划拨的出库形式，货物虽未出库，但是所有权已从原存货户头转移到新存货户头。仓库必须根据原存货人开出的正式过户凭证，才予以办理过户手续。日常操作时，往往是仓单持有人的转让，这种转让要经过合法手续。

4. 取样

是货主出于对货物品质检验、样品陈列等需要，到仓库提取货样而形成部分货物的出库。货主取样是必须持有仓单，仓库也必须根据正式取样凭证予以发给样品，并做好仓单记载和财务登记。

5. 转仓

货主为了方便业务开展或改变储存条件，需要将某批库存货物自某仓储企业的甲库转移到该企业的乙库。转仓时货主必须出示仓单，仓库根据货主递交的正式转仓申请，给与办理转仓手续，同时在仓单上注明有关信息。转仓只是在同一仓储企业不同仓库进行。若需要从一个企业的某仓库将货物转移到另一个企业的某仓库，就应办理正常的出库和入库手续。

（三）出库单证的流转

出库单证主要是指提货单，是向仓库提取商品的正式凭证。在仓储企业中，商品出库的主要有用户自提和送货两种不同的出库方式。

1. 用户自提方式下的出库单证流转

自提是提货人持提货单来仓库提货的出库形式。账务人员在收到提货单后，经审核无误，向提货人开具商品出门证，出门证上列有每张提货单的编号。出门证的一联交给提货人，账务人员将根据出门证的另一联和提货单在商品明细账出库记录栏内登账，并在提货单上签名，批注出仓吨数和结存吨数，将提货单传给仓管员发货。提货人凭出门证向发货员领取所提商品，待货物付讫，仓管员应盖付讫章和签名，并将提货单返回账务人员。提货人凭出门证提货出门，并将出门证交给门卫。门卫在每天下班前应将出门证交给账务人员，账务人员凭此与已经回笼的提货单号码和所编代号逐一核对。如果发现提货单或出门证短少，应该立即追查，不得拖延。

2. 送货方式下的出库单证流转

在送货方式下，一般是采用先发货后记账的形式。提货单随同送货单经内部流转送达仓库后，一般是直接送给理货员，而不先经过账务人员。理货员接单后，经过理单、编写储区代号，分送仓管员发货，待货发讫后再交给账务人员记账。

对于其他的几种出库方式，其单证的流转与账务的处理过程也基本相同。取样和移库对于货主单位而言并不是商品的销售和调拨，但对仓库来说却是一笔出库业务。货主单位签发的取样单和移库单也是仓库发货的正式凭证，它们的流转和账务处理程序与提货单基本相同。商品的过户，对于仓库来说，商品并不移动，只是所有权在货主单位之间转移。所以，过户单可以代替入库通知单，开给过户单位储存凭证，并另建新账务，既作入库处理；对过出单位来说，等于所有商品出库。

（四）发货作业

根据出库业务流程，审核出库凭证工作之后，即开始按照出库单证所列项目将所拣取的商品按运输路线、自提或配送路线进行分类，再进行严格的出货检查，装入合适的容器或进行捆包，做好相应的标志，然后按车辆趟次或行车路线将商品运至发货区，最后装车发运，这一过程称为发货作业。

1. 分货作业

分货即拣货作业完成后，将所拣货物根据不同的货主或运输路线进行分类；也有一些需经过流通加工的商品，拣取货物集中后，先按流通加工方式分类，分别进行加工处理，加工完毕，再按送货要求分类出货。分货作业方式可分为人工分货和利用自动分类机分货两种主要方式。

（1）人工分货

人工分货是通过人工目视进行处理，所有分货作业过程全部由人工根据单证或其他传递过来的信息进行拣取商品。拣货作业完成后由人工将各客户订购的商品放入已标示好的各区域或容器中，等待出货。

（2）利用自动分类机分货

自动分类机利用计算机和识别系统完成对商品分类。这种方式不仅快速省力，而且准确，尤其适合多品种业务繁忙的流转型仓库。

首先必须将有关货物及分类信息通过自动分类机的信息输入装置，输入自动控制系统；当货物通过移载装置移动至输送机上时，由输送系统运送至分类系统；分类系统是自动分类机的主体,这部分的工作过程为先由自动识别装置识别货物,再由分类道口排出装置,按预先设置的分类要求将货物推出分类机。分类排出方式有推出式、浮出送出式、倾斜滑下式、皮带送出式等。同时为尽早使各货物脱离自动分类机,避免发生碰撞而设置有缓冲装置。

2. 发货检查

发货检查是根据用户信息和车次对拣取商品进行商品号码的核实,以及根据有关信息对商品质量和数量进行核对,并对产品状态及质量进行检查。

出货检查是保证单货相符,避免差错,提高服务质量的关键,是进一步确认拣取作业是否有误的处理工作。因此,必须认真查对,找出产生错误的原因,采取措施防止错误的产生。检查方法有人工检查法,条码检查法和重量计算检查法三种。

(1) 人工检查法

人工检查法是由人工将货物逐个点数,查对条码、货号、品名,并逐一核对出货单,进而检验出货质量及出货状况的方法。

(2) 条码检查法

条码检查法首先必须导入条码,让条码始终与货物同行。在出货检查时,只需将所拣货物进行条码扫描,电脑便自动将拣货资料输出进行对比,查对是否有数量和号码上的差异,然后在出货前再由人工进行整理和检查。

(3) 重量计算检查法

重量计算检查法是把货单上的商品重量自动相加求和,之后,称出发货品的总重量,把两种重量相对比,可以检查发货是否正确。

四、任务实施

北方物流公司物流中心的出库作业任务的实施分为两个阶段进行。第一阶段,联系参观与北方物流公司物流中心相似的企业,通过实地了解企业货物出库作业的基本情况,提出出库任务的作业方案。第二阶段,根据出库方案,在物流实训基地进行实际的出库作业模拟操作。

出库作业工作任务实施的过程设计包括以下几个方面。

1. 学生的前期准备工作

学生在教师讲解了组织出库作业的知识及技术、程序和应注意的问题的基础上,根据设定的出库货物,在现有实训条件下,设计入库方案。在教师的指导下,学生分成4组:分拣组、检验组、搬运组、信息组。每组设组长一名,记录员一名。

2. 学生分组扮演不同的角色在教师的导演下进行出库作业

首先,学生要掌握出库管理制度,掌握各种操作规程。

其次,学生要具有团队精神,具有沟通与合作的能力。

再次,学生要学会独立处理问题,把知识运用到实践中去,并取得一定的经验。

最后,教师要做好指导工作,做好观察和记录工作。特别是教师在实训中所设置的一些问题学生能否解决。

角色操作 作业进度	小组任务	操作指导
出库订单处理	根据接收到得库通知填写出库作业计划单，并将计划下发给仓库保管员	仔细核对出库类型
出库准备	调配人员、工具	负责货物出库过程中选用搬运工具与调派工作人员，并安排工具使用时段以及人员的工作时间、地点、班次等
	对出库商品的数量、规格进行检查，拆除货垛苫盖物	清点货物数量，检查货物重量和尺寸，对货物进行分拣。负责仓库货物的整理、拣选、配货、包装、复核、置唛和货物交接、验收、整理、堆码等
	合理安排货物的堆放场地	统筹规划近期多单出库计划，合理安排货物堆放
	分配人力和机械设备，使之达到最佳配置	统筹规划多单出库计划，合理安排货物出库过程中搬运工具与工作人员调度
	转杯包装材料，使之符合包装要求	如运输需要二次包装的，进行包装或加固
核对出库凭证	审核货主开出的提货单的合法性和真实性； 核对货物的品名、型号、规格、单价和数量； 核对收货单位、到站地址名称、规格、单价和数量； 填写拣货单和交接单（出库单），叫库工执行出库操作	对于出库货物单据，首先要审核提货凭证的合法性和真实性；其次核对品名、型号、规格、单价、数量、收货单位、有效期等。出库货物应附有质量证明书或副本、磅码单、装箱单等，机电设备、电子产品等货物，其说明书及合格证应随货同附
拣货、备货	销卡：先销卡、后拣货； 理单：根据拣货单的货位，拣货单顺序排列； 核对：进行单、卡、货三核对； 点数：清点应付货物数量	销卡：大多数仓库的货卡是悬挂在货垛上的，但也有采用集中保管的，在货物出库时应先销卡、后付货； 理单：根据出库单的货位，按出库单顺序排列，以便迅速找位付货； 核对：在按照货位找到应付货时，要"以单对卡，以卡对货"，进行单、卡、货三核对，以免出错； 点数：要仔细点清应付的数量，防止差错
复合	核对货物与交接单（出库单）	货物名称、规格、型号、批次、数量、单价等项目是否同（出库单）交接单所列的内容一致； 机械设备的配件是否齐全，所附证件是否齐全； 外观质量、包装是否完好

续表

作业进度＼角色操作	小组任务	操作指导
包装	对货物进行包装	根据商品的外形特点，选择适宜的包装材料，包装尺寸要便于商品的装卸和搬运； 货物包装要符合运输的要求。严禁性能抵触、互相影响的商品混合包装
刷唛	在外包装上刷制运输标志	置唛应在货物外包装的两头，字迹清楚，不错不漏； 复用旧包装，必须刷除原标志； 如系粘贴标签，必须粘贴牢固；一般要写明收货单位、到站名称、发货号、本批总件数、发货单位等
登账	先登账后付货：采用这种方式，核单和登账的环节在一起，由记账员一次连续完成； 先付货后登账：采用这种方式，在保管员付货后，还要经过复核、放行才能登账	在仓库发货业务中，有先登账后付货和先付货后登账两种做法； 先登账后付货：根据出库单登账，除了必须认真核单之外，还可根据仓储账页，在出库单上批注账面结存数，配合保管员付货工作，起到预先把关的作用； 先付货后登账：这种方式要求记账员必须做好出库单、出门证的全面控制和回笼销号工作，防止单证遗失。保管员付货前缺少预先把关的机会，但对于发货频繁、出库单较多的仓库，对提高仓库服务质量、缩短零星客户提货等候时间、充分发挥运输能力等方面有利
待运交接	将出库货物及随行证件向提货人当面点交	出库货物经过复核和包装后，需要托运和送货的，应由仓库保管员交运输机构；属于用户自提的，则由保管员按交接单（出库单）向提货人当面交清
	对重要货物的技术要求、使用方法和注意事项交代清楚；货物移交清楚后，提货人员和保管员都要在交接单（出库单）上签名，保管员应做好出库记录；理货员监督装车	待运货物必须逐车、逐批地进行，以确保单货数量、品唛、去向完全相同。要按地区到站逐批装车，防止错装、漏装，对于实际装车件数，必须与随车人员一起点交清楚，再将送货通知单和随货通行单证交付随车人员一起送达车站码头

续表

作业进度 \ 角色操作	小组任务	操作指导
清理	根据储存规划要求,对货物进行并垛、挪位,腾出新货位,以备新来储货物使用; 清扫发货现场,保持清洁整齐;清查发货设备和工具有无丢失、损坏; 整理货物出、入库情况,保管保养情况及盈亏数据等,然后记入档案,妥善保管,以备查用	按出库单,核对结存数; 如果该批货物全部出库,应查实损耗数量,在规定损耗范围内的进行核销,超过损耗范围的查明原因,进行处理。根据该批货物出入库情况,采用的保管方法和损耗数量,总结保管经验; 清理现场,收集苫垫材料,妥善保管,以待再用; 代运货物发出后,收货单位提出数量不符时,属于重量短少而包装完好且件数不缺的,应由运输部门处理。若发出的货物品种、规格、型号不符,由保管员负责处理。若发出货物损坏,应根据承运人出具的证明,分别由保管员和运输机构处理; 由于提货单位任务变更或其他原因要求退货时,可经有关方同意,办理退货。退回的货物必须符合原发货的数量和质量,要严格验收,重新办理入库手续。当然,未移交的货物则不必检验

五、相关项目链接

技能训练一 出库单处理

任务引入

2016年11月20日上午,某电器卖场为了迎接圣诞节和元旦的到来,通知某物流中心11月22日上午11:00将25台长虹电视机和30台海尔冰箱送到店内,出库通知单以邮件形式发送如表8-3所示。

表8-3　　　　　　　　　　　出库通知单

仓库名称：　　　　　　　　　　　　　　　　　　　　　　　　　　　　2016年11月20日

批次	120033		
采购订单号	2016112008		
客户指令号	XS20161122	订单来源	邮件
客户名称	电器卖场	质　量	正品
客户地址		客户电话	
出库方式	送货	出库类型	正常

续表

序号	货品编号	名称	单位	规格（mm）	申请数量	实收数量	备注
1	9787538557138	长虹电视机	箱	1250mm×800mm×300mm	25		
2	9787880701203	海尔冰箱	箱	1500mm×550mm×600mm	30		
			合计				

（备注：第一联仓库留作；第二联财务留作；第三联仓库记账）
送货员：　　　　　　　　　　　　　　　仓管员：

物流中心的客服李瑶收到通知后，将出库通知单交予仓管员张迪，张迪根据客户的要求生成作业计划，完成出库单处理及出库单打印。

任务实施

（一）接收出库通知

物流中心客服李瑶将电器卖场的出库通知单交予仓管员张迪做出库处理。张迪首先确认客户信息是否属实，再确认出库通知单上货物的出库货信息。无误后，再查询库存数量是否可以满足本次订单，经查询，库存数量满足这次的出库要求。

（二）录入出库订单

张迪登录订单管理系统。订单处理主要操作功能按钮如图8-1所示。

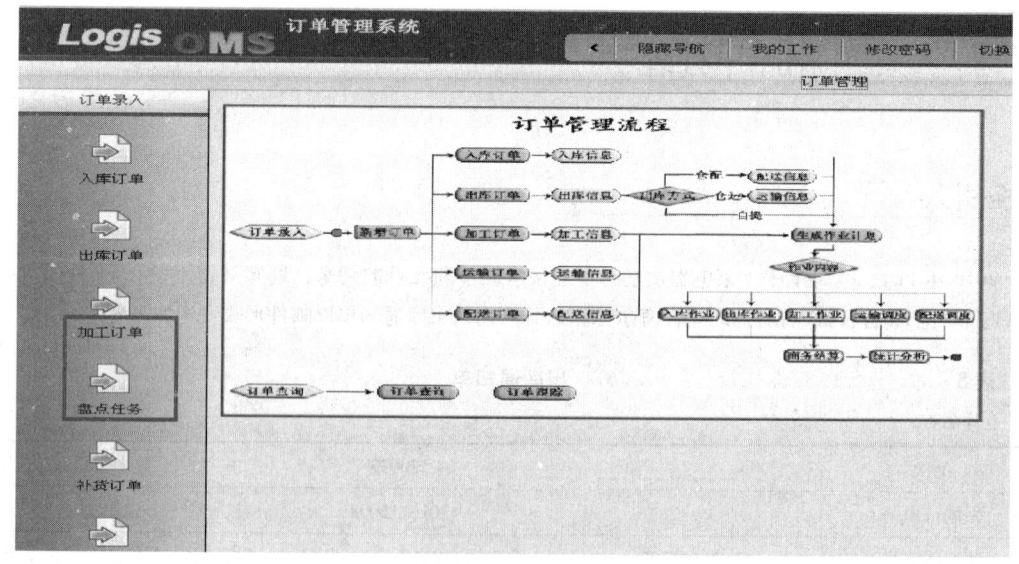

图8-1　订单处理主要功能按钮

点击图8-1中的【出库订单】，进入图8-2所示界面。

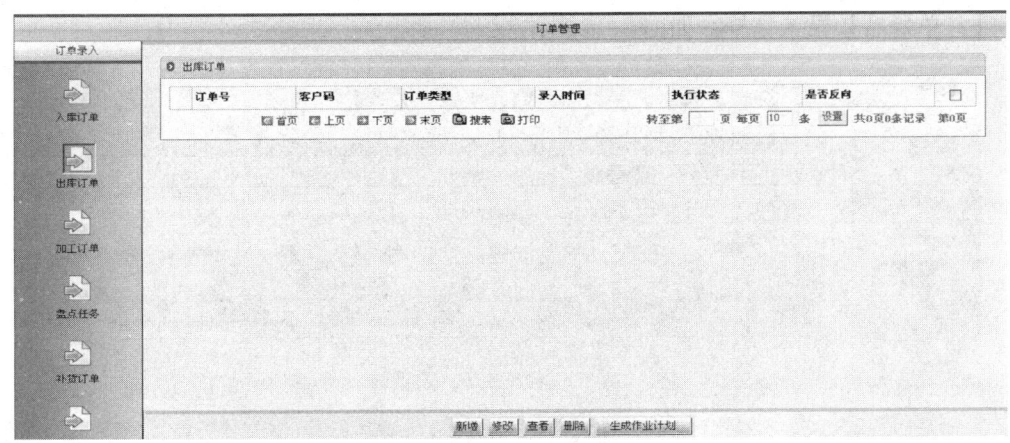

图 8-2　新增订单

点击图 8-2 中的【新增】，进入出库订单录入界面。【订单信息】录入完毕，如图 8-3 所示。

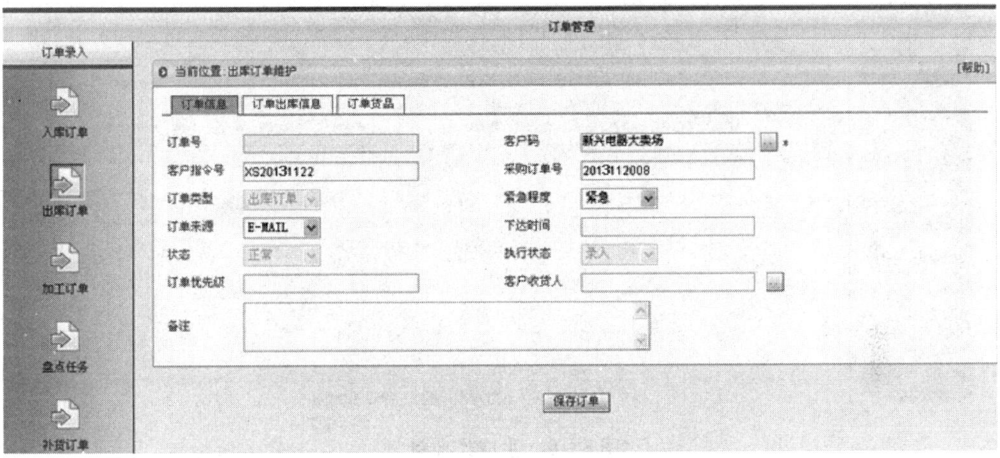

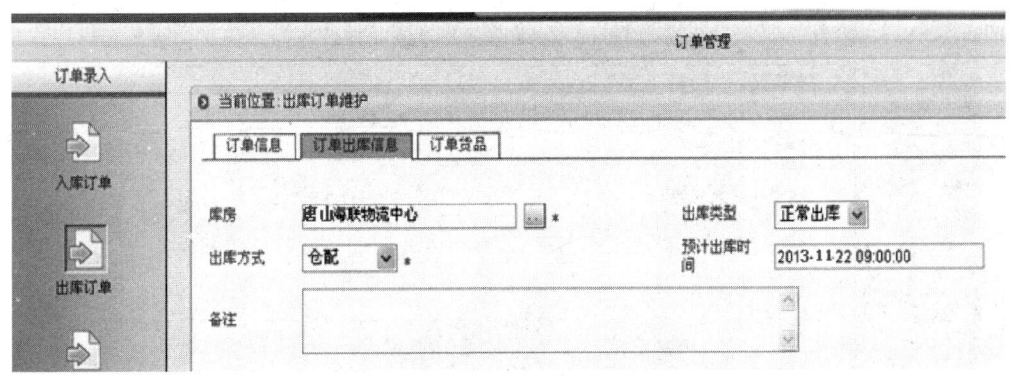

图 8-3　订单信息

【订单出库信息】录入完毕，如图 8-4 所示。

图 8-4　订单出库信息

项目七　出库作业组织

【订单货品】录入完毕,如图8-5所示。

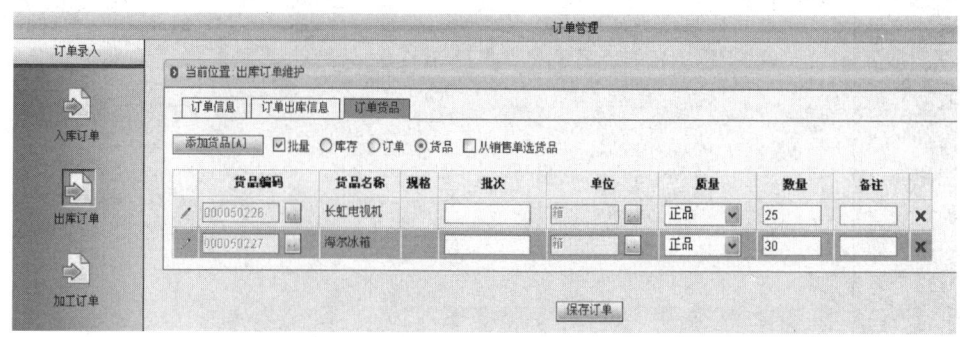

图8-5 订单货品

点击图8-5中的【保存订单】,即出库订单录入完毕。

(三) 生成作业计划

出库订单录入完毕后,进入图8-6所示界面。

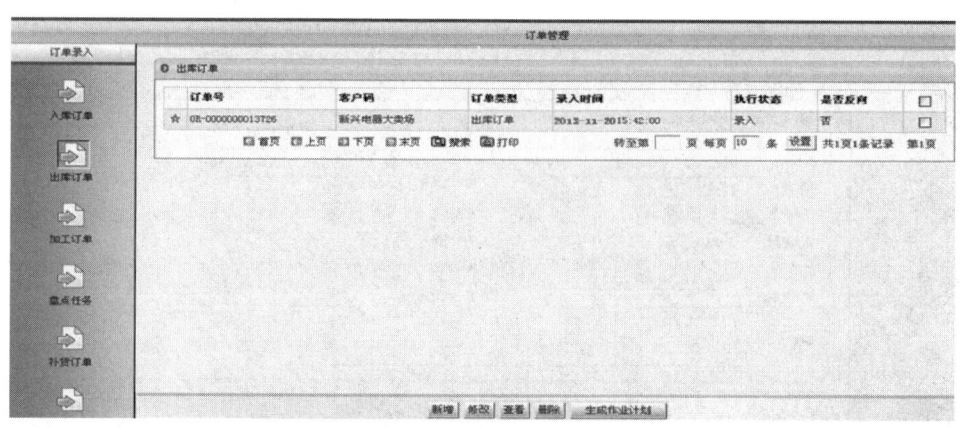

图8-6 生成作业计划

在图8-6中,勾选已录入完毕的订单,然后点击【生成作业计划】,进入图8-7所示界面。

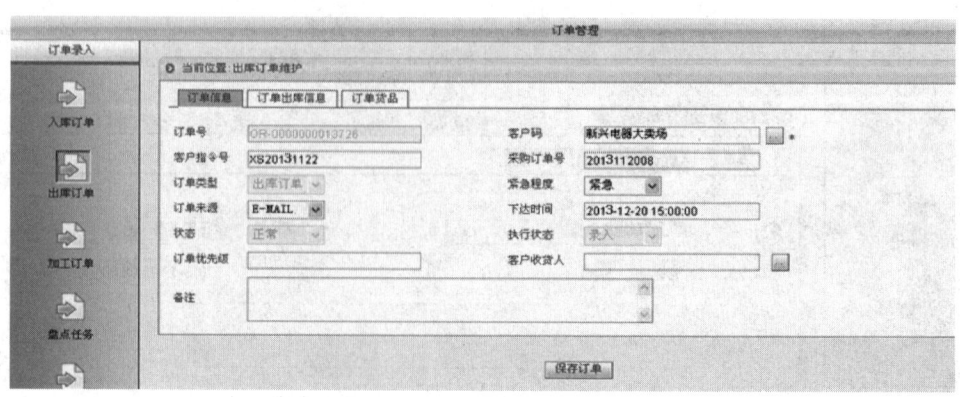

图8-7 确认生成

点击图8-7中的【确认生成】，即出库订单生成作业计划，操作完毕。

（四）打印出库单

切换进入仓储管理系统，点击【出库作业】中的【出库预处理】，进入图8-8所示界面。

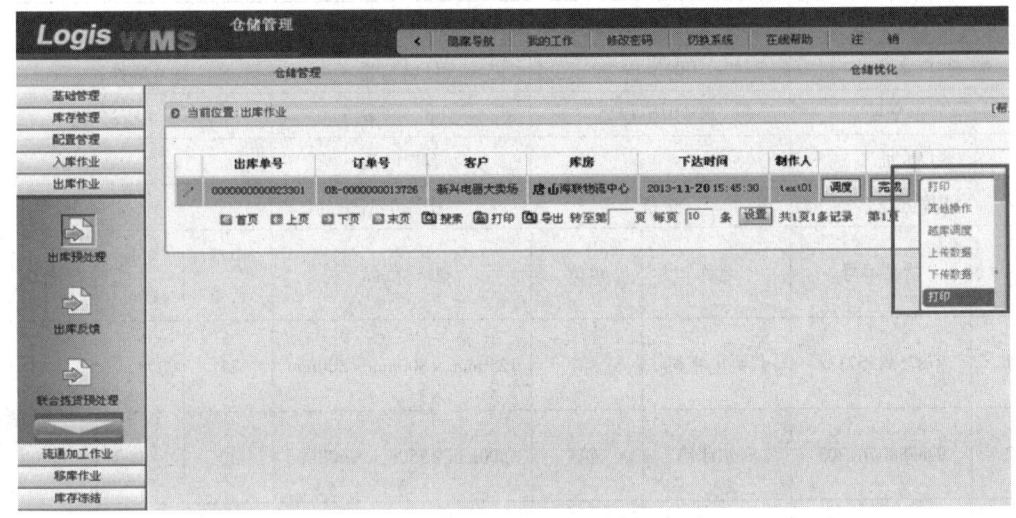

图8-8　出库预处理

在图8-8中，点击【打印】，进入图8-9所示界面。

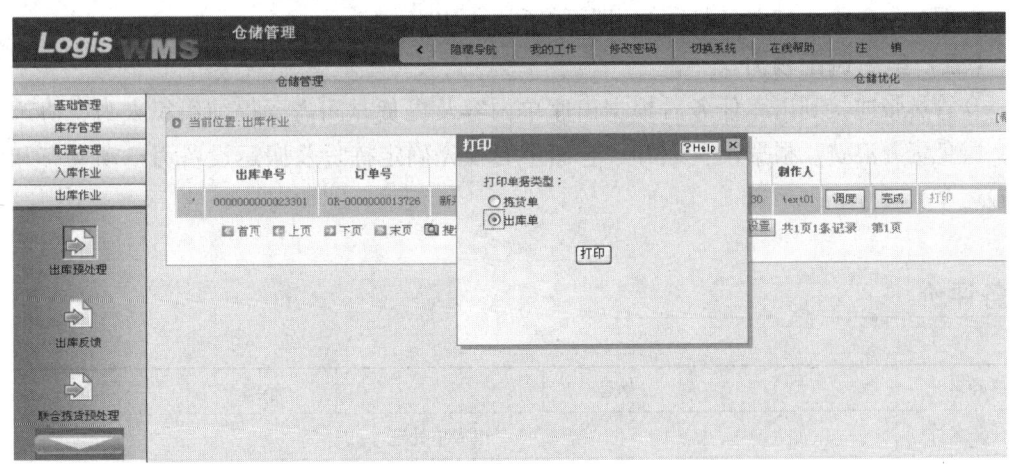

图8-9　打印出库单

在图8-9中，选择【出库单】，点击【打印】，进入图8-10所示界面。

[打印]

出库单

作业计划单号
0000000000023300

仓库名称：唐山海联物流中心　　　　　　　　应发总数：55　　实发总数：

2016 年 11 月 20 日

客户名称	新兴电器大卖场				
客户编号	G015119	订单来源		邮件	
客户指令号	XS20161122	质量		正品	
客户地址		客户电话			
出库方式	送货	出库类型		正常	

序号	货品编号	名称	单位	规格（mm）	申请数量	实收数量	备注
1	9787538557138	长虹电视机	箱	1250mm×800mm×300mm	25		
2	9787880701203	海尔冰箱	箱	1500mm×550mm×600mm	30		
		合　　计					

仓管员（签字）：＿＿＿＿＿　　　　　　　　　　　　　　　　　收货人（签字）：＿＿＿＿＿

图 8-10　出库单

在图 8-10 中，打击【打印】，即可打印纸质出库单。

（五）组织调配物力

仓管员张迪接到出库任务后根据出库单内容及提货时间需要提前组织人力、协调设备，避免资源浪费。根据出货通知，仓储中心预先确定拣货及搬运设备为电动叉车和电动搬运车。

任务评价

姓名		学号		小组		
任务名称			出库单处理			
考核内容		考核标准	参考分值（100）	学生自评	小组互评	教师评价	考核得分

考核内容		考核标准	参考分值（100）	学生自评	小组互评	教师评价	考核得分
职业素养	1	形成效率优先的工作精神	10				
	2	具有学生互相协作的团队意识	10				
	3	具有学生吃苦耐劳精神、节约意识和环保意识	10				

续表

考核内容		考核标准	参考分值（100）	学生自评	小组互评	教师评价	考核得分
理论知识掌握情况	4	掌握进行出库作业前的准备工作	10				
	5	了解出库单处理的流程和出库作业的程序	10				
	6	了解出库的要求与形式	10				
	7	掌握手持终端信息的采集方法	10				
操作技能情况	8	能完成仓储管理系统里的出库单处理	10				
	9	认真核对《出库通知单》内容，组织调配人员和机械设备，做好出库准备	10				
	10	能统筹安排出库准备工作，安排好作业人员和机械设备	10				
总得分			100				

技能训练二 出库理货

任务引入

2016 年 3 月 15 日，仓管员接到出库指令，客户将从某仓储中心自提 20 箱绿茶饮料。仓管员根据出库单内容，需要利用手持终端、叉车等设备完成 20 箱绿茶饮料的拣货下架作业，并将拣选完成的货物从托盘货架交接区搬运至发货理货区，最终核对信息，完成出库理货。

任务实施

（一）登录手持终端

使用用户名和密码登录手持终端系统，其中库房名称选择相应的仓储中心，如图 8 - 11 所示。

登录手持终端系统后，进入应用操作主功能界面，如图 8 - 12 所示。

图 8 - 11　登录手持终端系统

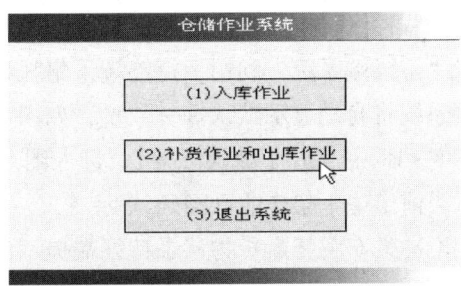

图 8 - 12　手持终端主功能界面

（二）开始出库理货

在图8-12中，点击【补货作业和出库作业】，进入图8-13所示界面。

在图8-13中，点击【出库理货】，进入图8-14所示界面。点击【开始】，启动作业。

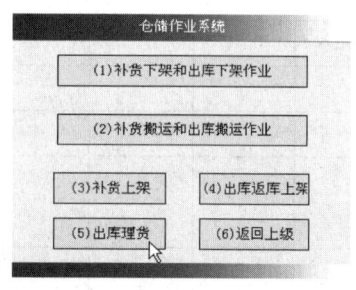

图8-13 补货作业和出库作业界面

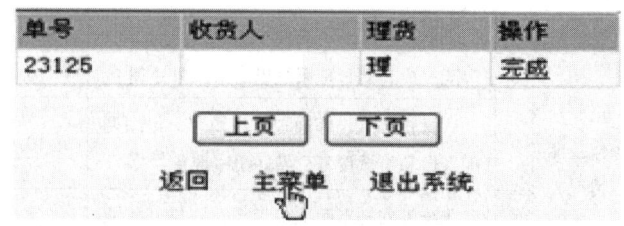

图8-14 出库理货开始

点击开始后，按钮会变成【完成】，如图8-15所示，这表示出库理货作业已经启动。

（三）读取下架信息

在图8-15中，点击【主菜单】，返回补货作业和出库作业界面。如图8-16所示。

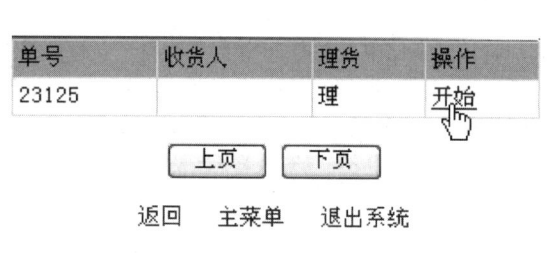

图8-15 出库理货

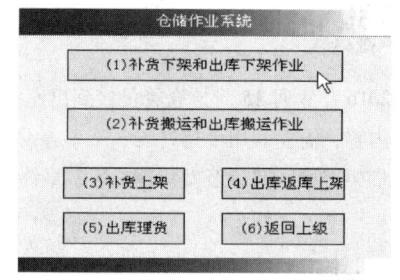

图8-16 补货作业和出库作业界面

在图8-16中，点击【补货下架和出库下架作业】，进入图8-17所示界面。手持终端下方显示待下架的货物名称、下架数量、存放储位和托盘标签信息。

（四）操作下架流程

从设备暂存区将电动叉车取出。将电动叉车停至待下架托盘货物的货架前。

登录手持终端系统，利用手持终端采集托盘标签和储位标签信息，信息采集成功后，手持终端系统将自动显示默认拣货数量，如图8-18所示界面。

在图8-18中点击【确认下架】，进入图8-19所示界面。手持终端下方没有操作信息，表示当前出库下架作业已经确认。

利用电动叉车将托盘货物从手持终端提示的货位下架，如图8-20所示。

图 8-17 出库下架　　　　　　　　图 8-18 确认下架

图 8-19 出库下架完成　　　　　　图 8-20 下架操作

下架完成后，使用电动叉车将货物搬运至托盘货架交接区，并将其放回设备暂存区。

（五）读取搬运信息

进入手持终端主功能界面，点击【补货作业和出库作业】，进入图 8-21 所示界面。

点击【补货搬运和出库搬运作业】，进入图 8-22 所示界面。手持终端下方提示需搬运的货物信息。

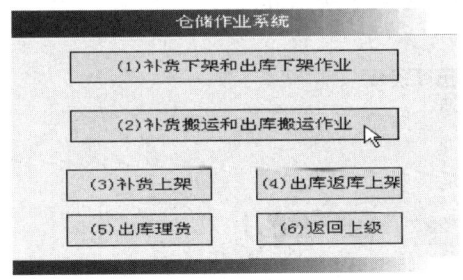 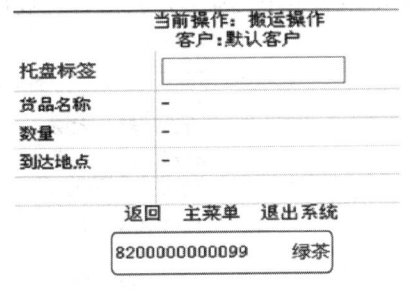

图 8-21 补货作业和出库作业界面　　　图 8-22 搬运操作界面

利用手持终端采集托盘标签信息，信息采集成功后，手持终端系统自动提示待搬运的货品名称、货品数量及目标地点等信息，如图 8-23 所示。点击【确认搬运】。

（六）搬运货物操作

从设备暂存区将电动搬运车取出。利用电动搬运车将一托盘绿茶饮料从托盘货架搬运至出库理货区。

（七）确认出库理货

仓管员登录手持终端补货作业和出库作业界面，如图 8-24 所示。

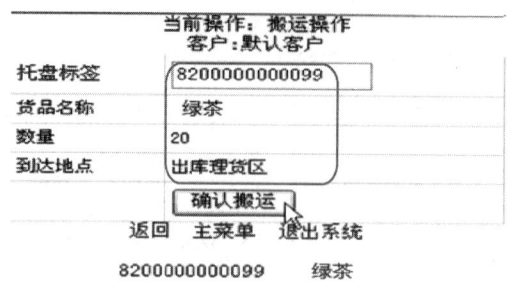

图 8-23 采集托盘标签信息并确认

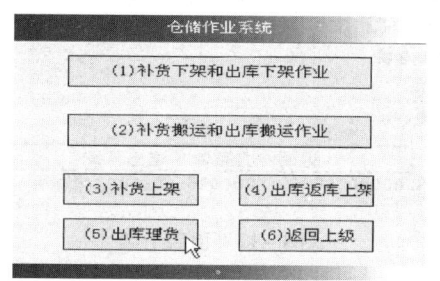

图 8-24 补货作业和出库作业界面

在图 8-24 中，点击【出库理货】，进入图 8-25 所示界面。

在图 8-25 中，点击【理】，进入图 8-26 所示界面。

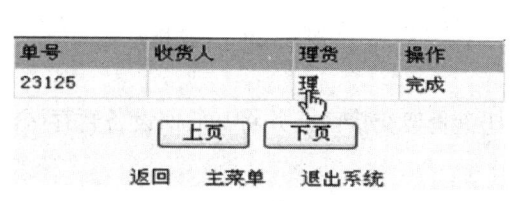

图 8-25 理货

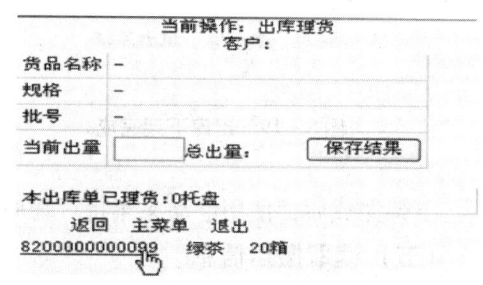

图 8-26 出库理货

在图 8-26 中，点击待理货的货物名称，即点击绿茶饮料的条码【8200000000099】，此时手持终端系统自动显示默认理货数量，如图 8-27 所示界面。

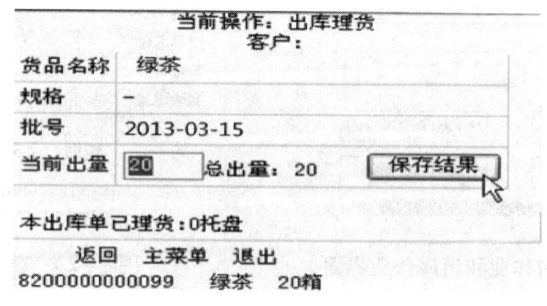

图 8-27 理货确认

在图 8-27 中，确认理货数量正确无误后，点击【保存结果】。至此出库理货作业就此结束。

任务评价

姓名		学号		小组		
任务名称			出库理货			
考核内容		考核标准	参考分值（100）	学生自评	小组互评	教师评价	考核得分

考核内容		考核标准	参考分值（100）	学生自评	小组互评	教师评价	考核得分
职业素养	1	形成效率优先的工作精神	10				
	2	具有学生互相协作的团队意识	10				
	3	具有学生吃苦耐劳精神、节约意识和环保意识	10				
理论知识掌握情况	4	了解出库准备工作	10				
	5	了解货位储位分布	10				
	6	掌握出库理货的内容和流程	10				
	7	能够独立完成出库理货操作	10				
操作技能情况	8	根据出库单，能够准确核对货物信息并出库	10				
	9	能够使用仓储管理系统顺利完成出库理货	10				
	10	对此流程掌握的熟练程度	10				
		总得分	100				

技能训练三 出库交接

任务引入

2016年3月18日上午，某超市的提货员到某物流公司仓储中心来提货，详细提货单如表8-4所示。物流仓储中心已于2016年3月17日接到本批货物的出库申请，货物已经备好放置在发货理货区，出库单如表2所示。仓管员需要与提货员完成货物的出库交接工作。

表8-4　　　　　　　　　　　　提货单

提货单位：某超市
提货地址：某物流仓储中心
日期：2016年3月18日　　　　　　　　　　　　　　　　　　　　编号：YF0089566

序号	商品名称	商品编号	数量	单位	备注
1	力士沐浴露	79657233	20	箱	
2	潘婷洗发露	96686579	15	箱	

续表

序号	商品名称	商品编号	数量	单位	备注
3	潘婷护发素	97554869	15	箱	
4	沙宣洗发露	89667453	20	箱	

提货人（签字）：　　　　　　　　　　　　　　发货人（签字）：

表8－5　　　　　　　　　　　　　出库单

作业计划单号：100568963588

仓库名称：物流仓储中心　　　　　　　　　　　　　　　　　　　日期：2016年3月17日

客户名称：超市　　　　　　客户编号：200157893　　　　　　　客户指令号：2016962477

序号	商品名称	商品编号	规格	单位	应发数量	实发数量	货位号	批次号	备注
1	力士沐浴露	79657233		箱	20		A8423	201209	
2	潘婷洗发露	96686579		箱	15		A8122	201207	
3	潘婷护发素	97554869		箱	15		A8036	201208	
4	沙宣洗发露	89667453		箱	20		A8551	201206	

仓管员（签字）：　　　　　　　　　　　　　　收货人（签字）：

任务实施

（一）核查货物

提货员根据提货单核查货物，核查时仓管员在一旁监察。提货员主要核对的内容有货物名称、数量是否正确，检查外包装是否完好或者是否倒置。经核查，出库货物与提货单及出库单数量一致，均为正品。

（二）单据交接

货物核查完毕后，仓管员根据实际出库情况填写出库单实发数量并签上自己的名字，然后主动与提货员王铭交接，要求提货员王铭在出库单相应位置签字确认。同时，仓管员按照提货员的要求在提货单相应位置签字确认。

（三）库内清理

出库完毕后，仓管员应该及时整理出库单据，核对结存数，做到单货相符、单单相符，并做好单据和货物的交接工作；同时清理现场，收集苫垫材料、妥善保管，以待再用；清洁现场，将出库使用到的装卸搬运工具、存储设备、包装工作和材料放置原规划区域内。

（四）出库反馈

出库作业完成后，仓管员需要完成出库作业在系统中的反馈工作。登录仓储管理系统的【仓储管理】→【出库作业】→【出库反馈】，系统显示已经调度完成的单据，点击"完成"按钮，即完成出库反馈，如图8－28所示。

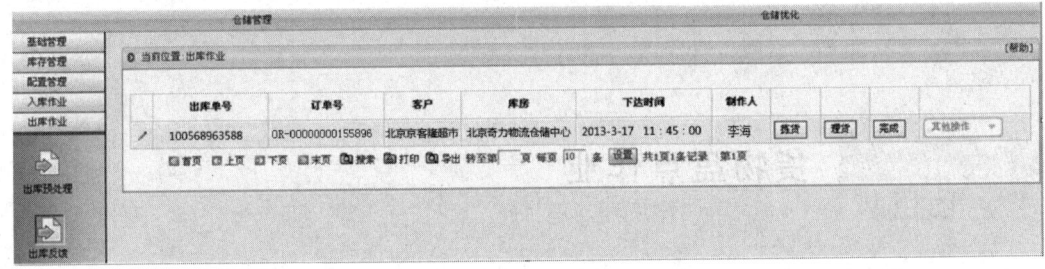

图 8-28　出库反馈

至此，完成出库交接作业。

任务评价

姓名			学号		小组		
任务名称				出库交接			
考核内容		考核标准	参考分值（100）	学生自评	小组互评	教师评价	考核得分
职业素养	1	形成效率优先的工作精神	10				
	2	具有学生互相协作的团队意识	10				
	3	具有学生吃苦耐劳精神、节约意识和环保意识	10				
理论知识掌握情况	4	掌握出库交接的流程和方法	10				
	5	掌握出库交接中单据的核对内容	10				
	6	了解出库问题发生时的解决办法	10				
	7	能够独立完成货物的出库交接	10				
操作技能情况	8	根据出库单能够正确核查货物信息并签收单据	10				
	9	能够使用仓储管理系统，完成货物出库反馈	10				
	10	对此流程掌握的熟练程度	10				
总得分			100				

项目八 货物盘点作业

仓储中库存的货物始终是处于不断地进、存、出这样一个动态循环过程，在作业过程中产生的误差经过一段时间的积累会使库存资料反映的数据与实际数量不相符。有些商品因长期存放，使品质下降，不能满足用户需要。为了对库存商品的数量进行有效控制，并查清商品在库房中的质量状况，必须定期对各储存场所进行清点作业，这一过程我们称为货物盘点。

教学目标

【知识目标】

①了解盘点作业在仓储管理中的重要作用。
②掌握仓库盘点作业的基本原则。
③熟练掌握盘点作业的流程和基本操作步骤。
④掌握呆废物资的预防和处理办法。

【技能目标】

①学会库存货物数量和质量检验方法。
②熟悉账目、卡片、货物数目的核对业务。
③学会处理盘点中发现的问题。
④会填写各种盘点表单。
⑤学会分析盘点盈亏的原因和处理方法。

一、任务描述

月末，物流公司组织部分财务人员及仓库管理员到仓库盘点，要求在规定的库存区域内，对库存商品进行盘点检查，核对现有存货与账目记载数量是否一致，查明各项货物的可用程度，发现不良品、呆滞品记录下来，并用货卡标示出来。填写盘点盈亏表，并对盈亏进行处理。

二、任务分析

（一）盘点作业工作的要求

①掌握盘点的内容和方法，盘点问题的处理。
②会进行实地盘点。
③严格执行各种操作规程。
④遵守企业的盘点管理制度。
⑤严格执行安全管理规程，防火防盗。

（二）盘点作业组织的任务分析

盘点是指定期或临时对库存物品的实际数量进行清查、清点的作业，即对仓库现有物品的实际数量与保管账上的数量进行核对，检查有无残缺和质量问题，以便准确地掌握物品保管数量，进而核对金额。盘点是保证储存物品达到账、卡、物相符的重要措施。只有使库存物品经常保持适量准确和质量完好，仓储才能为生产、流通提供可靠的保障。

按照给定工作任务的盘点属于月末盘点，公司盘点计划表如下。

表9-1　　　　　　　　　　　　物流公司盘点计划表

序号	物料类别	盘点内容	兼顾项目	盘点周期			备注
				日常	月度	年度	
1	IC类	检件	包装	√	√	√	
2	贵重类	检件、斤	包装	√	√	√	
3	线材类	检包	包装	√	○	√	
4	电子元件	检件	包装	○	○	√	
5	五金件	检件	包装	√	√	√	
6	液体类	检件、斤	有效期	×	√	√	
7	成品	检套	包装	√	√	√	
8	不良品	检套	包装	○	○	√	

说明：√：表示必须实施　　○：表示选择实施　　×：表示可以不实施

月末盘点主要针对贵重物资或易损坏变质的物资进行，盘点工作量比年度盘点小。但是，盘点过程也必须做好充分的准备。

①人员准备。以3人为一个小组，小组分工是：初盘员一人、复盘员一人、制表员一人。每组人员都要明确自己的角色，相互配合完成盘点作业。可以考虑进行角色互换训练。
②工具准备。带好记账用笔，另带红笔一支。
③单据准备。每组一份空白盘点票、盘点记录表。（盘点票发放前需编号）
④教师现场指导。

（三）货物盘点工作任务实施中应注意的问题

①对尚行未办理入库手续的货物，应予以标明，不再盘点之列；
②对已办理出库手续的货物，要提前通知有关部门，运到相应的配送区域；

③整理商品货垛、货架等，使其整齐有序，便于清点计数；
④账卡、单据、资料均应整理后统一结清；
⑤检查计量器具，使其误差符合规定要求；
⑥确定在途货物是否属于盘点范围。

（四）盘点作业的工作流程

盘点绝不是点点数而已，它实际上是另一种形式上的检查确认。通过盘点，既可以发现操作中的失误，又可以确认工作的效率和效果，并为下一步工作的决策提供依据。要实现上述货物盘点工作任务，就要按照工作流程，做出具体安排，如图9-1所示。

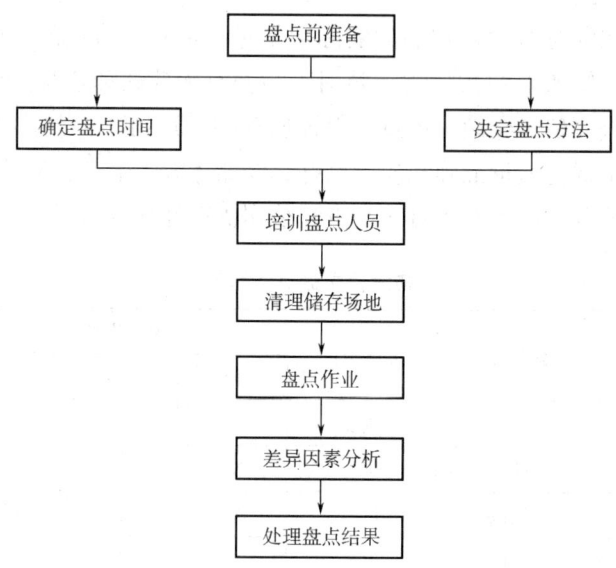

图9-1 货物盘点工作流程图

货物盘点工作流程图说明如下。

1. 盘点前的准备

盘点前的准备工作是否充分，直接关系到盘点作业能否顺利进行，甚至盘点是否成功。盘点的基本要求是必须做到快速准确。为了达到这一基本要求，盘点前的充分准备十分必要，应做的准备工作如下：

①确定盘点的具体方法和作业程序。
②配合财务会计做好准备。
③设计印制盘点用表单，盘存单格式可参考表9-2。
④准备盘点用基本工具。

表9-2　　　　　　　　　　盘存单

盘点日期：　　　　　　　编号：

商品编号	商品名称	存放位置	盘点数量	复查数量	盘点人	复查人

2. 确定盘点时间

为了保证账物相符，盘点次数越多越好，但盘点需投入的人力、物力、财力都很大，有时大型全面盘点还可能引起生产的暂时停顿。为此，合理的确定盘点时间非常重要。事实上，引起盘点结果盈亏的关键原因在于出入库过程中传票的输入和查点数目的错误，或者出入库搬运形成了商品损失。由此可见，出入库越频繁，引起的误差也会越大。

定盘点时间要根据仓库周转的速度来确定。对于商品流动速度不快的仓库，可以半年至一年进行一次盘点。对于商品流动速度较快的仓库，既要防止长期不盘点造成重大经济损失，又要防止盘点频繁造成同样的经济损失。在实际运行中可以根据商品的不同特性、价值大小、流动速度、重要程度来分别确定不同的盘点时间。盘点时间间隔可以从每天、每周、每月、每年盘点一次不等。例如，对于 A、B、C 等级的商品，A 类商品就需每天或每周盘点一次，B 类商品每两周或三周盘点一次，C 类一般每月盘点一次。另外必须注意的问题是，每次盘点持续的时间应尽可能短，全面盘点以 2～6 天内完成为佳。盘点的日期一般会选择在：

①财务决算前夕。通过盘点决算损益，以查清财务状况；

②淡季进行。因淡季储货较少，业务不太频繁，盘店较为容易，投入资源较少，且人力调动也较为方便。

3. 确定盘点方法

盘点分为账面盘点及现货盘点两种。账面盘点又称为"永续盘点"就是把每天出入库商品的数量及单价记录在电脑或账簿的"存货账卡"上，并连续地计算汇总出账面上的库存结余数量及库存金额；现货盘点又称为"实地盘点"或"实盘"，也就是实际去库内查清数量，再依商品单价计算出实际库存金额的方法。

（1）账面盘点法

账面盘点法是将每一种商品分别设立"存货账卡"，然后将每一种商品的出入库数量及有关信息记录在账面上，逐笔汇总出账面库存结余数，这样随时可以从电脑或账册上查悉商品的出入库信息及库存结余量。

（2）现货盘点法

现货盘点法按盘点时间频率的不同又可分为"期末盘点"和"循环盘点"。期末盘点是指在会计计算期末统一清点所有商品数量的方法；循环盘点是指在每天、每周清点一小部分商品，一个循环周期将每种商品至少清点一次的方法。

①期末盘点法。由于期末盘点是将所有商品一次点完，因此工作量大，要求严格。通常采取分区、分组的方式进行，其目的是为了明确责任，防止重复盘点和漏盘。分区即将整个储存区域划分成一个一个的责任区，不同的区由专门的小组负责点数、复核和监督，因此，一个小组通常至少需要三人分别负责清点数量并填写盘存单，复查数量并登记复查结果，第三人核对前两次盘点数量是否一致，对不一致的结果进行检查。等所有盘点结束后，再与电脑或账册上反映的账面数核对。

②循环盘点法。通常对价值高或重要的商品检查的次数多，而且监督也严密一些，而对价值低或不太重要的商品盘点的次数可以尽量少。循环盘点一次只对少量商品盘点，所以通常只需保管人员自行对照库存资料进行点数检查，发现问题按盘点程序进行复核，

并查明原因，然后调整。也可以采用专门的循环盘点单登记盘点情况。

4. 盘点人员的培训

大规模的全面盘点必须增派人员协助进行，这些人员通常来自管理部门，主要对盘点过程进行监督，并复核盘点结果，因此必须对他们进行熟悉盘点现场及盘点商品的训练；培训的另一个方面是针对所有盘点人员进行盘点方法及盘点作业流程的训练，必须让盘点作业人员对盘点的基本要领、表格、单据的填写十分清楚，盘点工作才能顺利进行。

盘点人员的培训分为两部分：第一，针对所有人员进行盘点方法训练；第二，针对复盘与监盘人员进行人事货品的训练。

5. 清理储存场地

盘点现场即储位管理包括的区域。盘点作业开始之前必须对其进行整理，以提高盘点作业的效率和盘点结果的准确性，清理工作主要包括以下几个方面的内容。

①盘点前对已验收入库的商品进行整理归入储位，对未验收入库属于供应商的商品，应区分清楚，避免混淆；

②盘点场所关闭前，应提前通知，将需要出库的商品提前做好准备；

③账卡、单据、资料均应整理后统一结清；

④预先鉴别变质、损坏商品。对储存场所堆码的货物进行整理，特别是对散乱货物进行收集与整理，以方便盘点时计数。在此基础上，由商品保管人员进行预盘，以提前发现问题并加以预防。

6. 盘点作业

盘点时可以采用人工抄表计数，也可以用电子盘点计数器。盘点工作不仅工作量大，而且非常烦琐，易疲劳。因此，为保证盘点正确，除了要加强盘点前的培训工作外，盘点作业时的指导与监督也非常重要。

7. 查清盘点差异的原因

盘点会将一段时间以来积累的作业误差以及其他原因引起的账物不符暴露出来。发现账物不符，而且差异超过容许误差时，应立即追查产生差异的原因。这些原因通常可能来自以下方面。

①记账员素质不高，登录数据时发生错登、漏登等情况；

②账物处理系统管理制度和流程不完善，导致数据出错；

③盘点时发生漏盘、重盘、错盘现象，盘点结果出现错误；

④盘点前数据资料未结清，使账面数不准确；

⑤出入库作业时产生误差；

⑥货物损坏、丢失等。

8. 盘点的盈亏处理

查清原因后，为了通过盘点使账面数与实物数保持一致，需要对盘点盈亏和报废品一并进行调整。除了数量上的盈亏，有些商品还将会通过盘点进行价格的调整。这些差异的处理，可以通过填写"商品盘点盈亏调查表"（表9-3）和"商品盈亏价格调查表"（表9-4），经有关主管审核签认后，登入存货账卡，调查库存账面数量。存货保管账的格式可参考表9-5。

表9-3　　　　　　　　　　商品盘点盈亏调整表

商品编号	商品名称	单位	账面数量	实存数量	单价	盘盈		盘亏		备注

表9-4　　　　　　　　　　商品价格调整表

商品编号	商品名称	单位	数量	原价	金额	现价	金额	差异		备注
								单价	金额	

表9-5　　　　　　　　　　存货账卡

编号：

商品名称：					储位号：				
订货点：					经济订购批量：				
日期		凭证及号码	订购数量	入库数量	单价	余额	出库数量	余额	
月	日							数量	金额

三、相关知识链接

（一）盘点作业的概念

盘点作业是指将仓库内储存的货物实际数与账面库存数进行核对，通过核对货物账、卡、货是否相符，以检查库存货物数量损益和库存货物结构合理性一项仓储管理工作。

货物盘点工作在仓储管理中是一个最重要的环节。通过盘点，可以使各类货物的实存数量、种类、规格得到真实反映；可以掌握各类物资的保管情况；可以查明各类货物的储备和利用情况；可以了解验收、保管、发放、报废等各项工作是否按规定管理。盘点就是对企业全部资产进行衡量，然后与资产的卡片和账目进行核对，看是否存在质量或毁损的问题。经过点数、过秤、对账、质检确定资产的真实情况。

（二）货物盘点的目的

①确定现存量。盘点可以确定现有库存商品实际库存数量，并通过盈亏调整使库存账面数量与实际库存数量一致。由于多记、误记、漏记，使库存资料记录不实。此外，由于商品损坏、丢失、验收与出货时清点有误；有时盘点方法不当，产生误盘、重盘、漏盘等。为此，必须定期盘点确定库存数量，发现问题并查明原因，及时调整。

②确认企业资产的损益。库存商品总金额直接反映企业流动资产的使用情况。库存量过高，流动资金的正常运转将受到威胁，而库存金额又与库存量及其单价成正比，因此为了能准确地计算出企业实际损益，必须通过盘点。

③核实商品管理成效。通过盘点可以发现作业与管理中存在的问题，并通过解决问题来改善作业流程和作业方式，提高人员素质和企业的管理水平。

（三）货物盘点的内容

①查数量。通过盘点查明商品在库的实际数量，核对库存账面资料与实际库存数量是否一致。

②查质量。检查在库商品质量有无变化（受潮、锈蚀、发霉、干裂等），有无超过有效期和保质期，有无长期积压等现象，必要时还必须对商品进行技术检查。

③查保管条件。检查保管条件是否与各种商品的保管要求相符合。如堆码是否合理稳固，库内温湿度是否符合要求，各类计量器具是否准确等。

④查安全。检查各种安全措施和消防设备、器材是否符合安全要求，设备是否处于安全状态。

（四）盘点作业的原则

①真实性原则。这是仓储盘点最基本的原则，即要保证盘点数据真实可靠，不能有虚假成分。如果盘点的数据不真实，盘点的作用就大打折扣。

②一致性原则。在盘点过程中要统一标准，明确盘点的统计、计量单位，并明确盘点的范围、时间和地点。确定盘点的方式和方法，明确盘点的程序和顺序，保证盘点数据准确、真实、有效。

③效率性原则。传统人工方法盘点库存，因人工记录每条信息的时间过长，盘点效率不高。为提高盘点工作的时间效率，一方面要制订出合理、高效、可行的盘点方案，另一方面要尽可能利用现代化的科技手段，采用电子盘点系统，大幅度地提高盘点速度，使盘点工作效率显著提高。

④协调性原则。在盘点过程中，要保持各部门之间的协作，确保盘点工作有序进行。盘点过程中往往会发生一些意想不到的事情，协调不好会给盘点工作造成影响，甚至使盘点工作无法进行。这就要求，在盘点之前，尽可能明确盘点中可能产生的问题、处理程序和办法。比如盘点过程中仓库发生进出物资的登记，是算盘点前的还是算盘点后的，都要事先加以明确并做好协调工作。

（五）货物盘点的方法

①动态盘点法。是对有动态变化的货物（即发生过收发的货物），及时核对该批货物

的余额是否与账、卡相符的盘点方法。动态盘点法有利于及时发现差错和及时处理。

②重点盘点法。是对在库进出频率高、易损耗、昂贵的货物进行盘点清查的方法。

③全面盘点法。是对在库货物进行全面盘点清查的方法。多用于清仓查库或年终盘点。全面盘点的工作量大，检查的内容多，是把数量盘点、质量检查、安全检查结合在一起进行。

④循环盘点法。是在每天、每周按顺序一部分一部分地进行盘点，到了月末或期末，则每项货物至少完成一次盘点的方法。它是按照货物入库的前后顺序，不论是否发生过进出业务，有计划地循环进行盘点的方法。采用循环盘点法时，日常业务照常进行，所需时间和人员都比较少，发现差错也可及时分析和修正。

⑤定期盘点法。又称期末盘点法，是在期末一起清点所有货物数量的方法。定期盘点法必须关闭仓库做全面的货物清点。定期盘点对货物的核对十分方便和准确，可减少盘点中的差错，简化日常的核算工作。其缺点是关闭仓库，停止业务会造成损失，启动需用大批员工从事盘点工作，加大了期末的工作量；不能随时反映存货收入、发出和结存的动态，不便于管理人员掌握情况；容易掩盖存货管理中存在的自然和人为的损失；不能随时结转成本。

（六）盘点结果的处理

盘点的主要目的是希望通过盘点来检查目前仓库中商品的出入库及保管状况，并由此发现和解决管理及作业中存在的问题，需要通过盘点了解的问题主要有：

①通过盘点，实际库存量与账面库存量的差异有多大？
②这些差异主要集中在哪些品种？
③这些差异对公司的损益造成多大影响？
④平均每个品种的商品发生误差的次数情况如何？

盘点结束后发现账货不符时，应查明原因。并针对主要原因进行调整和处理，制定解决方法。

①依据管理绩效，对分管人员进行奖惩。
②对废次品、不良品减价的部分，应视为盘亏。
③存货周转率低，占用金额过大的库存货物应设法降低库存量。
④盘点工作完后，所发生的差错、呆滞、变质、盘亏、损耗等结果，应迅速处理，防止以后在发生。
⑤呆滞品比率过大，应设法研究，降低其比率。呆滞品是百分之百的可用品，但是由于库存周转率极低，特别容易被忽视，久而久之积少成多，不但损耗货物价值，积压营运资金，而且占据可利用的库存空间。

通过对上述问题的分析和总结，找出在管理流程、管理方式、作业程序、人员素质等方面需要改进的地方，进而改善商品管理的现状，降低商品损耗，提高经营管理水平。

四、任务实施

①学生的前期准备工作。

学生在教师讲解了货物盘点的原理及技术、程序和应注意的问题的基础上，根据设定的货物盘点的任务和要求,在现有实训条件下,进行实际盘点。

②在教师的指导下,学生分成 5 组:准备组、核查组、计数组、搬运组、信息组。每组设组长一名,记录员一名。

学生分组扮演不同的角色在教师的导演下进行盘点作业。

首先,学生要掌握盘点管理制度,掌握各种操作规程。

其次,学生要具有团队精神,具有沟通与合作的能力。

再次,学生要学会独立处理问题,把知识运用到实践中去,并取得一定的经验。

最后,教师要做好指导工作,做好观察和记录工作。特别是教师在实训中所设置的一些问题学生能否解决。

详细任务和操作步骤如下。

作业进度＼角色操作	小组任务	操作指导
确定盘点时间和方法	确定盘点时间和盘点方法	不同的现场有不同的盘点方法,根据实际需要确定盘点方法以及用品和工具的准备
制定相关盘点表格并发放	制定盘点票、盘点记录表、盘点盈亏表,然后进行发放	提前制定好相关表格
初盘	初盘员初盘,填写盘点票	要了解库存情况,确定盘点无误
复盘	进行确认初盘数量,数量如有差异,需要初盘人员做好复核确认,确认后数据记录于盘点记录表	确认数据前应仔细核对实际货物和初盘数据
如盘点票未发生填写错误,进行错误模拟	若模拟过程未发生盘点票填写错误,提供错误填写的盘点票	对盘点票的项目要清楚,掌握正确填写方法
对错误修正	用正确的方式修改错误	根据正确地填写方法,对错误填写项进行修改
如盘点数量未发生填写差异,进行差异模拟	若模拟过程未发生盘点数量差异,则提供初盘、复盘差异数据一套	模拟几种可能出现的数据项,以便于了解哪些数据容易出现错误
对差异进行处理	对差异数据进行符合和异常处理;复盘完毕后,从实务处取下盘点数	要求对差异数据进行仔细、认真修改,然后进行核对
核实盘点票和记录数据	按照编号发出数收回盘点票,核对盘点记录表上的实盘数据	对盘点票和记录表上的项目要清楚,掌握正确填写方法
实盘数据和账目进行核对	把实盘数据与账目进行核对	要求对盘点账目清楚,核实数据要认真仔细

续表

作业进度 \ 角色操作	小组任务	操作指导
未发生盈亏	若模拟过程未发生盘点盈亏,提供盘点盈亏数据一套	模拟几种可能出现的数据项,以便了解哪些数据容易出现错误
分析盈亏并填写盈亏表	分析盈亏原因,编制盘点盈亏表	要根据情况进行盈亏分析,采用盘损率来标示差异
对异常和错误进行处理和预防	对已发生的差额、错误、变质和损耗等结果,分别予以处理,并提出纠正和预防措施	对出现差异情况作出总结和分析,并指出其产生原因

五、相关项目链接

技能训练一　盘点准备

任务引入

某物流公司,执行月盘制度,每个月27、28两天为固定盘点时间。由于库存的电子货物流动性较大,容易产生库存记录数据与实物数量不符的现象,为了做到库存的准确,必须做好盘点作业。某物流公司,准备对库内储存货物进行一次盘点,2016年2月22日,仓库主管组织盘点员对电子类托盘货架区(C00243)A列准备进行盘点,盘点类型为日盘。托盘货架区(C00243)A列的账面库存明细表,如表9-6所示。

表9-6　　　　　库存明细(账面)

库房:　　　　　　　　　　　　　　　　　　　　　　　日期:2016年2月22日

库区	货位	条形码	货物名称	产品规格	账面数量	单位
C00243	A00000	9787880622355	鼠标	1X1	50	箱
C00243	A00001	9787799912714	移动硬盘	1X1	50	箱
C00243	A00002	9787885273156	笔记本电脑	1X1	25	箱
合计					125	

任务实施

(一)拟定盘点计划

(1)确定盘点范围:电子类托盘货架区(C00243)A列的货物。

(2)确定盘点类型:日盘。

(3)确定盘点时间:2016年2月22日,根据盘点货物种类及盘点区域大小,预计盘点作业市场为 30~60min。

（4）确定盘点人员：张力负责初盘作业，孔象负责复盘作业。

（5）准备盘点环境：盘点作业开始之前须对盘点现场进行整理，以提高盘点作业的效率和盘点结果的准确性。

（二）新增盘点任务

使用用户名密码登录仓储管理系统。进入【仓储管理】—【盘点管理】—【盘点任务】，如图 9-2 所示。

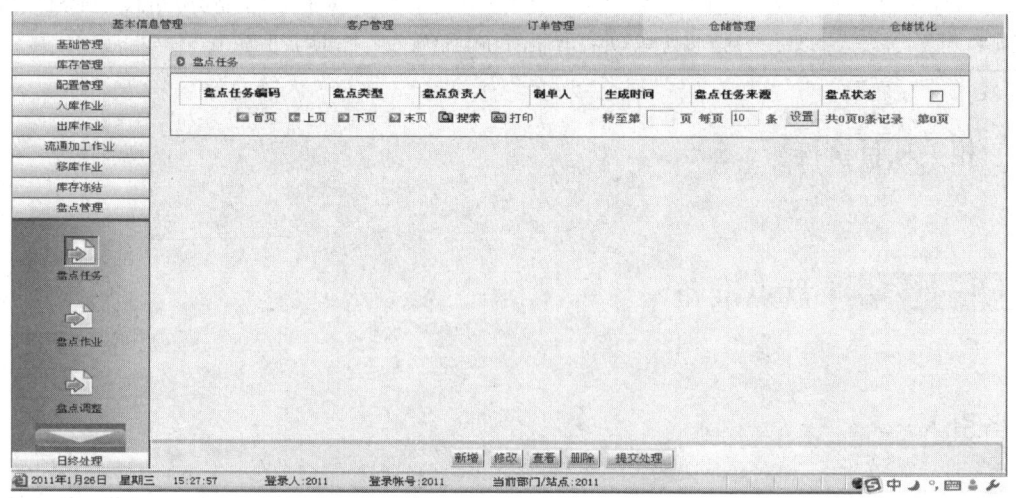

图 9-2　新增盘点任务

点击图 9-2 下方的【新增】按钮，然后选择正确的【库房】和【盘点类型】，如图 9-3 所示。

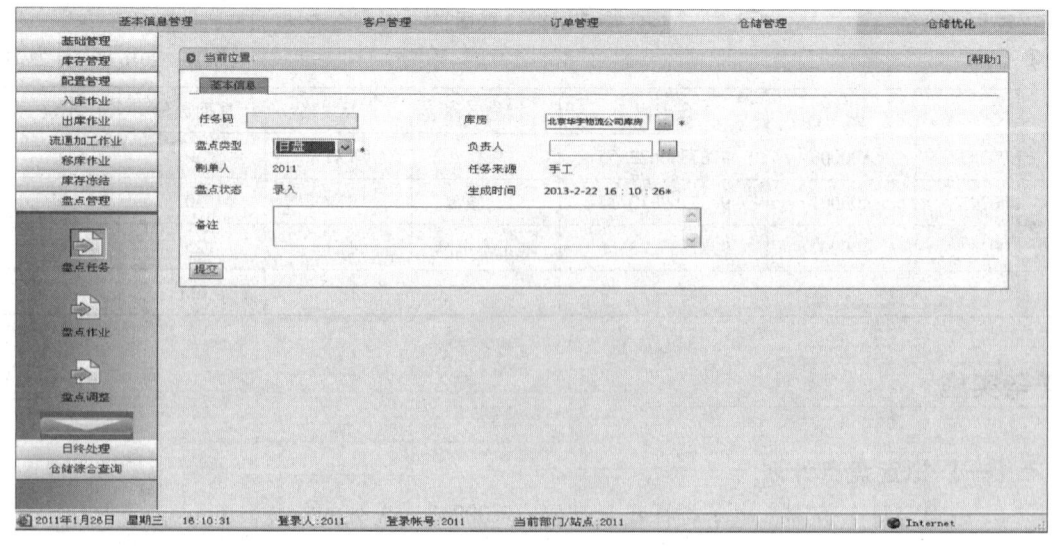

图 9-3　盘点任务基本信息

点击图9-3下方的【提交】按钮,进入图9-4所示界面。

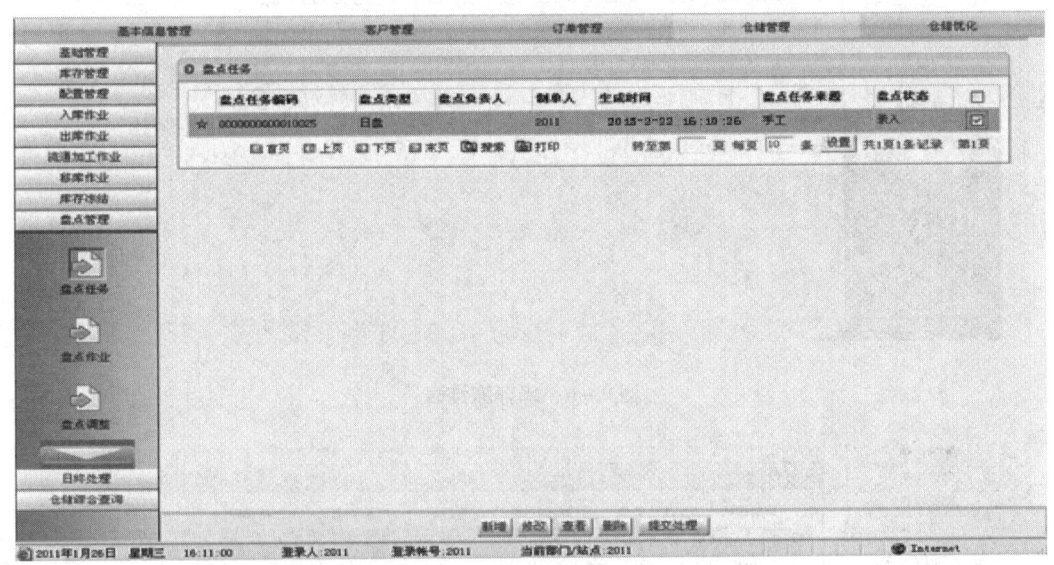

图9-4 盘点任务提交处理

点击图9-4下方的【提交处理】按钮,完成新增盘点任务操作。

(三) 冻结盘点货物

进入【仓储管理】—【库存冻结】—【库存冻结】,如图9-5所示。

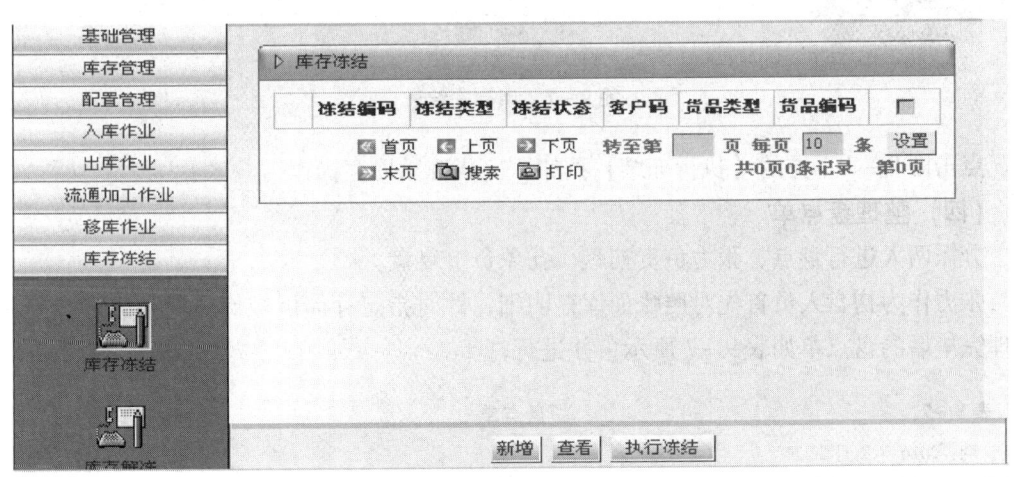

图9-5 库存冻结

点击图9-5下方的【增加】按钮,然后填写或选择【冻结类型】【客户码】【库房】【货物编码】等信息,如图9-6所示界面。

点击图9-6下方的【提交】按钮,进入图9-7所示界面。

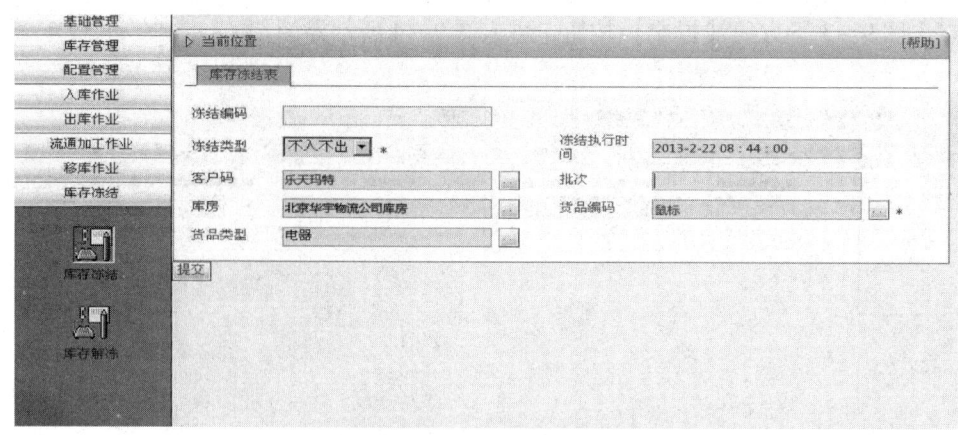

图 9-6　库存冻结表

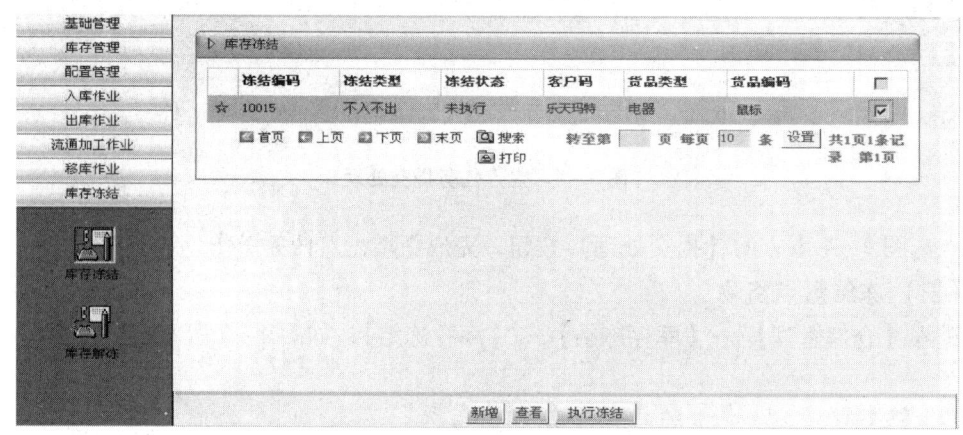

图 9-7　库存冻结表

点击图 9-7 下方的【执行冻结】按钮，完成冻结库存操作。

（四）整理盘点单

分派两人进行盘点，张力负责初盘，孔象负责复盘。

张力作为初盘人员首先对照账面库存明细，针对指定存储区域储位货物整理盘点单，整理完毕后的盘点单如表 9-7 所示，并进行打印。

表 9-7　　　　　　　　　　　　　　　盘点单

盘点日期：2016 年 2 月 22 日　　　　　　　　　　　　　　　　　　　　　　　　页数：第一页，共一页

序号	储位	货物名称	条形码	产品规格	单位	初盘数量	复盘数量	确认数量	备注
C00243	A00000	鼠标	9787880622355	1×1	箱				
C00243	A00001	移动硬盘	9787799912714	1×1	箱				
C00243	A00002	笔记本电脑	9787885273156	1×1	箱				

初盘员（签名）：　　　　　　　　　　　　　　　复盘员（签名）：

张力拿着打印好的盘点单，准备开始盘点作业。

任务评价

姓名			学号		小组	
任务名称				盘点准备		
考核内容		考核标准	参考分值（100）	学生自评	小组互评	教师评价	考核得分
职业素养	1	形成效率优先的工作精神	10				
	2	具有学生互相协作的团队意识	10				
	3	具有吃苦耐劳精神、节约意识和环保意识	10				
理论知识掌握情况	4	掌握盘点作业准备工作的内容	10				
	5	了解盘点作业流程	10				
	6	掌握盘点作业的方法	10				
	7	能够独立完成货物的盘点准备工作	10				
操作技能情况	8	能完成盘点作业的准备工作	10				
	9	能够准确拟定盘点计划	10				
	10	能够完成盘点单的整理工作	10				
总得分			100				

技能训练二 盘点作业

任务引入

2016年2月22日，某物流公司仓储中心的仓管员张力开始对托盘货架区（编码为C00642）F列和G列小家电类存储区的货物进行盘点。托盘货架区（C00642）F、G列的账面库存明细表，如表9-8所示。

表9-8　　　　　　　　库存明细（账面）

库房：某物流仓储中心　　　　　　　　　　　　　　　　　　　2016年2月22日

库区	货位	条形码	货物名称	产品规格	账面数量	单位
C00642	F00000	9787880622355	电暖袋	1×1	24	箱
C00642	F00001	—	无	—	0	—
C00642	F00002	9787799912714	组合音响	1×1	20	箱
C00642	F00003	—	无	—	0	—

续表

库区	货位	条形码	货物名称	产品规格	账面数量	单位
C00642	F00004	—	无	—	0	—
C00642	F00005	9787885273156	电饭煲	1×1	28	箱
C00642	F00100	—	无	—	0	—
C00642	F00101	9787799917542	落地灯配件	1×1	20	箱
C00642	F00102	—	无	—	0	—
C00642	F00103	97877995102521	微波炉	1×1	24	箱
C00642	F00104	9787799912707	电火锅	1×1	32	箱
C00642	F00105	—	无	—	0	—
C00642	G00000	—	无	—	0	—
C00642	G00001	—	无	—	0	—
C00642	G00002	9787883203872	加湿器	1×1	50	箱
C00642	G00003	—	无	—	0	—
C00642	G00004	—	无	—	0	—
C00642	G00005	—	无	—	0	—
C00642	G00100	—	无	—	0	—
C00642	G00101	—	无	—	0	—
C00642	G00102	—	无	—	0	—
C00642	G00103	9787798966879	台灯配件	1×1	16	箱
C00642	G00104	—	无	—	0	箱
C00642	G00105	—	无	—	0	箱
合计					214	

任务实施

(一)准备实物盘点

分派两人进行盘点,第一负责人张力进行初盘,第二负责人孔象进行复盘。

张力首先整理了盘点单,整理完毕后的盘点单如表9-9所示,并进行打印。

表9-9　　　　　　　　　　待用盘点单

盘点日期:2016年2月22日　　　　　　　　　　　　　　　　　　页数:第一页,共一页

序号	储位	货物名称	条形码	产品规格	单位	初盘数量	复盘数量	确认数量	备注
1	F00000	电暖袋	9787880622355	1×1	箱				
2	F00101	落地灯配件	9787799917542	1×1	箱				
3	F00002	组合音响	9787799912714	1×1	箱				

续表

序号	储位	货物名称	条形码	产品规格	单位	初盘数量	复盘数量	确认数量	备注
4	F00103	微波炉	9787799510521	1×1	箱				
5	F00104	电火锅	9787799912707	1×1	箱				
6	F00005	电饭煲	9787885273156	1×1	箱				
7	G00002	加湿器	9787883203872	1×1	箱				
8	G00103	台灯配件	9787798966879	1×1	箱				

初盘员（签名）： 　　　　　　　　　　　　　复盘员（签名）：

（二）进行初盘作业

仓管员手持打印的盘点单到托盘货架区找到对应储位进行实物盘点。每盘点一个储位的货物后，在盘点单初盘数量一栏记录实盘数量。

仓管员实物盘点完毕后，初盘数量一栏也已统计完毕。然后签字确认，如表9-10所示。

表9-10　　　　　　　　　提交的盘点单

盘点日期：2016年2月22日　　　　　　　　　　　　　　　　　　页数：第一页，共一页

序号	储位	货物名称	条形码	产品规格	单位	初盘数量	复盘数量	确认数量	备注
1	F00000	电暖袋	9787880622355	1×1	箱	24			
2	F00101	落地灯配件	9787799917542	1×1	箱	20			
3	F00002	组合音响	9787799912714	1×1	箱	20			
4	F00103	微波炉	9787799510521	1×1	箱	25			
5	F00104	电火锅	9787799912707	1×1	箱	32			
6	F00005	电饭煲	9787885273156	1×1	箱	28			
7	G00002	加湿器	9787883203872	1×1	箱	50			
8	G00103	台灯配件	9787798966879	1×1	箱	16			

初盘员（签名）：张力　　　　　　　　　　　复盘员（签名）：

（三）进行复盘作业

复盘工作人员孔象持已记录初盘数据的盘点单到托盘货架区找到对应储位进行实物盘点。复盘作业同初盘作业，须查数量、查质量、查保管条件、查设备、查安全。每盘点一个储位的货物后，在盘点单复盘数量一栏记录实盘数量，如表9-11所示。

表9-11　　　　　　　　　　　　　　复盘盘点单

盘点日期：2016年2月22日　　　　　　　　　　　　　　　　　　　　　页数：第一页，共一页

序号	储位	货物名称	条形码	产品规格	单位	初盘数量	复盘数量	确认数量	备注
1	F00000	电暖袋	9787880622355	1×1	箱	24	24		
2	F00101	落地灯配件	9787799917542	1×1	箱	20	20		
3	F00002	组合音响	9787799912714	1×1	箱	20	20		
4	F00103	微波炉	9787799510521	1×1	箱	25	25		
5	F00104	电火锅	9787799912707	1×1	箱	32	32		
6	F00005	电饭煲	9787885273156	1×1	箱	28	28		
7	G00002	加湿器	9787883203872	1×1	箱	50	50		
8	G00103	台灯配件	9787798966879	1×1	箱	16	16		

初盘员（签名）：张力　　　　　　　　　　复盘员（签名）：孔象

（四）盘点结果反馈

进入【仓储管理】—【盘点管理】—【盘点作业】，如图9-8所示。

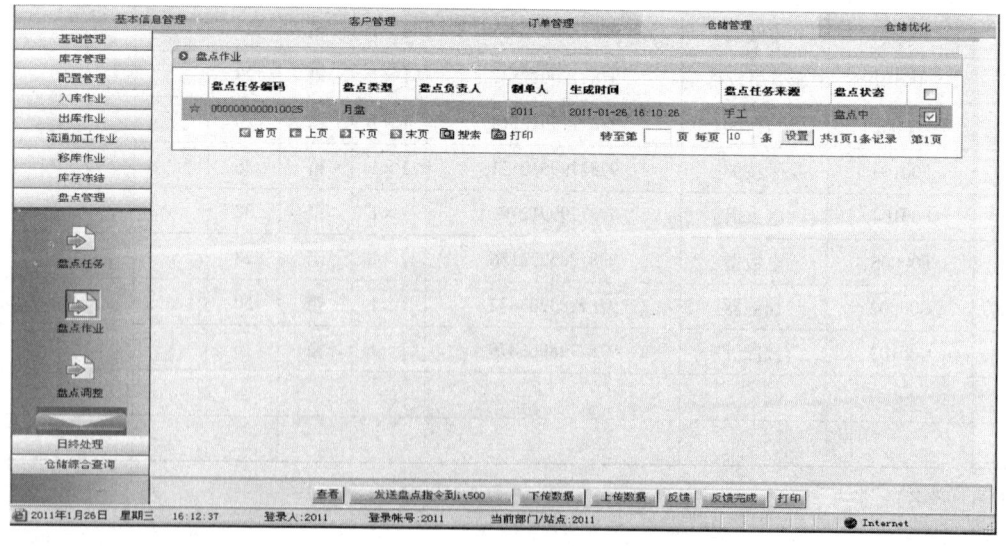

图9-8　盘点作业反馈

点击图9-8中下方的【反馈】按钮，进入图9-9所示界面。

图 9-9　盘点单

在图 9-9 中，录入【实际正品量】与【实际次品量】。根据盘点单的实盘数量录入系统，如图 9-10 所示。

图 9-10　盘点单录入

实盘数据反馈完毕后，点击图 9-10 下方的【反馈完成】按钮，进入图 9-11 所示界面。

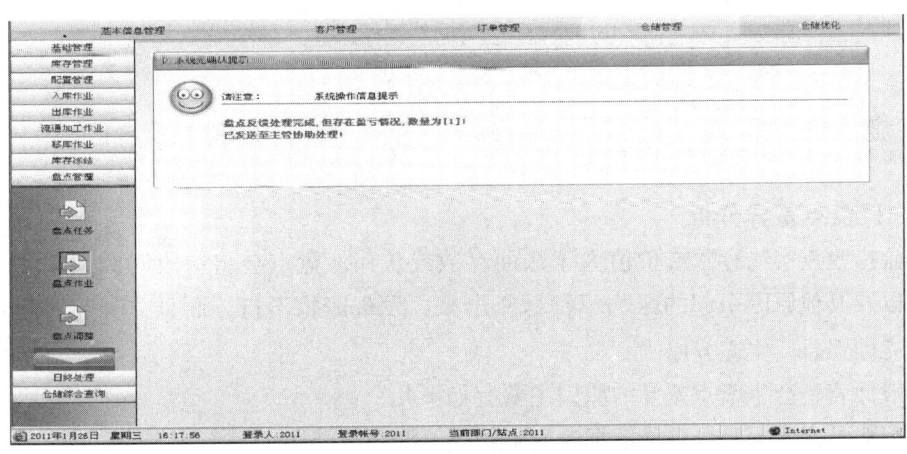

图 9-11　反馈完成

任务评价

姓名			学号		小组		
任务名称			盘点作业				
考核内容		考核标准	参考分值（100）	学生自评	小组互评	教师评价	考核得分
职业素养	1	形成效率优先的工作精神	10				
	2	具有学生互相协作的团队意识	10				
	3	具有吃苦耐劳精神、节约意识和环保意识	10				
理论知识掌握情况	4	掌握盘点作业实施工作的内容	10				
	5	掌握初盘和复盘的方法	10				
	6	掌握盘点查验事项	10				
操作技能情况	7	能够独立完成货物的盘点作业	10				
	8	能准确完成货物的初盘和复盘	10				
	9	能够对需盘点货物进行准确的检查	10				
	10	能够完成盘点信息的反馈	10				
总得分			100				

技能训练三　盘点结果处理

任务引入

2016 年 2 月 22 日，某物流公司仓储中心的仓管员张力对托盘货架区（编码为 C00642）F 列和 G 列小家电类存储区的货物进行盘点。盘点反馈结果为货物微波炉盘盈 1 箱（规格为 1×1 个）。

请根据盘点反馈结果，在仓储系统中将盘点盈亏结果进行处理。

任务实施

（一）盘点差异分析

盘盈指盘点实物存数或价值大于账面存数或价值。盘点会将一段时间以来积累的作业误差以及其他原因引起的账物不符暴露出来，发现账物不符，而且差异超过容许误差时，应立即追查产生差异原因。

一般而言，产生盘点差异的原因主要有如下几个：

①记账员素质不高，登录数据时发生错登、漏登等情况。

②账务处理系统管理制度和流程不完善，导致货品数据不准确。

③盘点时发生漏盘、重盘、错盘现象，导致盘点结果出现错误。
④盘点前数据未结清，使账面数不准确。
⑤出入作业时产生误差。
⑥由于盘点人员不尽责导致货物损坏、丢失等后果。

(二) 盘点差异调整

根据本任务步骤六中系统操作信息提示的盘点结果反馈进行盘点差异调整。进入【仓储管理】—【盘点管理】—【盘点调整】，如图9-12所示。

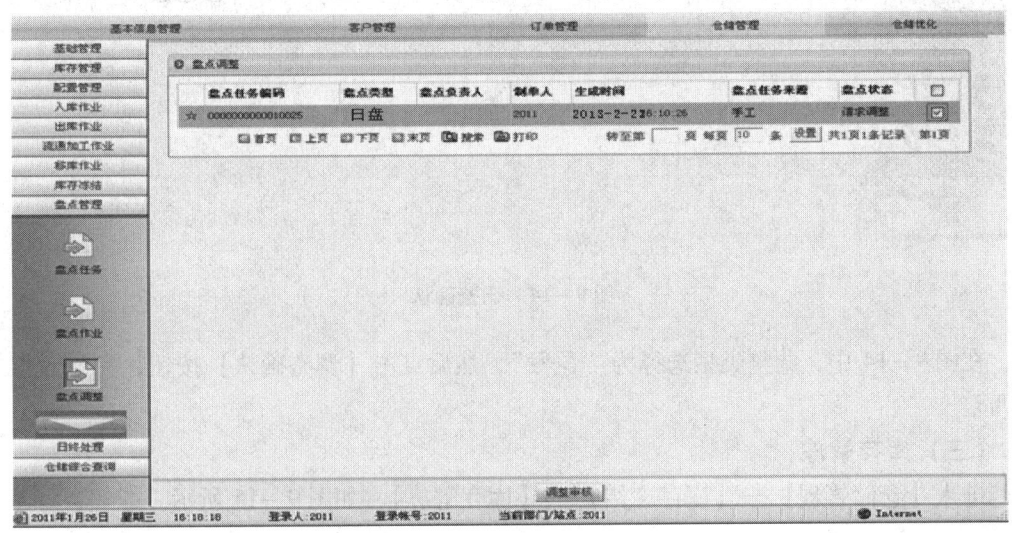

图9-12 调整审核

点击图9-12下方的【调整审核】按钮，进入图9-13所示界面。

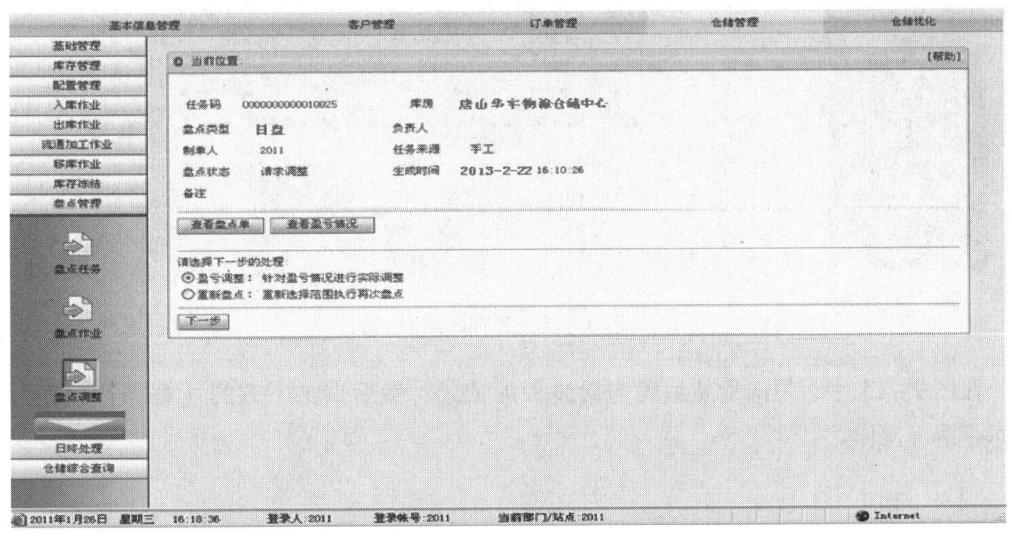

图9-13 盈亏调整

根据任务规定的盘点差异处理办法为：根据实盘数量对系统库存进行盈亏调整。因此，在图9-13中，选择盈亏调整选项，然后点击【下一步】按钮，进入图9-14所示界面。

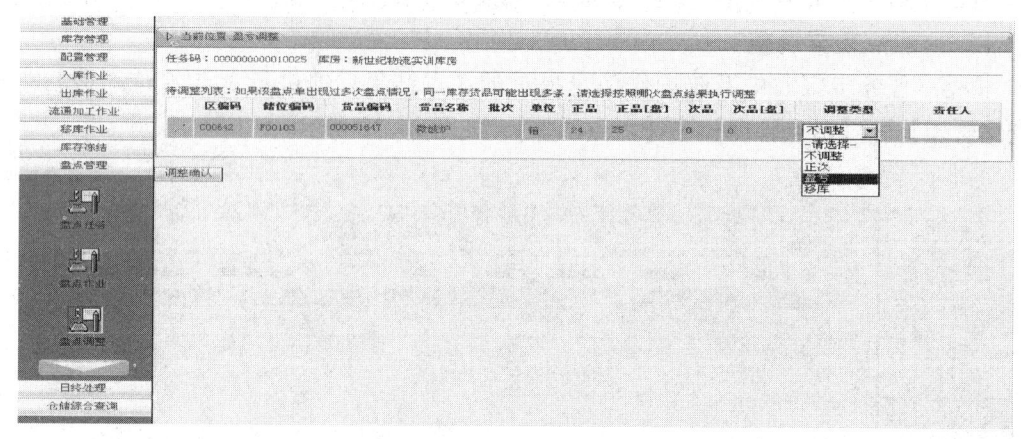

图9-14 调整确认

在图9-14中，调整类型选择为"盈亏"，然后点击【调整确认】按钮，完成盘点差异调整。

（三）库存解冻

进入【仓储管理】—【库存冻结】—【库存解冻】，如图9-15所示。

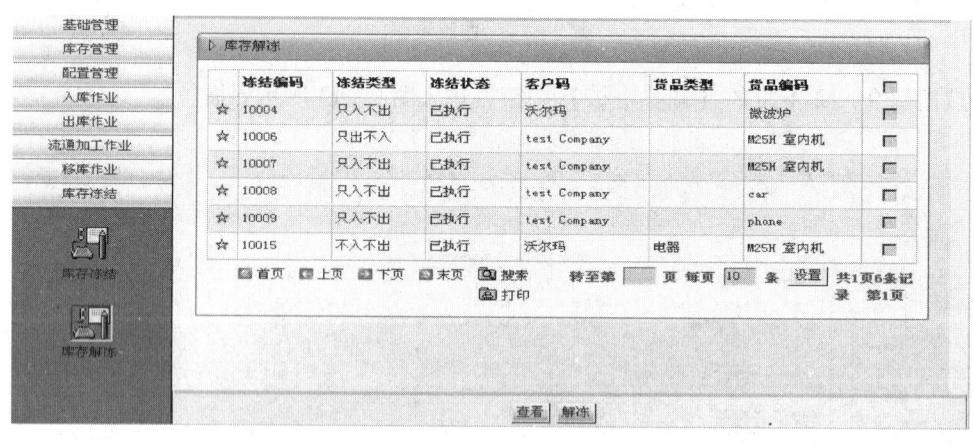

图9-15 库存冻结表

在图9-15中，勾选货品编码为微波炉的记录，然后点击下方的【解冻】按钮，完成库存解冻操作。

任务评价

姓名			学号			小组	
任务名称			盘点结果处理				
考核内容		考核标准	参考分值（100）	学生自评	小组互评	教师评价	考核得分
职业素养	1	形成效率优先的工作精神	10				
	2	具有学生互相协作的团队意识	10				
	3	具有吃苦耐劳精神、节约意识和环保意识	10				
理论知识掌握情况	4	掌握一般产生盘点差异的原因	10				
	5	掌握盘点差异处理的方法	10				
	6	掌握盘点结果出来的流程和方法	10				
	7	能够独立完成货物的盘点结果处理	10				
操作技能情况	8	能够完成盘点结果的处理	10				
	9	能够分析出盘点差异的原因	10				
	10	能够完成货物的盘点作业流程	10				
总得分			100				

参考文献

[1] 花永剑. 仓储管理实务 [M]. 浙江：浙江大学出版社，2008.

[2] 江美亮，吴日荣. 工厂仓储物料精益管理实务 [M]. 北京：中国时代经济出版社，2012.

[3] 李亦亮，徐俊杰. 现代物流仓库管理 [M]. 安徽：安徽大学出版社，2009.

[4] 刘俐. 现代仓储运作与管理 [M]. 北京：北京大学出版社，2004.

[5] 刘阳威，丁玉书. 物流仓储与配送管理实务 [M]. 北京：清华大学出版社，2013.

[6] 孙秋高. 仓储管理实务 [M]. 北京：电子工业出版社，2010.

[7] 徐源. 仓库主管实务 [M]. 广州：广州经济出版社，2005.

[8] 薛威. 仓储作业管理：第2版 [M]. 北京：高等教育出版社，2014.

[9] 张远昌. 仓储管理与库存控制 [M]. 北京：中国纺织出版社，2004.

[10] 赵涛. 仓储经营管理 [M]. 北京：北京工业大学出版社，2004.

[11] 真虹，张婕姝. 物流企业仓储管理实务 [M]. 北京：中国财富出版社，2008.

[12] 左生龙，刘军. 现代仓储作业管理 [M]. 北京：中国财富出版社，2006.